SOLIDARIEDADE FISCAL

desmistificando o nível de tributação e seu impacto no crescimento econômico

CONTRA CORRENTE
10 ANOS

Pedro Humberto Bruno de Carvalho Junior
Claudia M. De Cesare
Alexandre Cialdini

SOLIDARIEDADE FISCAL

desmistificando o nível de tributação e seu impacto no crescimento econômico

AVARÉ
2025

CONTRA CORRENTE
10 ANOS

Travessa Vergílio de Araújo Valim, 167
Avaré – SP – Brasil | CEP 18707 815
www.editoracontracorrente.com.br
contato@editoracontracorrente.com.br

EDITORES
Camila Almeida Janela Valim
Gustavo Marinho de Carvalho
Rafael Valim
Walfrido Warde
Silvio Almeida

EQUIPE EDITORIAL
COORDENAÇÃO DE PROJETO: Erick Facioli
PREPARAÇÃO DE TEXTO E REVISÃO TÉCNICA: Amanda Dorth
REVISÃO: Beatriz Duarte Lopes
DIAGRAMAÇÃO: Pablo Madeira
CAPA: Maikon Nery

EQUIPE DE APOIO
Carla Vasconcelos
Regina Gomes
Nathalia Oliveira
Geovanna Sales

Dados Internacionais de Catalogação na Publicação (CIP)
(Câmara Brasileira do Livro, SP, Brasil)

Carvalho Junior, Pedro Humberto Bruno de
Solidariedade fiscal : desmistificando o nível de tributação e seu impacto no crescimento econômico / Pedro Humberto Bruno de Carvalho Junior, Claudia M. De Cesare, Alexandre Cialdini. ---- Avaré, SP : Editora Contracorrente, 2025.

Bibliografia.
ISBN 978-65-5396-240-8

1. Arrecadação de impostos 2. Economia - Brasil 3. Direito tributário - Brasil 4. Imposto - Brasil - Legislação 5. Tributos - Leis e legislação - Brasil I. Cesare, Claudia M. De. II. Cialdini, Alexandre. III. Título.

24-242764 CDU-34:336.2(81)

Índices para catálogo sistemático:

1. Brasil : Tributos : Direito tributário 34:336.2(81)
Aline Graziele Benitez - Bibliotecária - CRB-1/3129

@editoracontracorrente
Editora Contracorrente
@ContraEditora
Editora Contracorrente

SUMÁRIO

PARTE 3
ANÁLISE COMPARATIVA INTERNACIONAL: RECEITAS

SOBRE OS AUTORES

ALEXANDRE CIALDINI

Cursa Pós-doutorado na Universidade de Lisboa em Políticas Públicas no tema governança fiscal interfederativa. Graduado em Ciências Econômicas pela Universidade de Fortaleza (UNIFOR); Especialista em Políticas Fiscais pelo Instituto Latino-Americano de Planejamento Econômico e Social (ILPES), Comissão Econômica para a América Latina e o Caribe (CEPAL); Pós-graduado em Gerência Avançada de Finanças Públicas pela Fundação Getúlio Vargas-Rio de Janeiro (FGV-RJ); é Mestre em Economia pela Universidade Federal do Ceará (UFC) e em Planificação Territorial e Desenvolvimento Regional pela Universidade de Barcelona; e é Doutor em Administração Pública pelo Instituto Superior de Ciências Sociais e Políticas (ISCSP), Universidade de Lisboa. Possui o cargo de auditor fiscal na Secretaria da Fazenda do Ceará (SEFAZ-CE). Desempenhou a função de secretário de finanças nos municípios de Aquiraz (CE), Eusébio (CE), Fortaleza (CE) e São Bernardo do Campo (SP), onde atuou como Coordenador do eixo de finanças, planejamento e educação fiscal do Consórcio Público Intermunicipal do ABC. Foi Presidente da Associação Brasileira das Secretarias de Finanças das Capitais (ABRASF) por dois anos e membro do Comitê Gestor do Simples Nacional (CGSN) por 4 anos, onde foi responsável por representar os secretários de finanças municipais em assuntos tributários e de desenvolvimento local. É professor em programas de pós- graduação e uma série de cursos de curta duração desenvolvidos para gestores públicos por organismos nacionais e internacionais, tais como: o Banco Interamericano de Desenvolvimento (BID) e o Lincoln Institute of Land Policy. Instituiu o Programa de Educação Fiscal de Fortaleza, que, de maneira pioneira no contexto brasileiro, foi estabelecido por lei e participou diretamente da elaboração da lei de educação fiscal do Ceará, bem como da legislação que criou o programa de governança interfederativa "Ceará um Só". Atua como palestrante em inúmeros eventos nacionais e internacionais.

CLAUDIA M. DE CESARE

Consultora, pesquisadora, professora, autora e editora de publicações técnicas e instrumentos pedagógicos. Sócia-diretora da CMDeCesare & Associados. Aproximadamente 30 anos de experiência dedicados a reformas em tributos imobiliários, projetos de reavaliação de imóveis para fins tributários, recadastramento imobiliário por técnicas convencionais e estratégias de baixo custo, instituição de instrumentos de política urbana, análise do desempenho e monitoramento de tributos. Desenvolveu projetos de consultoria no Brasil, El Salvador, Kosovo, México, Moçambique, Peru e República Dominicana por intermédio de contratos de curta duração com órgãos governamentais e organismos internacionais, tais como: Banco Interamericano de Desenvolvimento (BID), Banco Mundial, Kreditanstalt Für Wiederaufbau (KFW), Organização das Nações Unidas (ONU), através de Programa para Assentamentos Humanos (ONU-Habitat). No Setor Público, assessorou o Secretário da Fazenda por 8 anos e a Divisão da Receita Imobiliária por 9 anos na Prefeitura Municipal de Porto Alegre (PMPA), Rio Grande do Sul (RS), assim como coordenou o programa de educação fiscal do município por dois anos. Atuou como assistente técnica do município em perícias judiciais relacionadas à tributação imobiliária, avaliação de imóveis e desapropriação. É membro do conselho consultivo do International Property Tax Institute (IPTI) e pertence ao corpo de professores e pesquisadores associados do Lincoln Institute of Land Policy, onde idealizou e coordenou a pesquisa "Tributação Imobiliária na América Latina: Uma Análise Comparativa" por 15 anos, bem como o "Programa de Apoio aos Municípios em Tributação Imobiliária", realizado em parceria com o Ministério das Cidades, por 6 anos. É professora de cursos presenciais e à distância sobre tributos ao patrimônio, imposto recorrente do bens imóveis, saúde fiscal e financiamento municipal. Em diversos dos cursos em que atuou, foi responsável pela coordenação dos conteúdos programáticos. Foi palestrante em seminários, simpósios e workshops em mais de vinte países. Participou do projeto Reforma Tributária Solidária, desenvolvido em parceria pela Associação Nacional dos Auditores Fiscais da Receita Federal do Brasil (ANFIP) e Federação Nacional do Fisco Estadual e Distrital (FENAFISCO) em 2018. É PhD pela Universidade de Salford, Inglaterra, com tese sobre análise de equidade no imposto sobre a propriedade imobiliária; é Mestre pela Universidade Federal do Rio Grande do Sul (UFRGS) com dissertação em avaliação em massa de imóveis; é Especialista em Engenharia Econômica e de Avaliações pela Pontifícia Universidade Católica do Rio Grande do Sul (PUCRS).

PEDRO HUMBERTO BRUNO DE CARVALHO JUNIOR

É Doutor em Política Tributária pela Universidade de Pretória, África do Sul, com tese sobre o desempenho do imposto imobiliário no Brasil; é Mestre em Ciências Econômicas pela Universidade Estadual do Rio de Janeiro (UERJ); é especialista em Políticas Públicas; e é graduado em Ciências Econômicas pela Universidade Federal do Rio de Janeiro (UFRJ). Desde 2004, é pesquisador do Instituto de Pesquisa Econômica Aplicada (IPEA), havendo desenvolvido suas principais atividades nas áreas de política tributária e finanças públicas. Foi professor de Finanças Públicas do Programa de

Mestrado em Desenvolvimento Econômico do IPEA. Participou do projeto Reforma Tributária Solidária, desenvolvido em parceria pela Associação Nacional dos Auditores Fiscais da Receita Federal do Brasil (ANFIP) e Federação Nacional do Fisco Estadual e Distrital (FENAFISCO) em 2018. Foi coordenador do projeto sobre mensuração dos efeitos distributivos do gasto tributário da Zona Franca de Manaus, desenvolvido em parceria entre o IPEA e a Controladoria-Geral da União (CGU) durante 2019 e 2020. Além disso, coordenou a pesquisa dedicada a mensurar os efeitos distributivos do Sistema Simples em parceria entre o IPEA e a CGU. Possui dois livros, diversos capítulos e relatórios publicados, onde aborda temas relacionados à política tributária, com especial ênfase em aspectos distributivos e progressividade, tributação da propriedade, seguridade social, gasto tributário e elaboração de indicadores para comparações internacionais. Em 2022, publicou um relatório de indicadores tributários para analisar comparativamente o modelo tributário do Brasil e dos países da OCDE. Com base em análises estatísticas e econométricas, avaliou os impactos distributivos da tributação utilizando os microdados da Pesquisa de Orçamentos Familiares (POF) e da Pesquisa Nacional de Amostra de Domicílios (PNAD). Em 2022, realizou a interpolação da base de declarações do Imposto de Renda Pessoa Física (DIRF/RFB) e dos dados do PNAD, propiciando avançar na compreensão da distribuição de renda e riqueza no contexto nacional.

PREFÁCIO

Certamente o leitor já ouviu que a arrecadação tributária brasileira é elevada. Talvez este seja um dos mais recorrentes mitos, entre tantos outros, que este trabalho investiga. O Brasil, diferente do que certos segmentos da sociedade costumam palpitar, está muito distante do patamar de disponibilidades de recursos públicos dos países mais desenvolvidos. O Brasil apresenta apenas 28% da arrecadação tributária média *per capita* (em paridade de poder de compra, PPC) dos 26 países de alta renda que os pesquisadores analisaram.

A assimetria da informação tem consequências práticas. Diversas medidas legislativas de enfraquecimento de arrecadação, algo que previsivelmente redunda em redução das possibilidades materiais dos Estados estenderem mais direitos à população, tramitam abundantemente em nosso parlamento, e sempre com a alegação de que reduzir a arrecadação (reduzir tributos) é promover desenvolvimento. Os dados dos cenários apresentados nesse estudo interrogam esse tipo de conjectura. Vai se perceber como são paradoxais esses discursos: como estão a aproximar, na verdade, o Brasil do perfil arrecadatório de países menos desenvolvidos, ao invés de nos harmonizar com a estrutura fiscal de países que ostentam os maiores progressos.

Foi assim, por exemplo, que, o Congresso Nacional aprovou uma redução de ICMS em 2022 que subtraiu em mais de 100 bilhões de reais os orçamentos dos Estados, só no primeiro ano após a aprovação da legislação. A retirada de recursos se deu justamente na tributação de combustíveis fósseis, de poluentes, ignorando uma crise climática mundial que tem levado os países a onerarem tais itens com mais gravidade.

É também assim que se subverteu boas ideias como a do Simples Nacional, um regime que deveria garantir um diferencial em condições de empreendedorismo às pequenas empresas, cujo próprio título refere-se à desburocratização (simplificação de obrigações acessórias). Mas se adicionou ao seu desenho um alargamento de privilégios de natureza fiscal (as obrigações principais, de pagamento do tributo) para contribuintes que arrecadam até quatro milhões e oitocentos mil reais por ano, um teto hiperbólico para as iniciativas da economia brasileira, que mitiga o propósito de dinamizar os pequenos negócios ao estender tratamento similar aos maiores. É uma amplitude de favores fiscais inédita nas configurações mundiais desta tipologia de incentivo, mesmo em países que são referência de economias mais dinâmicas, o que tem atraído críticas como a de entidades como o Banco Interamericano de Desenvolvimento (BID) e a Fundação Getúlio Vargas (FGV).

Por certo a baixa qualidade da informação circulante sobre nossa solidariedade fiscal concorreu para o país se tornar conhecido como "paraíso tributário dos super-ricos", como nos tratou o estudo publicado por órgão ligado a Organizações das Nações Unidas (ONU).

A solidariedade, em sua acepção jurídica, trata do direito ou obrigação de exigir ou assumir o que se deve a todos. A categoria econômico-jurídica, que é tema deste livro, mede dimensões de obrigações da ordem fiscal, a partir de quocientes extraídos da disponibilidade de recursos públicos da espécie tributária.

A solidariedade fiscal, portanto, tem natureza relativa, e expressa perspectivas do nível da arrecadação tributária em relação:

à dimensão populacional (*per capita*), à renda ou riqueza dos contribuintes, ao Produto Interno Bruto (o real e o oficial), entre tantos prismas possíveis. Como se vê, portanto, é uma categoria que aqui sucede o uso corrente de "carga tributária" para designar esses mesmos quocientes, uma vez esse uso envergar uma matização semântica que aflui ao pejorativo, para tratar de algo tão fundamental para sociedade como o é o dimensionamento dos recursos públicos, além de sugestionar certa impropriedade epistêmica que é desabonadora para a produção científica brasileira.

Conhecer e poder comparar com outras nações o potencial de recursos públicos de seu próprio país é direito e responsabilidade dos cidadãos, principalmente os recursos da área tributária. É inequívoco que se trata de pauta prolífica em mistificações. A Constituição brasileira elegeu direitos fundamentais e sociais que, para serem reivindicados e realizados para todos, implicam justamente a ciência desses aspectos da atividade financeira do Estado, nacional e internacional.

Não há democracia quando o espaço deliberativo do imaginário do cidadão é lacunoso ou equivocado em questões que devem ser objeto de seus sufrágios. Ademais quando se está a cuidar justamente de requisitos essenciais para a efetuação de seus desígnios, como os são aqueles de natureza econômica.

O escopo deste trabalho é sem precedentes para a organização da sociedade brasileira. A precarização do financiamento público precisa ser um ponto de pauta e de resistência dos cidadãos para que se possa factualmente buscar o Bem-Estar Social experimentado por outras nações.

Em 2018, eu tive a honra e a oportunidade de fazer uma modesta colaboração com tema congênere nessa prestigiosa Editora Contracorrente, com um artigo para o livro *Resgatar o Brasil*, organizado por Jessé Souza e Rafael Valim, numa publicação que se propunha tratar numa linguagem *pop* os tópicos políticos que mais desassossegavam o país de então.

Esta obra de Pedro Humberto Carvalho, Claudia M. De Cesare e Alexandre Cialdini apresenta uma análise comparativa internacional da solidariedade fiscal, dedicando também um importante capítulo à despesa pública, o que ajuda ainda mais ao leitor a entender a instância financeira das esferas públicas. Os autores, publicados por esta parceria da Contracorrente com o Comsefaz, conseguiram investigar de forma talentosamente sintética, para a largueza do objeto e, ao mesmo tempo, com o adequado fôlego e brilhantismo que são um verdadeiro presente para o debate público sobre a solidariedade fiscal.

ANDRÉ HORTA[1]

1 Filósofo, autor de *Os Estados na Crise do Federalismo Fiscal Brasileiro* (In: Reforma Tributária Solidária. Ed. Fenafisco, Anfip & Plataforma Política Social, 2018), *Imposto é Coisa de Pobre* (In: Resgatar o Brasil. Ed. Contracorrente & Boitempo Editorial, 2018), *Desigualdades, Degeneração Assimétrica do Federalismo e a Obstaculização do Crescimento Econômico* (In: Federalismo (S)em Juízo, Ed. Noeses, 2019). *Novos Cenários Para as Políticas de Desenvolvimento Regional* (In: Reforma Tributária do Consumo no Brasil: entre críticos e apoiadores. Ed. Letramento, 2024). Atualmente é Diretor do Comitê Nacional dos Secretários de Fazenda dos Estados (Comsefaz). Foi Secretário de Tributação do Estado do Rio Grande do Norte, Presidente do Comsefaz e Coordenador dos Secretários de Fazenda no Conselho Nacional de Política Fazendária (Confaz).

PRINCIPAIS SIGLAS E CÓDIGOS

BID – Banco Interamericano de Desenvolvimento

BM – Banco Mundial

CG – Governo Geral

CIDE – Contribuição sobre Intervenção no Domínio Econômico

COFINS – Contribuição para o Financiamento da Seguridade Social

COGOF – Expenditure by function of government

COMSEFAZ – Comitê Nacional dede Secretários de Fazenda, Finanças, Receita ou Tributação dos Estados e do Distrito Federal

COSIP – Contribuição para o Custeio do Serviço de Iluminação Pública

CSLL – Contribuição Social sobre o Lucro Líquido

CTN – Código Tributário Nacional

DPVAT – Automotores Terrestres

ECINF – Economia Informal Urbana

EUA – Estados Unidos da América

FGTS – Contribuições para o Fundo de Garantia por Tempo de Serviço

FGV – Fundação Getúlio Vargas

FMI – Fundo Monetário Internacional

GFS – Government Finance Statistics

GINI – Coeficiente de GINI que mede a concentração de renda

IBGE – Instituto Brasileiro de Geografia e Estatística

ICMS – Imposto sobre Circulação de Mercadorias e Serviços

IDH – Índice de Desenvolvimento Humano

IE – Imposto sobre a Exportação

II – Imposto sobre a Importação

INSS – Instituto Nacional do Seguro Social

Int.$ – Dólares internacionais

IOF – Impostos sobre Operações Financeiras

IPCA – Índice de Preços ao Consumidor Amplo

IPTU – Imposto sobre a Propriedade Predial e Territorial Urbana

IPVA – Imposto sobre a Propriedade de Veículos Automotores

IRPF – Imposto sobre a Renda da Pessoa Física

IRPJ – Imposto sobre a Renda de Pessoa Jurídica

IRRF – Imposto sobre a Renda Retido na Fonte

ISS – Imposto sobre Serviços

ITBI – Direitos Reais sobre Imóveis

ITCD – Direitos

ITR – Imposto sobre a Propriedade Territorial Rural

MEI – Microempreendedor Individual

OCDE – Organização para Cooperação e Desenvolvimento Econômico

PASEP – Programa de Formação do Patrimônio do Servidor Público

PIB – Produto Interno Bruto

PIB real – Estimativa do PIB incluindo o peso do setor informal na economia

PIS – Contribuição para o Programa de Integração Social

pp. – Pontos percentuais

PPC – Paridade de Poder de Compra

PWC – Worldwide Tax Summaries

RGPS – Regime Geral de Previdência Social

RPPS – Regime Próprio de Previdência Social

STF – Supremo Tribunal Federal

STJ – Superior Tribunal de Justiça

SUS – Sistema Universal de Saúde

WIL – World Inequality Lab

PARTE 1

CONSIDERAÇÕES INICIAIS

INTRODUÇÃO

A primeira reforma ampla do sistema tributário realizada sob a Constituição Federal de 1988 foi promulgada dia 20 de dezembro de 2023, assumida pela Emenda Constitucional (EC) n. 132/2023, tendo como principal impacto e efeito a unificação de cinco tributos – ICMS, ISS, IPI, PIS e COFINS – em uma cobrança única, cuja competência será dividida entre o governo federal, responsável pela "Contribuição sobre Bens e Serviços (CBS)" e os Estados que serão responsáveis pela administração do "Imposto sobre bens e serviços (IBS)".

A reforma objetiva principalmente unificar os impostos sobre o consumo de Estados e municípios, eliminar a guerra fiscal – competição de caráter predatório entre os entes federativos –, e aumentar a transparência tributária. A aprovação incluiu um acordo sobre um longo período de transição para a implementação na íntegra do sistema proposto.

Como será demonstrado a seguir, embora nem todas as críticas ao sistema tributário brasileiro sejam fundamentadas do ponto de vista teórico ou empírico, as limitações do sistema tributário vigente apresentam deficiências que impedem o aproveitamento eficiente do potencial de arrecadação e estimulam o processo de desigualdade da renda e riqueza.

O presente estudo apresenta a avaliação do desempenho tributário brasileiro em um contexto internacional amplo buscando embasar reflexões sobre a tributação como uma forma de contribuir para favorecer o ambiente de negócios, atrair investimentos, e acelerar o crescimento do país em ambiente de estímulo à cidadania fiscal.

1 Dimensões do debate sobre tributação no Brasil

As críticas à magnitude da carga tributária e seu suposto impacto perverso no desenvolvimento econômico são recorrentes nos meios de comunicação. Frequentemente, são veiculadas afirmações levianas, de cunho midiático, que carecem de fundamentação, tais como:

- A carga tributária brasileira é uma das maiores do mundo.[2]
- O pagamento de impostos é abusivo no Brasil.[3]
- O nível da arrecadação tributária brasileira é tão elevado quanto aquele observado nas economias avançadas, entretanto, a oferta e qualidade dos serviços públicos retratam a realidade dos países subdesenvolvidos.[4]

---

2 YOUNG FERRAZ, Victor Augusto. "O Brasil tem a maior carga tributária do mundo?" *Blog Unicamp*, mai. 2022. Disponível em: https://www.blogs.unicamp.br/sobreeconomia/2022/05/02/o-brasil-tem-a-maior-carga-tributaria-do-mundo/. Acessado em: 05.11.2024.

3 MONTE, Karolina. "Brasileiro paga muito imposto? Entenda como funciona a tributação no país". *Guia do Estudante*, mai. 2023. Disponível em: https://guiadoestudante.abril.com.br/atualidades/brasileiro-paga-muito-imposto-entenda-como-funciona-a-tributacao-no-pais. Acessado em: 05.11.2024.

4 G1 NOTÍCIAS. "Coisa de Terceiro Mundo". *Jornal da Globo*, fev. 2003. https://g1.globo.com/jornaldaglobo/0,,MUL900638-16021,00-COISA+DE+TERCEIRO+MUNDO.html. Acessado em: 05.11.2024.

- A alta carga tributária brasileira desestimula os investimentos e promove a ilegalidade.[5]
- Tudo é caro no país devido à alta tributação.[6]
- A carga tributária é o maior obstáculo ao desenvolvimento econômico e social do país.[7]
- O Brasil tem um dos piores sistemas tributários do mundo.[8]

Neste contexto de indignação com a política fiscal do país, foi criado o "Dia Livre de Impostos" (DLI) pela Câmara CDL Jovem que integra a Confederação Nacional dos Dirigentes Lojistas (CNDL), cujo objetivo é promover o dogma de que a tributação abusiva representa um freio ao crescimento econômico.[9] Neste dia, as lojas participantes do programa oferecem produtos e serviços selecionados sem repassar a incidência tributária embutida no preço para o consumidor final. A organização explica que o projeto

---

5 PODER 360. "Imposto no Brasil é até 5 vezes o valor cobrado em países vizinhos". *Poder 360*, nov. 2021. Disponível em: https://www.poder360.com.br/conteudo-patrocinado/imposto-no-brasil-e-ate-5-vezesovalorcobradoem-paisesvizinhos/#:~:text=Os%20impostos%20sobre%20mercadorias%20brasileiras,fronteira%20com%20o%20territ%C3%B3rio%20nacional. Acessado em: 05.11.2024.

6 OLIST. "O que é carga tributária e como evitar o pagamento indevido de impostos". *Olist*, mar. 2023. Disponível em: https://olist.com/blog/pt/gestao-empresarial/gestao-financeira/o-que-e-carga-tributaria/. Acessado em: 05.11.2024.

7 YOUNG FERRAZ, Victor Augusto. "O Brasil tem a maior carga tributária do mundo?" *Blog Unicamp*, mai. 2022. Disponível em: https://www.blogs.unicamp.br/sobreeconomia/2022/05/02/o-brasil-tem-a-maior-carga-tributaria-do-mundo/. Acessado em: 05.11.2024.

8 PACHECO, Alexandre. "IPVA – um dos piores impostos do Brasil". *InfoMoney*, jan. 2018. Disponível em: https://www.infomoney.com.br/colunistas/jogo-das-regras/ipva-um-dos-piores-impostos-do-brasil/. Acessado em: 05.11.2024.

9 CNDL. "DLI 2023 ocorre amanhã, 25/5, em todo o Brasil". *Varejo S.A.*, 2023. Disponível em: https://www.infomoney.com.br/colunistas/jogo-das-regras/ipva-um-dos-piores-impostos-do-brasil. Acessado em: 13.01.2025.

busca conscientizar o cidadão sobre o real impacto dos impostos por intermédio do aumento do poder de consumo por um dia.[10]

Como um contraponto vale citar a reflexão proposta por Luciano Feldens em 2008, professor de Direito Penal da PUCRS e, na época, Procurador da República: "E que tal um dia sem Estado?" Buscando lembrar a população sobre a razão de existência do Estado, o presidente do Instituto Justiça Fiscal (IJF)[11] – Dão Real Pereira dos Santos – alerta sobre as consequências deste dia. Entre outros prejuízos, não haveria polícia; ninguém poderia ser punido por crimes praticados; parte da população seria desprovida dos serviços públicos básicos, como água e energia elétrica; não haveria o recolhimento do lixo, nem iluminação pública; as escolas e creches públicas estariam fechadas, inviabilizando que a população de baixa e média renda pudesse trabalhar; a oferta de transporte coletivo seria reduzida, resultando em passagens mais caras; acidentes e incêndios não receberiam assistência do Poder Público; hospitais públicos estariam fechados, atendimentos do Sistema Universal de Saúde (SUS) seriam cancelados, incluindo cirurgias e atendimentos de emergência; somente apenas aqueles que conseguissem pagar disfrutariam de serviços básicos; etc.

Além do DLI, foi criado o impostômetro, mecanismo desenvolvido pelo Instituto Brasileiro de Planejamento Tributário (IBPT) em 2000, que objetiva consolidar, em tempo real, o montante arrecadado com os tributos federais, estaduais e municipais. Em teoria, o mecanismo deveria contribuir para aumentar a transparência do sistema tributário e promover o exercício da cidadania

---

10 MAIS RETORNO. "Dia Livre de Impostos: saiba o que é e como funciona". *Mais Retorno*, abr. 2022. Disponível em: https://maisretorno.com/portal/termos/d/dia-livre-de-impostos-saiba-o-que-e-e-como-funciona. Acessado em: 05.11.2024.

11 SANTOS DO PEREIRA, Dão Real. "Um dia sem Estado". *Falando em Justiça Fiscal*, jan. 2012. Disponível em: https://justicafiscal.wordpress.com/2012/01/13/um-dia-sem-estado/. Acessado em: 05.11.2024.

fiscal, viabilizando o controle social sobre receitas e aplicação do dinheiro público. Entretanto, sua preocupação central é comprovar o dogma sobre a elevada carga tributária.[12]

No debate sobre a provisão de serviços públicos, cuja abrangência é determinada pelo modelo de Estado, é imprescindível perceber a sua relação direta com o nível de arrecadação tributária. No Brasil, a Constituição Federal de 1988 preconiza o Estado do Bem-Estar Social, que objetiva assegurar direitos fundamentais, relacionados à liberdade, igualdade, direitos humanos e justiça social. Em teoria, o sistema fiscal deveria garantir a satisfação das necessidades humanas básicas, caracterizada pela igualdade de acesso a serviços básicos, tais como: água, energia, esgoto, alimentação, habitação, serviços de saúde e educação. Portanto, o debate sobre políticas públicas e competências do Estado não pode ser desvinculado da geração de receita.

De forma semelhante ao debate sobre a arrecadação tributária, a ideologia dominante nos meios de comunicação social preconiza a ineficiência do gasto público no país e sua incapacidade de promover as melhorias sociais necessárias. Alguns estudos corroboram esta tese. Por exemplo, ao comparar os 30 países de maior arrecadação tributária no mundo, o Instituto Brasileiro de Planejamento e Tributação, IBPT (2019) identificou que o Brasil tem o menor Índice de Retorno de Bem-Estar à Sociedade (IRBES), apresentando resultados piores do que países vizinhos, como Argentina e Uruguai. O resultado da análise sugere que o Brasil é o país que menos transforma tributos em benefícios. Frequentemente, é afirmado que a arrecadação tributária serve essencialmente para

---

12 A divulgação realizada pela Associação Comercial de São Paulo (ACSP), ao disseminar o impostômetro, estabelece uma correlação espúria, primária, não informativa e isso não contribui para um processo de exercício de cidadania fiscal. Em 2022, por exemplo, ACSP divulgou que: "seria preciso 149 dias trabalhados para pagar tributos". Todavia, não há um dia sequer que os serviços públicos fiquem indisponíveis à população.

o pagamento da máquina pública, devido ao gasto com servidores públicos ser desproporcional aquele dispendido pelos demais países.[13]

Uma outra dimensão do debate sobre a tributação versa sobre a estrutura do modelo e o seu impacto no desenvolvimento socioeconômico do país. Inclusive líderes do Poder Executivo no âmbito federal – gestão 2023-2026 – criticam veementemente a estrutura do modelo tributário. O vice-Presidente Geraldo Alckmin[14] entende que o sistema é "ilógico" e o Ministro da Fazenda Fernando Haddad[15] afirmou que a legislação tributária brasileira é uma "colcha de retalhos", resultando em "um dos piores, senão o pior sistema tributário do mundo". Haddad[16] também criticou a prática de lobby nos processos de aprovação de leis tributárias.

---

13 EXAME. "Brasil é um dos países que mais gastam com servidores públicos". *Exame*, mai. 2021. Disponível em: https://exame.com/economia/brasil-e-um-dos-paises-que-mais-gastam-com-servidores-publicos/. Acessado em: 05.11.2024; FIESC. "Despesa com servidor no Brasil está entre as mais elevadas entre mais de 70 países, aponta CNI". *Fiesc*. Disponível em: https://fiesc.com.br/pt-br/imprensa/despesa-com-servidor-no-brasil-esta-entre-mais-elevadas-entre-mais-de-70-paises-aponta-cni#:~:text=pa%C3%ADses%2C%20aponta%20CNI-,Despesa%20com%20servidor%20no%20Brasil%20est%C3%A1%20entre%20as%20mais%20elevadas,de%2070%20pa%C3%ADses%2C%20aponta%20CNI&text=As%20despesas%20com%20servidores%20p%C-3%BAblicos,Produto%20Interno%20Bruto%20(PIB). Acessado em: 05.11.2024.

14 UOL NOTÍCIAS. "Alckmin critica sistema tributário do Brasil: 'Ilógico, mais caro do mundo'". *Uol Notícias*, abr. 2023. Disponível em: https://economia.uol.com.br/noticias/redacao/2023/04/12/geraldo-alckmin-critica-sistema-tributario.htm. Acessado em: 05.11.2024.

15 IG NOTÍCIAS. "Haddad critica sistema tributário brasileiro: 'um dos piores do mundo'". *Ig Notícias*, jun. 2023. Disponível em: https://economia.ig.com.br/2023-06-01/haddad-sistema-tributario-brasileiro-piores-do-mundo.html. Acessado em: 05.11.2024.

16 IG NOTÍCIAS. "Haddad critica sistema tributário brasileiro: 'um dos piores do mundo'". *Ig Notícias*, jun. 2023. Disponível em: https://economia.ig.com.br/2023-06-01/haddad-sistema-tributario-brasileiro-piores-do-mundo.html. Acessado em: 05.11.2024.

Na sequência, são resumidas as principais críticas ao sistema tributário brasileiro, organizadas por tópicos.

(i) Impostos sobre bens e serviços

O sistema de tributação sobre o consumo de bens e serviços no Brasil foi gestado por intermédio de um processo de competência tributária exclusiva, composto desde seu nascedouro, expresso com a promulgação do Código Tributário Nacional (Lei n. 5.172/1966), por uma ampla base de incidência segmentada em inúmeros tributos com a exploração dos seguintes setores: circulação de mercadorias, prestação de serviços, industrialização e receita proveniente de faturamento. A competência tributária dos impostos sobre bens e serviços foi distribuída entre os três níveis de governo, sem a devida conexão de acordos de cooperação interfederativa entre os entes federativos. Desta forma, a maneira com que o sistema foi estruturado prejudicou, ao invés de promover, a articulação federativa.

O imposto sobre operações relativas à circulação de mercadorias e sobre as prestações de serviços de transporte interestadual, intermunicipal e de comunicação (ICMS), que foi o instrumento mais relevante com fonte de receita no Brasil até 2021, é de competência estadual; o imposto sobre serviços de qualquer natureza (ISS) cabe aos municípios; e o imposto sobre produtos industrializados (IPI) é de competência da União.

Além do mais, deve-se considerar que a contribuição do programa de integração social (PIS) e para o financiamento da seguridade social (COFINS), cuja competência é da União, que é estabelecida com base na incidência cumulativa sobre o faturamento ou receita bruta, também oneram a circulação de bens e prestação de serviços.

A respeito da tributação sobre bens e serviços, os setores empresarial e industrial avaliam que o sistema vigente eleva os custos das empresas, prejudica a competitividade externa, penaliza os investimentos e traz insegurança jurídica, representando o maior obstáculo ao crescimento socioeconômico do país. Conforme a Confederação Nacional da Indústria (CNI),[17] o sistema apresenta as seguintes fraquezas:

- Cumulatividade de diversos tributos que incidem sobre os bens e serviços, tais como o Imposto sobre Serviços (ISS), o Programa de Integração Social (PIS) e a Contribuição para o Financiamento da Seguridade Social (COFINS).[18]
- Oneração das exportações: A crítica é sobre a venda dos produtos no mercado internacional sem a plena desoneração tributária, prejudicando a concorrência com os produtos estrangeiros. Por outro lado, a CNI assinala que a concorrência dos produtos brasileiros com os importados no mercado local é igualmente injusta, pois a cumulatividade tem um peso maior na produção nacional devido ao fato de que a cadeia produtiva dos produtos nacionais é mais longa.
- Créditos tributários acumulados: Trata-se da morosidade do Estado em realizar o ressarcimento dos saldos credores, criando um custo financeiro desnecessário para as empresas que precisam dispor de recursos adicionais para o pagamento de fornecedores e mão de obra.
- Oneração de investimentos: O custo de investir no país é apontado como elevado em termos comparativos, devido às deficiências dos mecanismos de apropriação e aproveitamento dos créditos oriundos da aquisição de

---

17 PORTAL DA INDUSTRIA. "O sistema tributário brasileiro é complexo, burocrático e repleto de distorções". *Portal da Industria*. Disponível em: https://www.portaldaindustria.com.br/cni/canais/reforma-tributaria/entenda/problemas-do-sistema-tributario/. Acessado em: 13.01.2025.

18 O PIS e CONFINS se transformam em não cumulativos quando aplicados a empresas de lucro real, que são aquelas com lucro anual acima de R$ 78 milhões segundo os parâmetros vigentes em 2023.

bens do ativo imobilizado (investimentos) e à existência de tributos cumulativos (ver item i).

- Complexidade e insegurança jurídica: A crítica é relacionada ao amplo número de tributos que incidem sobre a produção e o consumo em nível federal, as 27 regulamentações estatais para a instituição do Imposto sobre a Circulação de Mercadorias e Serviços (ICMS) e aproximadamente 5.570 regras municipais para a cobrança do Imposto sobre Serviços (ISS).
- Conflitos recorrentes entre as bases de cálculo e incidência do IPI, ICMS e ISS.

Críticas complementares aos impostos sobre bens e serviços incluem a tributação na origem. A questão se refere prioritariamente ao ICMS, devido ao fato de que a sua cobrança é realizada na grande maioria dos casos no Estado de origem, oportunizando guerras fiscais na medida em que a redução de alíquotas é usada como uma política para atrair as empresas visando gerar emprego e renda. Entretanto, apesar destas empresas não contribuírem com o financiamento dos gastos públicos, utilizam e demandam por serviços públicos. Por fim, o fato do ICMS integrar a sua própria base de cálculo fere o princípio da transparência. Suas alíquotas são aplicadas por um sistema conhecido como "por dentro", de maneira que a alíquota efetiva paga pelos consumidores é maior do que aquela constante na legislação.

(ii) Custo administrativo

Além da propensão a litígios e conflitos entre entes federativos, a CNI avalia que o recolhimento e a fiscalização tributária são atividades extremamente complexas e custosas, devido ao grande número de tributos, seus diferentes métodos de apuração, incertezas associadas ao crédito físico, alterações constantes de regras e grande quantidade de exceções.

O "Custo Brasil" é frequentemente apontado como um dos mais caros do mundo. Segundo a edição de 2020 do relatório "Doing Business" do Banco Mundial (World Bank 2020), que estuda o ambiente de negócios em 190 economias, o Brasil é um dos países nos quais as empresas gastam mais horas para calcular e pagar tributos, cuja peso onera desproporcionalmente o setor produtivo. Conforme este estudo, 1.500 horas são gastas para calcular e pagar impostos, sendo que mais da metade delas é destinada a tributos indiretos. A burocracia envolvida na arrecadação de mais de 60 tributos consome R$ 150 bilhões das empresas ao ano, que equivale a 1,5% do seu faturamento (Sindicato dos Auditores Fiscais da Receita do Estado do Paraná – SINDAFEP 2022). O relatório do Banco Mundial mostra que temos um contencioso tributário de R$ 5,4 trilhões, equivalente a 7% do Produto Interno Bruto (PIB).

(iii) Regressividade do sistema tributário

Não obstante a existência de espaço para simplificar a tributação sobre a produção e o consumo de bens, parte dos especialistas e estudiosos entendem que o principal problema do modelo tributário brasileiro é sua natureza regressiva, decorrente da baixa participação da tributação direta, cuja base de incidência é a renda e o patrimônio, em relação à indireta.[19]

A tributação indireta incide mais, em termos relativos, sobre as famílias e indivíduos de baixa renda. Conforme Fagnani,[20] o caráter regressivo da estrutura tributária brasileira é fator determinante para a manutenção da concentração obscena de renda no país. Além disto, estes tributos são recolhidos pelas empresas que

---

19 MARTINS DE SÁ NETO, Floriano; ALCANTARA, Charles. "Apresentação". *In*: FAGNANI, Eduardo. *A reforma tributária necessária*: diagnóstico e premissas. 1ª ed. São Paulo: ANFIP/Brasília: FENAFISCO, 2018.

20 FAGNANI, Eduardo. *A reforma tributária necessária*: diagnóstico e premissas. 1ª ed. São Paulo: ANFIP/Brasília: FENAFISCO, 2018.

podem repassar parcialmente ou integralmente o valor pago para os consumidores. Cesar Roxo Machado,[21] vice-Presidente de estudos e assuntos tributários da Associação Nacional dos Auditores Fiscais da Receita Federal (ANFIP), alerta sobre a falta de transparência destes tributos e a inviabilidade dos contribuintes contabilizarem a magnitude das suas contribuições. Ele reconhece que a tributação indireta tende inclusive a acentuar a concentração de renda.[22]

(iv) Imposto sobre a renda das pessoas físicas (IRPF)

As principais críticas relacionadas ao IRPF são discutidas na sequência.

- Isenção sobre as rendas de capital provenientes dos lucros e dividendos: Ao examinar a base de incidência do IRPF, Martins de Sá Neto e Alcantara (2018) argumentam que não há sustentação ética, econômica ou jurídica para justificar que a incidência do IRPF seja restrita fundamentalmente às rendas provenientes do trabalho. Além disso, ganhos de capital e rendimentos de aplicações financeiras possuem tributação mais favorável que a tabela progressiva incidente sobre os salários. De fato, apesar da renda no Brasil ser extremamente concentrada, a base de Declarações do IRPF divulgada anualmente pela RFB mostra que a parcela dos 2% dos declarantes mais ricos tem a maior parte de sua renda composta por lucros e

21 WESTIN, Ricardo. "Por que a fórmula de cobrança de impostos do Brasil piora a desigualdade social". *Agência Senado*, mai. 2021. Disponível em: https://www12.senado.leg.br/noticias/infomaterias/2021/05/por-que-a-formula-de-cobranca-de-impostos-do-brasil-piora-a-desigualdade-social. Acessado em: 13.01.2025.

22 WESTIN, Ricardo. "Por que a fórmula de cobrança de impostos do Brasil piora a desigualdade social". *Agência Senado*, mai. 2021. Disponível em: https://www12.senado.leg.br/noticias/infomaterias/2021/05/por-que-a-formula-de-cobranca-de-impostos-do-brasil-piora-a-desigualdade-social. Acessado em: 13.01.2025.

dividendos que estão isentos do imposto. Por exemplo, os 2% dos contribuintes mais ricos detinham um quarto da renda total declarada em 2020, cuja participação dos rendimentos isentos e dos rendimentos sujeitos à tributação exclusiva foi de, respectivamente, 39% e de 17%. Em outras palavras, a incidência tributária é extremamente baixa sobre 55% da renda dos 2% dos contribuintes mais ricos que detém um quarto da renda declarada.

- Baixa alíquota máxima: A alíquota máxima de 27,5% aplicada sobre salários limita o impacto progressivo do tributo. Este patamar de tributação incide sobre rendimentos mensais iguais ou superiores a aproximadamente 3,5 salários-mínimos (R$ 4.665 em 2023). Além disso, a alíquota definitiva, em geral de 15%, aplicada sobre rendimentos financeiros aumenta a regressividade horizontal e vertical na tributação do IRPF.

- Falta de aplicação anual da correção monetária para corrigir os parâmetros – faixas de renda – das alíquotas progressivas: Este aspecto limita a faixa de isenção e acentua o número de contribuintes na faixa de incidência das alíquotas mais altas, reduzindo a progressividade do imposto. Recentemente, a Medida Provisória n. 1.171/2023 alterou a faixa de isenção do recolhimento na fonte de R$ 1.903,98 para R$ 2.112,00. Esta medida resulta em um desconto mensal de R$ 528 para o imposto de renda retido na fonte, sendo equivalente a antecipação do desconto de 20% concedido na declaração anual simplificada. Entretanto, não houve alteração no valor fixado para as demais faixas.

(v) Imposto sobre a renda das pessoas jurídicas (IRPJ)

Os debates sobre o IRPJ incluem os seguintes temas centrais:

- Alíquota desproporcionalmente alta no regime padrão: Além da alíquota de 15%, incide um adicional de 10% sobre o lucro real ou presumido que exceder a R$ 60 mil no trimestre, além de 9% sobre o lucro líquido para fins de recolhimento da Contribuição Social sobre o Lucro Líquido (CSLL). Portanto, o impacto tributário sobre o lucro pode representar até 34%. Entretanto, Oliveira[23] pondera que o Brasil "conta com esquema muito amigável de tributação sobre a renda que contribui para tornar essas alíquotas estatutárias praticamente uma ficção". De fato, não obstante a magnitude das alíquotas, a arrecadação do IRPJ em PIB no Brasil é inclusive inferior à média de países latino-americanos e dos países de renda média alta (ver Figura 71).

- Alíquota baixa no Sistema Simples e regime do lucro presumido: Empresas com faturamento anual até R$ 4,8 milhões e R$ 78 milhões, respectivamente, podem optar pelo Sistema Simples e pelo regime de lucro presumido. Em um país caraterizado com elevados índices de "mark-up",[24] o lucro presumido arbitra uma taxa de lucro sobre os custos de apenas 9% no setor de comércio. Além disso, o sistema permite o enquadramento dos

---

23 OLIVEIRA, Fabrício Augusto. "As reformas tributárias no plano internacional: a marcha da insensatez". *In*: FAGNANI, Eduardo (Coord.). *A Reforma Tributária Necessária*: diagnóstico e premissas. Brasília: ANFIP; FENAFISCO; São Paulo: Plataforma Política Social, 2018, pp. 43-61. Disponível em: http://plataformapoliticasocial.com.br/a-reforma-tributaria-necessaria/. Acessado em: 06.01.2025.

24 Termo usado em economia para indicar quanto, do preço, do produto está acima do seu custo de produção e distribuição.

profissionais liberais como empresas (estratégia chamada de "pjotização") em ambos os regimes. Isto propicia a remuneração destes profissionais por intermédio de distribuição de dividendos isentos do pagamento de IRPF.

(vi) Tributos ao patrimônio

Disfuncionalidades legais produzidas, muitas vezes, por pressões políticas e equívocos jurídicos, impedem o fortalecimento dos tributos sobre o patrimônio, entre as quais, cabe destacar:

- Não foi regulamentado o Imposto sobre Grandes Fortunas (IGF) previsto na Constituição: O IGF sequer foi inserido na PEC n. 45/2019 aprovada na Câmara de Deputados em dezembro de 2023, não obstante os 37 projetos de lei paralisados no Congresso Nacional propondo a sua instituição em 2021.[25]

- Cabe notar que a tributação dos super ricos ocupa cada vez mais espaço nos debates tributários, inclusive havendo sido recomendada para a recuperação fiscal da crise econômica produzida pela Covid-19 por organismos internacionais, como o Fundo Monetário Internacional (FMI), Banco Interamericano de Desenvolvimento (BID) e Banco Mundial. Em caráter extraordinário, o imposto sobre grandes fortunas foi instituído na Argentina (Lei n. 27.605/2020) e Bolívia (Lei n. 1357/2020). No Brasil, o IJF lançou a campanha "Tributar os Super Ricos", que resultou em um Projeto de Lei protocolado na Câmara dos Deputados em 02/09/2021.[26]

---

25 ELIAS, Juliana. "Imposto sobre grandes fortunas já tem 37 projetos parados no Congresso". *CNN Brasil*, jul. 2017. Disponível em: https://www.cnnbrasil.com.br/economia/imposto-sobre-grandes-fortunas-ja-tem-37-projetos- parados-no-congresso/. Acessado em: 06.11.2024.

26 Disponível em: https://ijf.org.br/tributar-os-super-ricos/.

- A partir dos estudos de Piketty,[27] estimativas sobre a concentração de patrimônio começaram a ser divulgadas. Os dados evidenciam que a desigualdade patrimonial é mais perversa do que aquela relacionada à distribuição de renda.[28] No *Global Wealth Databook*, o Brasil ocupou a terceira posição no ordenamento dos países com maior concentração de patrimônio em 2021 e a 10ª posição no levantamento de 2022.[29] Esta análise abrange aproximadamente 170 países.

- Limitações na base de incidência do Imposto sobre a Propriedade de Veículos Automotores (IPVA): Segundo jurisprudência do STF, constituída a partir do Recurso Extraordinário 134.509/AM julgado em 2002, a base de incidência do IPVA exclui jatinhos, helicópteros, iates e lanchas. A decisão demonstra o desinteresse de tributar bens pertencentes preponderantemente a milionários. Contudo, a PEC n. 45/2019 que trata de reforma tributária, recentemente convertida em Emenda Constitucional 132/2023, prevê expressamente a tributação de embarcações e aeronaves de uso pessoal.

- Obstáculos à atualização da base de cálculo do Imposto sobre a Propriedade Predial e Territorial Urbana (IPTU): Devido à Súmula n. 160/1996 do Superior Tribunal de Justiça (STJ), as atualizações da sua base de cálculo[30] do IPTU em percentual superior ao índice oficial de correção

---

27 PIKETTY, Thomas. *O capital no século XXI*. Trad. Monica Baumgarten de Bolle. Rio de Janeiro: Intrínseca, 2014.

28 Ver *World Inequality Database* e *Global Wealth Databook*.

29 Ver CREDIT SUISSE. "Global wealth databook 2022: Leading perspectives to navigate the future". *Credit Suisse Research Institute*, 2022; e USB. *Global wealth databook 2023*: Leading perspectives to navigate the future, 2023.

30 Entretanto, o art. 33 do Código Tributário Nacional (Lei n. 5.172/1966) estabelece de forma expressa que a base de cálculo do imposto é o valor venal do imóvel.

monetária necessitam ser realizadas por lei municipal. De forma peculiar e injustificada, o IPTU é o único tributo cuja mera apuração da base de cálculo necessita de sanção do Poder Legislativo. As dificuldades para a aprovação das atualizações do valor venal dos imóveis nas Câmaras de Vereadores resultam em largos intervalos entre as avaliações utilizadas para fins de IPTU,[31] que produzem iniquidades de caráter distributivo, falta de isonomia e perdas na arrecadação.[32] Além disto, tendem a gerar regressividade na medida em que os imóveis de maior valor tendem a valorizar mais. A regressidade nas avaliações está presente quando os imóveis de baixo valor são avaliados por valores mais próximos aos preços de venda no mercado imobiliário do que os imóveis de alto valor (IAAO 2013). A Emenda Constitucional n. 132/2023 também prevê a viabilidade de atualização do valor venal por decreto, desde que os critérios de cálculo estejam previstos em lei.

- Restrições ao exercício de fiscalização tributária no âmbito municipal: Visando promover que o preço declarado pelos contribuintes[33] seja utilizado na apuração do Imposto de Transmissão de Bens Imóveis (ITBI), o acórdão proferido pela 1ª Seção do STJ[34] determina que:

---

31 Conforme pesquisa realizada no âmbito da ABRASF, Câmara Técnica permanente (CTP), Grupo de Trabalho do IPTU (GT-03), é de 12 anos, em média, o ciclo entre as avaliações genéricas utilizadas para fins de IPTU nas capitais brasileiras.

32 DE CESARE, Cláudia M. *Sistemas del impuesto predial en América Latina y el Caribe*. 1ª ed. Cambridge: Lincoln Institute of Land Policy, 2016.

33 Por razões diversas, é relativamente comum a prática de sub declarações do preço de venda dos imóveis.

34 Ver Recurso Especial 1.937.821/SP, julgado em 2020.

– É vetado o uso do valor dos imóveis utilizado para fins de cobrança do IPTU, que nem sequer pode ser utilizado como referência para a análise do preço declarado;

– As estimativas de valor não podem ser provenientes de modelos genéricos de avaliação de imóveis, estabelecidos de forma unilateral pelo fisco;

– Para que o declarado pelo contribuinte seja contestado, deve ser instaurado processo administrativo próprio, nos termos do artigo 148 do CTN.

Após produzir um caos administrativo na gestão do ITBI, o tema foi submetido à apreciação do Supremo Tribunal Federal (STF).

- Incentivos à perpetuação da riqueza: A alíquota máxima, que foi fixada pelo Senado Federal, para a cobrança do Imposto sobre a Transmissão Causa Mortis e Doação (ITCD) é de apenas 8%, restringindo inclusive a inserção de maior progressividade no instrumento. Além disso, os fatos geradores derivados de inventários abertos no exterior ou de transmissores domiciliados no exterior estão isentos do imposto, devido à ausência de lei complementar federal.
- Ineficiência do Imposto Territorial Rural (ITR) tanto como um instrumento fiscal quanto para motivar o aproveitamento eficiente da terra rural, evitando latifúndios improdutivos: A Lei n. 9.393/1996 estabelece uma série de isenções, reduções e exclusões de áreas na apuração da base de cálculo, resultando em um imposto pago por uma minoria, não obstante os mais de 6 milhões de imóveis rurais existentes no Brasil.[35] A magnitude das alíquotas é condicionada ao tamanho da área e ao

35 CANAL RURAL. "Brasil possui mais de 6 milhões de imóveis rurais". *Canal Rural*, fev. 2022. Disponível em: https://www.canalrural.com.br/agricultura/

grau de aproveitamento da terra, que é declarado pelo contribuinte. Como equivocadamente é um imposto por homologação, são aplicadas as alíquotas mais baixas para a grande maioria dos contribuintes. Inclusive a alíquota mínima (0,03%) representa praticamente uma isenção. Em contraste, a máxima (20%), se fosse aplicada, seria confiscatória. As alíquotas e seus critérios de enquadramento são únicos, desconsiderando, portanto, a profunda heterogeneidade territorial do país. Além disto, De Cesare (2018) identifica os seguintes prejuízos resultantes de segmentar a competência de instituição do imposto recorrente sobre bens imóveis entre o governo municipal (IPTU) e o governo federal (ITR):

– Duplicidade de esforço fiscal, resultando em desperdício de dinheiro público e ineficiências administrativas;

– Propensão a situações no qual parte das propriedades está no limbo, não sendo tributadas nem pelo ITR nem pelo IPTU;

– Conflitos desnecessários sobre bases de incidência tributária entre entes federativos;

– Perda do controle pleno municipal sobre o ordenamento territorial e uso do solo, que é de competência exclusiva dos municípios. A mera concessão da administração do imposto mediante convênio voluntário com os municípios, assegurada por intermédio da Emenda Constitucional n. 42/2003, não é suficiente, pois a política tributária é inteiramente fixada pela Lei n. 9.393/1996.

Enquanto as falácias sobre o sistema tributário brasileiro devem ser desmistificadas, as suas supostas imperfeições necessitam ser aprofundadas em um contexto amplo. Por exemplo, ao afirmar que o baixo desempenho do IRPF é devido ao fato de que

agropocket/brasil-possui-mais-de-6-milhoes-de-imoveis-rurais/. Acessado em: 06.11.2024.

a alíquota máxima é baixa, é relevante conhecer no âmbito internacional a magnitude das alíquotas máximas estatutárias, faixas de renda aplicáveis, limites de isenção, casos de não incidência, e alíquotas efetivas do imposto.

O presente estudo apresenta análises com esforço de imparcialidade sobre o nível de solidariedade fiscal brasileiro, com ênfase no desempenho tributário como fonte de receita, além de examinar a estrutura do modelo tributário, suas características distributivas e seus principais impactos socioeconômicos. Por intermédio da comparação entre a realidade brasileira e outros países de diferentes níveis de renda, é analisado o desempenho tributário global, a receita tributária por base de incidência e a arrecadação dos principais impostos em nível individual. Com base nas principais tendências internacionais e experiências relevantes na política de financiamento dos gastos públicos, o presente estudo visa contribuir na identificação de áreas a serem revisitadas e fixar metas factíveis para o aperfeiçoamento do sistema tributário brasileiro.

Reconhecendo a vinculação entre a tributação e o modelo de Estado, que determina quais as políticas públicas que serão financiadas de forma coletiva, o estudo apresenta a análise comparativa do gasto público nos países considerados. Por fim, os dados apresentados contribuem para aumentar a transparência do sistema tributário nacional, suscitar debates qualificados e embasar propostas ou posicionamentos sobre questões fiscais no âmbito nacional.

2 Abordagem do estudo

Na sequência, são apresentados os principais objetivos, metodologia, escopo da pesquisa, e organização do texto.

- **Objetivos**

Esta pesquisa avalia o desempenho do modelo tributário brasileiro por intermédio de uma análise comparativa internacional abrangente, buscando compreender os desafios relacionados à realidade do país. Os objetivos específicos são a seguir descritos:

i. Avaliar o desempenho tributário brasileiro em um contexto internacional amplo;

ii. Desmistificar as principais falácias presentes nos debates sobre tributação no Brasil;

iii. Analisar criticamente o modelo brasileiro, ponderando suas principais virtudes e deficiências;

iv. Verificar as principais limitações relacionadas ao financiamento do gasto público no país;

v. Refletir sobre o potencial da arrecadação tributária no país com base na experiência internacional, considerando os diferentes níveis de desenvolvimento socioeconômico;

vi. Formular diretrizes para integrar uma estratégia fiscal para o Brasil, que seja passível de promover o desenvolvimento socioeconômico sustentável e contribuir com a redução das desigualdades.

- **Escopo do trabalho**

A avaliação do modelo tributário brasileiro será realizada a partir dos seguintes enfoques:

i. Evolução da receita tributária nas últimas duas décadas por intermédio de diferentes indicadores, como arrecadação em PIB, PIB real, *per capita* em moeda local em preços constantes; *per capita* em Paridade do Poder de Compra (PPC);

ii. Composição da receita tributária por base de incidência e espécie tributária;

iii. Análise comparativa de modelos tributários, principais tendências e seus impactos no desenvolvimento socioeconômico;

iv. Análise do gasto público por função, sua relação com o modelo de Estado e limitações relacionadas à disponibilidade de recursos públicos;

v. Análise da relação entre tributação, desenvolvimento socioeconômico e desigualdade.

A coleta de dados para formação dos indicadores abrange o período entre 2000 e 2022. Cabe ressaltar a inviabilidade de formação de uma série histórica completa para todos os indicadores selecionados. Como resultado, o número de países e o período temporal considerado é variável ao longo do estudo em função dos temas em análise. Sempre foram incluídos o maior número possível de países cujos dados estavam disponíveis. Em geral, os países latino-americanos e os membros da OCDE possuem dados mais acessíveis e detalhados do que as economias asiáticas, africanas e caribenhas.

- **Metodologia**

Etapa 1: Revisão da literatura e notícias veiculadas nos meios de comunicação sobre os seguintes temas: arrecadação tributária, indicadores fiscais e financiamento público, modelo tributário, impacto da política tributária no desenvolvimento socioeconômico, modelos de financiamento do sistema de seguridade social, e desigualdade social e patrimonial.

Etapa 2: Extração e consolidação de dados provenientes de bases de acesso público sobre receitas tributárias e gasto público no contexto nacional e internacional, bem como dos dados relacionados às:

i. Características gerais e demográficas dos países;

ii. Nível de desenvolvimento socioeconômico dos países;

iii. Alíquotas e outros parâmetros tributários de impostos selecionados.

Etapa 3: Construção dos indicadores a serem utilizados nas diferentes análises.

Etapa 4: Desenvolvimento de análises comparativas utilizando estatísticas, figuras e gráficos ilustrativos.

Etapa 5: Análise de relações entre desempenho tributário, desenvolvimento socioeconômico e desigualdade.

- **Organização do texto**

O texto está organizado em seis partes. A Parte 1 inclui o presente capítulo, que é dedicado a apresentar reflexões sobre as dimensões do debate sobre tributação no Brasil e a abordagem do estudo.

Na Parte 2, o modelo tributário brasileiro é examinado com base nos dados disponibilizados pela Receita Federal do Brasil (RFB) e a classificação da receita por espécie tributária segue as normas gerais de consolidação das contas públicas estabelecidas em nível nacional, que apresenta particularidades em relação à classificação usada na Parte 3 do estudo, que segue as normas fixadas no âmbito internacional por organizações internacionais como a Organização para Cooperação e Desenvolvimento Econômico (OCDE) e o Fundo Monetário Internacional (FMI).

O Capítulo I apresenta a evolução da receita tributária segundo diferentes indicadores nas últimas duas décadas, considerando a inclusão e exclusão das contribuições sociais, incluindo os resultados do governo geral e a arrecadação por nível de governo. Além disto, a arrecadação é analisada por espécie tributária.

A Parte 3, composta de cinco capítulos, é dedicada à análise comparativa em nível internacional da receita tributária segundo diferentes indicadores. Os países foram classificados em 4 grupos, segundo um critério que considera região e renda. O Capítulo II apresenta o panorama geral sobre a arrecadação tributária nos países analisados, médias quinquenais de arrecadação, o ordenamento dos dados sobre a arrecadação em 2019 (*rank* global e por grupo de países) e medidas estatísticas básicas sobre o desempenho tributário. Busca-se retratar particularidades e limitações relacionadas aos diferentes indicadores. O capítulo seguinte examina dados sobre a evolução da arrecadação tributária nas últimas duas décadas em nível do governo geral e a participação do governo subnacional. É também apresentada a participação da receita tributária nos recursos públicos. Os capítulos na sequência analisam a receita tributária por base de incidência, incluindo contribuições sociais (Capítulo IV), impostos sobre a renda (Capítulo V), tributos ao patrimônio (Capítulo VI) e impostos indiretos (Capítulo VII).

O Capítulo VIII, que consta na Parte 4, analisa o gasto público – global e por função – do governo geral e a participação do governo subnacional. Ao final das partes 2, 3 e 4, é apresentada uma síntese abrangendo os principais resultados das análises apresentadas.

A Parte 5, integrada pelo Capítulo IX, é dedicada a analisar a relação entre a arrecadação, desenvolvimento socioeconômico e redução de desigualdades. Busca-se, também, apresentar ponderações sobre os impactos benéficos do melhor aproveitamento do potencial tributário brasileiro. Por fim, o capítulo seguinte apresenta as conclusões do estudo, reflete sobre o potencial de crescimento da arrecadação tributária no país e propõe diretrizes para uma estratégia fiscal, passível de promover o desenvolvimento socioeconômico sustentável e contribuir com a redução das desigualdades.

A partir da promulgação da EC n. 132/2023, o presente estudo disponibiliza a consolidação de uma ampla base de dados fiscais; análise de diferentes modelos, tendências e práticas consolidadas na área tributária; indicativos sobre o impacto da tributação no crescimento socioeconômico e na redução das desigualdades. Estes elementos apresentam o potencial de embasar os debates e propostas para a implementação tanto da reforma recentemente aprovada no Brasil, quanto de novos projetos que fortaleçam a gestão fiscal, financeira e tributária das unidades federativas, estimulem mecanismos robustos e sustentáveis de solidariedade fiscal, e promovam a cidadania fiscal.

PARTE 2

ANÁLISE DO DESEMPENHO TRIBUTÁRIO BRASILEIRO

CAPÍTULO I

EVOLUÇÃO DA RECEITA TRIBUTÁRIA BRASILEIRA NAS ÚLTIMAS DUAS DÉCADAS

O Capítulo I analisa, por intermédio de diferentes indicadores, a arrecadação tributária brasileira com base em dados consolidados pela Receita Federal, Ministério da Fazenda.

1.1 Arrecadação tributária do governo geral (GG)

A Tabela 1 apresenta dados sobre a arrecadação tributária relacionada a diferentes indicadores e sua variação anual no período compreendido entre 2000 e 2022, assim como inclui medidas estatísticas básicas sobre estes indicadores. Os anos em que o país enfrentou crises econômicas estão demarcados na tabela (2007/2008; 2015/2016; e 2020).

Tabela 1 – Evolução da arrecadação tributária, 2000-2022

Ano	Arrecadação tributária			Variação anual (%)		
	Em PIB	R$ Milhões Dez 2022	EUA $	Em PIB	R$ Milhões Dez 2022	EUA $
2000	32,55	1.378.362	183.294	-	-	-
2001	34,01	1.456.053	175.689	4,49	5,64	- 4,15
2002	32,09	1.516.280	134.901	- 5,65	4,14	- 23,22
2003	31,39	1.565.866	186.636	- 2,18	3,27	38,35
2004	32,35	1.709.378	238.619	3,07	9,16	27,85
2005	33,54	1.858.794	310.994	3,66	8,74	30,33
2006	33,29	1.985.603	375.134	- 0,74	6,82	20,62
2007	33,64	2.168.868	516.632	1,06	9,23	37,72
2008	33,50	2.331.727	445.825	- 0,41	7,51	- 13,71
2009	32,06	2.292.887	613.782	- 4,30	1,67	37,67
2010	32,22	2.536.666	751.896	0,50	10,63	22,50
2011	32,98	2.745.668	769.838	2,36	8,24	2,39
2012	32,67	2.826.644	769.916	- 0,96	2,95	0,01
2013	32,42	2.933.364	737.951	- 0,75	3,78	- 4,15

2014	31,71	2.921.837	689.807	- 2,21	- 0,39	- 6,52
2015	31,97	2.761.639	490.845	0,82	- 5,48	- 28,84
2016	32,07	2.725.543	616.902	0,32	- 1,31	25,68
2017	32,17	2.790.112	640.519	0,33	2,37	3,83
2018	32,48	2.887.653	587.139	0,95	3,50	- 8,33
2019	32,49	2.921.371	595.608	0,03	1,17	1,44
2020	31,08	2.753.561	455.033	- 4,34	- 5,74	- 23,60
2021	33,05	3.111.293	527.054	6,34	12,99	15,83
2022	33,71	3.342.093	640.679	1,98	7,42	21,56
Média	32,58	2.413.967,82	498.030,26	0,20	4,23	7,88
Mediana	32,48	2.725.542,53	527.054,48	0,32	3,96	3,11
Desvio padrão	0,77	592.077,29	207.497,88	2,90	5,02	20,97
COV(%)	2,36	24,53	41,66	1.452,35	118,89	266,28
Valor mínimo	31,08	1.378.361,93	134.901,22	- 5,65	- 5,74	- 28,84
Valor máximo	34,01	3.342.092,52	769.916,36	6,34	12,99	38,35
Variação total (%)	3,57	142,47	249,54	-	-	-

Onde: PIB é Produto Interno Bruto; e EUA $ é dólar americano.

Fonte: Elaboração própria com base nos dados apresentados na Tabela 1 e Tabela 2 do Anexo I, cujas fontes estão indicadas no referido anexo.

Como pode ser observado, a arrecadação mínima foi de aproximadamente 31% (2020) e a máxima de 34% (2001) do PIB neste período. Ao comparar a arrecadação de 2000 e 2022, houve um crescimento de 1,16 ponto percentual, representando um aumento de 3,57%. As oscilações anuais da arrecadação estão situadas entre – 5,6% e + 6,3%. A variação anual média foi de 0,2%. Em média, a arrecadação representou 32,6% do PIB.

Ao analisar a evolução da arrecadação tributária a preços constantes, ajustados segundo o Índice de Preços ao Consumidor Amplo (IPCA), é possível verificar que houve um aumento significativo na receita (142%) que passou de 1,378 para 3,342 trilhões a preços de dezembro/2022. O crescimento médio da arrecadação no período foi de 4,23%.

Parte do aumento é diretamente explicada pelo crescimento do PIB (ver Figura 4). Em diversos anos, o crescimento da arrecadação tributária superou o desempenho da economia medida pelo PIB. Por exemplo, ocorreram aumentos anuais próximos a 10% em diferentes exercícios como 2004 (9,16%), 2007 (9,23%), 2010 (10,63%) e 2021 (12,99%).

Os resultados superiores à variação do PIB estão relacionados ao aumento do consumo e da quantidade de pessoas ocupadas nos anos de melhor desempenho econômico, que produziram um impacto positivo nos tributos vinculados à renda das empresas (IRPJ e CSLL) e à massa salarial (contribuição previdenciária). Em 2004, parte do crescimento da arrecadação é explicada pela inclusão das importações na base tributável da Contribuição para o Financiamento da Seguridade Social (COFINS). Em 2007, o crescimento da receita devido ao cenário econômico favorável superou inclusive as reduções de alíquotas no Imposto sobre Produtos Industrializados (IPI) e dos prazos de aproveitamento de créditos da contribuição para o Programa de Integração Social (PIS) e da CONFINS. Em 2010, particularidades sobre o incremento da arrecadação abrangem o aumento das alíquotas do Imposto sobre

Operações Financeiras (IOF), cujo objetivo foi evitar a apreciação cambial do real. Em 2021, os aumentos refletem diretamente a retomada da economia após a pandemia. Além de mudanças no regramento, parte dos resultados é explicada pelo maior esforço fiscal dos três níveis de governo.

Por outro lado, a redução da arrecadação está, em geral, relacionada à recessão econômica e demais crises enfrentadas pelo país. Por exemplo, a crise financeira mundial iniciada nos Estados Unidos em 2007, reduziu a receita tributária de 33,50% para 32,06% do PIB (-4,34%) em 2009, produzindo perdas a preços constantes da ordem de quase 2%. A crise política enfrentada no segundo mandato do governo Dilma Rousseff em 2015, resultou em perdas de 5,48% na receita tributária a preços constantes. Por fim, a recessão econômica atípica produzida pela Covid-19 reduziu a arrecadação a preços constantes em -5,74% em 2020, que foi compensada, como mencionado anteriormente, por um crescimento superior a este patamar em 2021 (12,99%). Além disto, a política de desonerações do primeiro mandato do governo Dilma Rousseff entre 2012 e 2014 resultou na queda acumulada da carga tributária em relação ao PIB de aproximadamente 4%.

As oscilações da arrecadação tributária em dólares americanos refletem parcialmente a forte volatilidade das taxas de câmbio, resultantes do regime flutuante, no qual o preço da moeda norte-americana é determinado pela oferta e demanda do mercado. Portanto, a análise da arrecadação em dólares americanos contribui de forma limitada para a compreensão dos fatores que impactam a evolução da receita tributária no país.

Cabe ainda comentar que não foram identificadas variações perceptíveis na arrecadação tributária produzidas pela alternância de poder político[36] durante o período em análise. Embora tenham

---

36 2000-2002: Partido da Social-Democracia Brasileira (PSDB); 2003-2016: Partido dos Trabalhadores (PT); 2017-2018: Partido do Movimento

sido observadas alterações nas regras e parâmetros tributários, o país não passou por um processo abrangente de reforma tributária entre 2000 e 2022.

As figuras apresentadas na sequência ilustram a evolução da arrecadação como um percentual do PIB (Figura 1), a preços constantes (Figura 2) e em dólares americanos (Figura 3). A taxa anual de variação está inserida no eixo secundário. A linha pontilhada representa a variação anual nula na arrecadação. Portanto, taxas de variação anual acima da linha representam crescimento da arrecadação, e aquelas abaixo representam perdas.

Figura 1 – Evolução da arrecadação tributária em PIB (%), 2000-2022

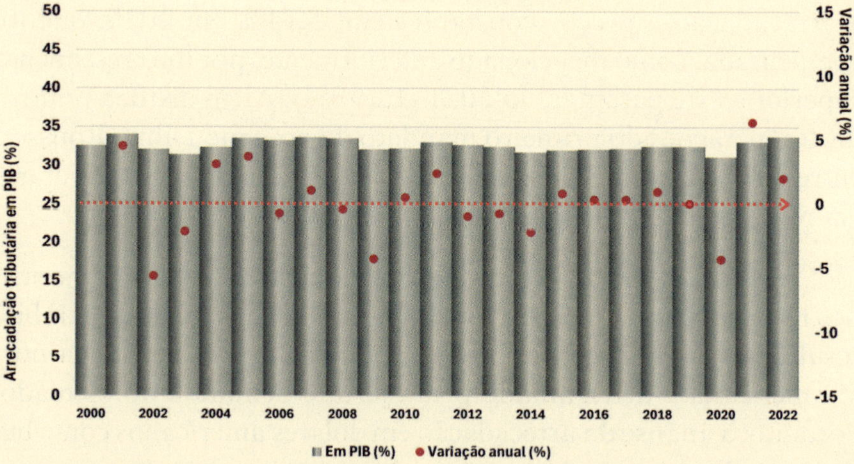

Onde: PIB é o Produto Interno Bruto.

Fonte: Elaboração própria com base nos dados apresentados na Tabela 1 e Tabela 2 do Anexo I, cujas fontes estão indicadas no referido anexo.

Democrático Brasileiro (PMDB) ou Movimento Democrático Brasileiro (MDB); 2019-2022: Partido Social Liberal (PSL), embora o presidente eleito se desvinculou do partido em 2019.

Figura 2 – Evolução da arrecadação tributária em R$ milhões de dezembro 2022, 2000-2022

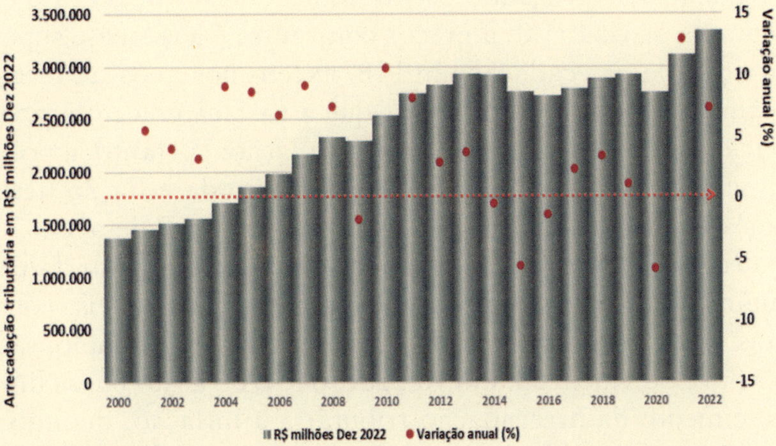

Fonte: Elaboração própria com base nos dados apresentados na Tabela 1 e Tabela 2 do Anexo I, cujas fontes estão indicadas no referido anexo.

Figura 3 – Evolução da arrecadação tributária em milhões de dólares americanos (EUA $), 2000-2022

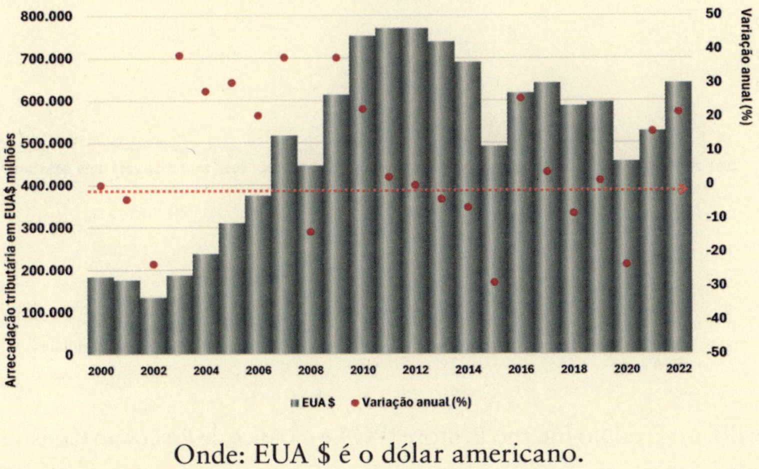

Onde: EUA $ é o dólar americano.

Fonte: Elaboração própria com base nos dados apresentados na Tabela 1 e Tabela 2 do Anexo I, cujas fontes estão indicadas no referido anexo.

A Figura 4 ilustra a comparação entre a variação anual do PIB, Índice dos Preços ao Consumidor Amplo (IPCA) e arrecadação tributária empregando os três indicadores. Em geral, o crescimento da arrecadação a preços constantes é levemente superior a variação da arrecadação em PIB, exceto nos anos de recessão econômica. Cabe ainda observar que a variação da inflação não é relacionada ao crescimento da arrecadação. Portanto, a política de limitar os gastos públicos ao crescimento da inflação (teto de gastos) do ano anterior, inserida na Constituição Federal em 2017, é inadequada. Deve-se compreender que o crescimento da carga tributária ocasiona um aumento do gasto obrigatório, visto que há muitas vinculações obrigatórias das receitas (por exemplo, saúde, educação e previdência). Em verdade, o teto do gasto busca limitar o crescimento da arrecadação tributária à inflação, quando sua variação tende a ser fortemente relacionada ao comportamento da economia (ver Figuras 4 e 5).

Figura 4 – Variação anual da arrecadação tributária, PIB e IPCA (%), 2000-2022

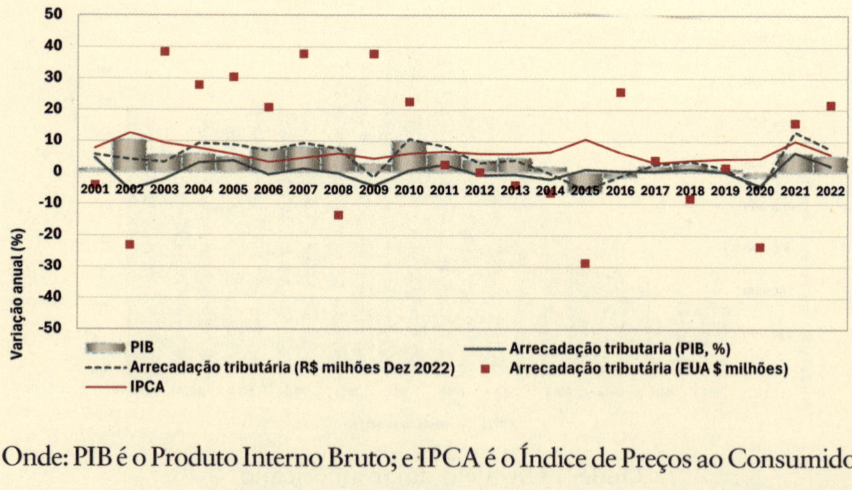

Onde: PIB é o Produto Interno Bruto; e IPCA é o Índice de Preços ao Consumidor.

Fonte: Elaboração própria com base nos dados apresentados na Tabela 1 e Tabela 2 do Anexo I, cujas fontes estão indicadas no referido anexo.

Figura 5 – Relação entre a variação anual, 2001-2022: Arrecadação tributária e PIB (R$ milhões de dezembro 2022)

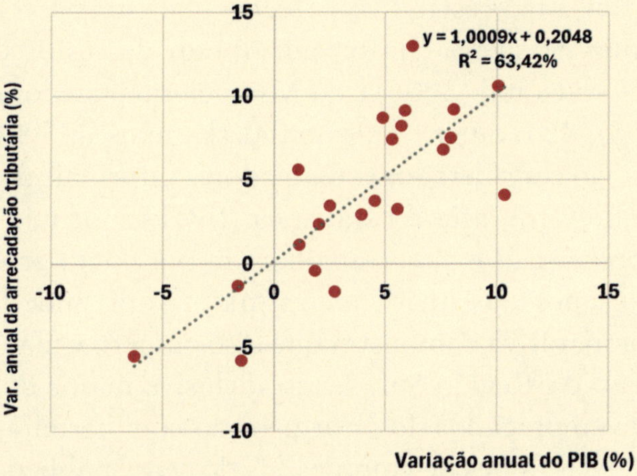

Fonte: Elaboração própria com base nos dados apresentados na Tabela 1 e Tabela 2 do Anexo I, cujas fontes estão indicadas no referido anexo.

Conforme demonstrado na Figura 5, o crescimento da arrecadação tributária é positivamente relacionada com o crescimento do PIB. Entender esta relação viabiliza, por exemplo, uma projeção da receita tributária disponível em anos futuros. A projeção da arrecadação tributária auxilia na elaboração do orçamento e permite aferir em que medida uma recuperação econômica contribuiria para o reequilíbrio das contas públicas, tanto no curto prazo como no longo prazo.

A literatura econômica oferece uma série de técnicas econométricas para estimar a magnitude da sensibilidade das receitas ao crescimento econômico como, por exemplo, o uso de coeficientes fixos e variantes no tempo. Tomando um modelo de regressão bastante simplificado com apenas duas variáveis, uma dependente, como a arrecadação de tributos, e outra explicativa, como o crescimento da economia, é possível estimar a sensibilidade entre as variáveis. Conforme esperado em uma relação de impulso e resposta, alterações no crescimento da economia produzem, diretamente, efeitos sobre a arrecadação tributária.

Por fim, é imprescindível perceber que uma parcela relevante da economia brasileira é informal. Apesar dos esforços, a partir do Simples Nacional (2006) e do Microempreendedor Individual, MEI (2008), de reduzir a informalidade, mais de 38 milhões de brasileiros são considerados trabalhadores informais pelo Instituto Brasileiro de Geografia e Estatística (IBGE), por não terem vínculos empregatícios e nem trabalharem, por conta própria, como autônomos, pessoas jurídicas ou microempreendedores. Uma análise comparativa demonstra que esse número é maior que toda a população da Região Sul, sendo inclusive maior do que os 36 milhões de empregados do setor privado com carteira assinada e do que os 12 milhões de empregados do setor público.

Independentemente do nível de desenvolvimento do país, a forte presença da informalidade na economia está cada vez mais evidente. O fato explica o extenso debate na literatura nacional e internacional acerca do que deve ou não ser considerado como informal e sobre formas de medir a informalidade.[37] O conceito e as características da economia informal estão contidos também na pesquisa Economia Informal Urbana (ECINF)[38] do Instituto Brasileiro de Geografia e Estatística (IBGE), que considera como informais as unidades econômicas de propriedade de trabalhadores

---

37 SCHNEIDER, Friedrich; ENSTE, Dominik H. "Shadow economies: Size, causes, and consequences". *IMF Working Paper*, vol. 38, nº 1, fev. 2000; SOLIS-GARCIA, Mario; XIE, Yingtong. "Measuring the size of the shadow economy using a dynamic general equilibrium model with trends". *Journal of Macroeconomics*, vol. 56, jun. 2018; BUSATO, Francesco; CHIARINI, Bruno. "Market and underground activities in a two-sector dynamic equilibrium model". *Economic Theory*, vol. 23, mai. 2004; BRACCI, Alberto; NADINI, Matthieu *et al.* "The Covid-19 online shadow economy". *arXiv*, ago. 2020.

38 Ver a *Pesquisa Economia Informal Urbana* (ECINF), publicada em portal específico pelo IBGE, que visa captar informações que permitam conhecer o papel e a dimensão do setor informal na economia brasileira.

por conta própria e de empregadores com até cinco empregados, moradores de áreas urbanas, sejam elas a atividade principal de seus proprietários, sejam atividades secundárias. Este critério de classificação, que é também adotado pela Organização Internacional do Trabalho (OIT), busca associar o trabalho precário ao informal. A ECINF (2003) especifica que "as unidades do setor informal se caracterizam pela produção em pequena escala, baixo nível de organização e pela quase inexistência de separação entre capital e trabalho, enquanto fatores de produção".[39]

Portanto, a tributação não incide sobre parte dos bens produzidos, serviços prestados, salários e rendas de empregados e empregadores. Isto produz uma desconexão entre o nível de arrecadação tributária e a necessidade de gasto. Ou seja, a quantidade de trabalhadores que paga tributos é bem menor do que aquela que usufrui de políticas públicas, principalmente, no que diz respeito aos serviços universais que são usufruídos por todos indistintamente, como, por exemplo: infraestrutura urbana, iluminação pública, saúde, assistência social, educação, segurança pública, estradas etc.

No contexto deste trabalho, a informalidade na economia consiste em toda atividade que gere valor e que não é registrada ou tributada. O Banco Mundial estimou a participação do PIB informal na economia para aproximadamente 160 países entre 1990 e 2018. Como demonstrado na Tabela 2, o PIB brasileiro considerando a economia formal e informal – PIB real – foi, em média, 35% superior ao PIB oficial entre 2000 e 2018, que é usado como referência nas análises comparativas sobre a arrecadação tributária. Na maioria das economias avançadas, o indicador não supera 10% (ver Capítulo II). Consequentemente, é necessário cautela ao comparar o desempenho tributário com base no PIB oficial ao considerar países com diferentes níveis de informalidade econômica.

---

39 IBGE (2005), p. 15.

Tabela 2 – Comparação entre o PIB oficial e real no Brasil, 2000-2018

Ano	PIB (R$ milhões)		Relação
	OFICIAL	**REAL**	
	1.101.255	1.497.878	1,36
	1.198.736	1.629.164	1,36
	1.488.787	2.025.243	1,36
	1.717.950	2.336.816	1,36
	1.957.751	2.666.969	1,36
	2.170.585	2.958.069	1,36
	2.409.450	3.281.894	1,36
	2.720.263	3.699.674	1,36
	3.109.803	4.221.333	1,36
	3.333.039	4.513.655	1,35
	3.885.847	5.251.442	1,35
	4.376.382	5.900.015	1,35
	4.814.760	6.474.605	1,35
	5.331.619	7.152.011	1,34
	5.778.953	7.741.023	1,34
	5.995.787	8.018.701	1,34
	6.269.328	8.367.647	1,34
	6.585.479	8.782.997	1,33
	7.004.141	9.341.400	1,33
Média			**1,35**
Mediana			**1,35**
Desvio padrão			**0,01**
COV (%)			**0,81**
Valor mínimo			**1,33**
Valor máximo			**1,36**

Fonte: Elaboração própria com base no Informal Economy Database, Banco Mundial.

Como observado na Figura 1, o nível da arrecadação tributária no Brasil representa entre 31% e 34% do PIB. Entretanto, ao considerar a soma dos bens e serviços formais e informais produzidos no país, ao invés do PIB oficial, pode-se perceber que a arrecadação tributária brasileira é bem inferior a este patamar, havendo representado, em média, 24% do PIB real entre 2000 e 2018 (ver Figura 6).

Figura 6 – Arrecadação tributária em percentual do PIB – oficial e real – (%), 2001-2022

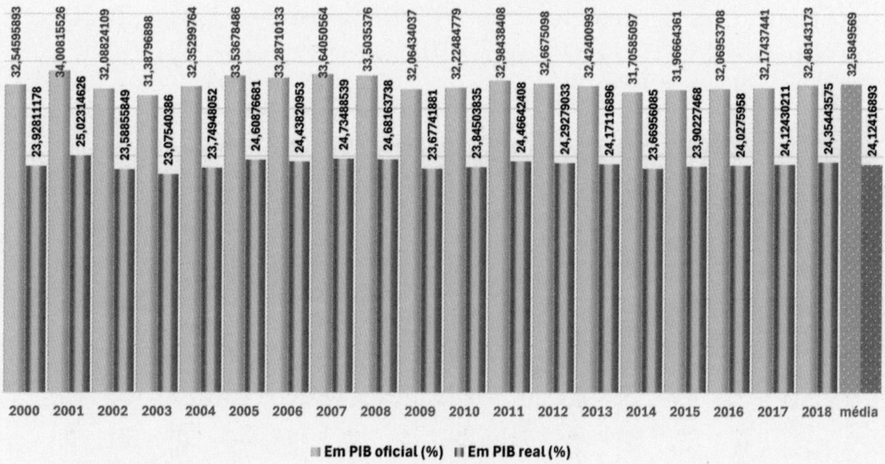

Fonte: Elaboração própria com base nos dados apresentados na Tabela 1 e Tabela 2 do Anexo I.

Outra faceta da informalidade é relacionada aos processos de ocupação territorial, como loteamentos irregulares, ocupações em áreas públicas ou privadas, construções irregulares, e transferências de imóveis sem a devida averbação nos registros públicos. Estas situações prejudicam o potencial de arrecadação dos tributos que incidem sobre a propriedade.

1.2 Participação das contribuições sociais na arrecadação tributária

Direcionadas a financiar direitos fundamentais constitucionais, as contribuições de seguridade social – contribuições sociais

– servem para financiar os gastos previstos nos artigos 201 e 202 da Constituição Federal, que incluem as aposentadorias; cobertura dos eventos de doença, invalidez, morte e idade avançada; proteção à maternidade; proteção ao trabalhador em situação de desemprego involuntário; salário-família e auxílio-reclusão para os dependentes dos segurados de baixa renda. Estes recursos representam uma parcela significativa da receita tributária no Brasil.[40] Sua participação mínima na arrecadação tributária foi de 22,8% (2020) e a máxima de 25,5% (2022) entre 2000 e 2022 (ver Figura 7).

Figura 7 – Contribuições sociais e a arrecadação tributária em PIB (%), 2010-2022

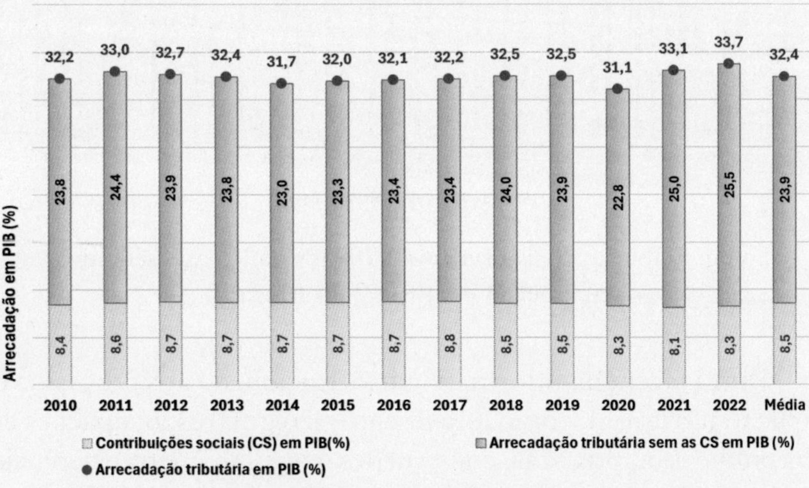

Fonte: Elaboração própria com base em dados apresentados na Tabela 3, Anexo I.

40 Em alguns países, como Austrália, Nova Zelândia, Peru e Bolívia, o modelo financiamento das aposentadorias é por intermédio de contribuições compulsórias administradas por instituições privadas (ver Capítulo IV). Em outros modelos, como na Dinamarca e África do Sul, o Imposto de Renda da Pessoa Física (IPRF) é a principal fonte de financiamento.

A arrecadação das contribuições sociais é proveniente das seguintes fontes:[41]

i. Regime Geral de Previdência Social (RGPS), destinado fundamentalmente aos trabalhadores da iniciativa privada;

ii. Regime Próprio de Previdência Social (RPPS), destinado aos servidores públicos;

iii. Fundo de Garantia do Tempo de Serviço (FGTS), que é um fundo para amparar casos de demissão sem justa causa ou situações de enfermidades;[42]

iv. Programa de Formação do Patrimônio do Servidor Público (PASEP), que é uma contribuição realizada pelas instituições públicas para subsidiar um abono salarial a funcionários públicos cujo salário seja inferior a 2 salários-mínimos.

A principal fonte de recursos das contribuições sociais é o RGPS, que representou, em média, 62,9% das contribuições sociais, chegando a alcançar quase 65% em 2012. A participação média do FGTS, do RPPS e do PASEP nas receitas das contribuições sociais foram, respectivamente, de aproximadamente 21%, 14% e 2,5% (ver Tabela 11, Anexo I).

---

41 Apesar de serem tributos vinculados a seguridade social, a base de incidência da Contribuição para Financiamento da Seguridade Social (COFINS) e o Programa de Integração Social (PIS) é o faturamento das empresas, sendo classificados oficialmente como tributos sobre a produção, ao passo que a Contribuição Social sobre o Lucro Líquido (CSSL) é classificada como um tributo sobre a renda empresarial, junto com o Imposto de Renda da Pessoa Jurídica (IRPJ).

42 Os recursos captados pelo FGTS são aplicados nas áreas de habitação popular, saneamento básico, infraestrutura urbana e saúde. Além disto, o saldo do FGTS recolhido para cada trabalhador pode ser utilizado na compra ou construção de imóvel.

1.3 Arrecadação tributária *per capita*

A Tabela 3 apresenta dados sobre o PIB e a arrecadação tributária *per capita* e sua variação (total e anual) entre 2000 e 2022. Entre 2000 e 2022, a arrecadação tributária *per capita* a preços constantes aumentou em 98,2% enquanto o PIB *per capita* registrou um acréscimo um pouco inferior de aproximadamente 91,4%. A dispersão da arrecadação e PIB *per capita* foi de aproximadamente 20% no período da análise. A Figura 8 ilustra a diferença entre a arrecadação e o PIB por habitante.

Tabela 3 – Arrecadação tributária e PIB (*per capita* e variação), 2000-2022

Ano	Per capita (R$ Dez 2022)		Variação anual (%), pc		Ano	Per capita (R$ Dez 2022)		Variação anual (%), pc	
	Arrecadação tributária	PIB	Arrecadação tributária	PIB		Arrecadação tributária	PIB	Arrecadação tributária	PIB
2000	8,117.60	24,941.96	-	-	2015	13,891.90	43,457.50	-6.18	-6.94
2001	8,455.08	24,861.92	4.16	-0.32	2016	13,613.82	42,450.93	-2.00	-2.32
2002	8,684.76	27,065.24	2.72	8.86	2017	13,842.25	43,022.59	1.68	1.35
2003	8,850.92	28,198.45	1.91	4.19	2018	14,233.19	43,819.47	2.82	1.85
2004	9,540.51	29,488.79	7.79	4.58	2019	14,309.44	44,042.79	0.54	0.51
2005	10,250.17	30,563.95	7.44	3.65	2020	13,406.31	43,135.34	-6.31	-2.06
2006	10,825.27	32,520.92	5.61	6.40	2021	15,060.15	45,565,88	12.34	5.63
2007	11,698.04	34,773.67	8.06	6.93	2022	16,087.07	47,727.09	6.82	4.74
2008	12,450.20	37,160.85	6.43	6.86	Média	12,493.31	38,373.10	3.27	3.06
2009	12,127.45	37,822.25	-2.59	1.78	Mediana	13,406.31	42,450.93	2.88	3.67
2010	13,297.97	41,266.21	9.65	9.11	Desvio padrão	2,447.51	7,603.67	4.90	3.85
2011	14,261.27	43,236.43	7.24	4.77	COV (%)	19.59	19.82	149.98	125.55
2012	14,554.92	44,554.72	2.06	3.05	Valor mínimo	8,117.60	24,861.92	-6.31	-6.94
2013	14,981.12	46,203.80	2.93	3.70	Valor máximo	16,087.07	47,727.09	12.34	9.11
2014	14,806.78	46,700.47	-1.16	1.07	Variação total (%)	98.18	91.35	-	-

Fonte: Elaboração própria com base nos dados apresentados na Tabela 1 e Tabela 2 do Anexo I.

Figura 8 – Arrecadação tributária e PIB *per capita* (R$ de dezembro de 2022), 2000-2022

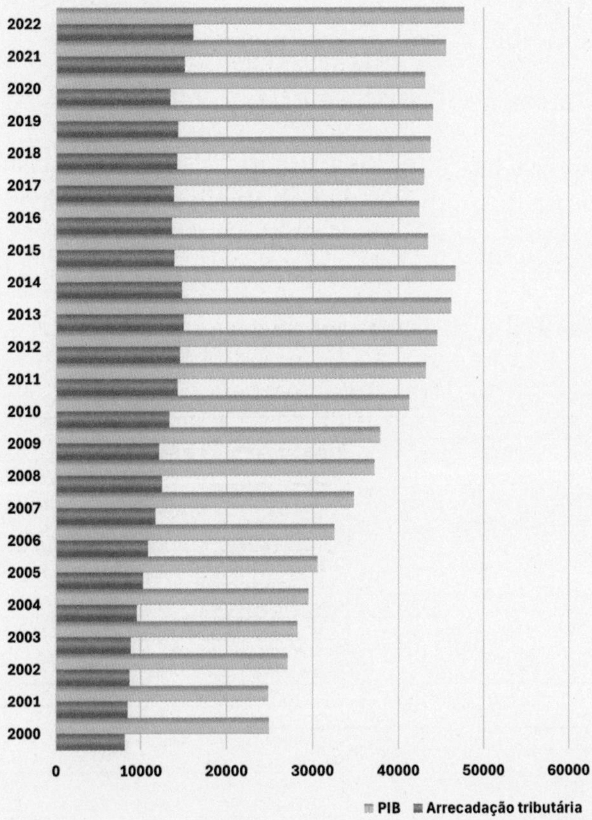

Fonte: Elaboração própria com base nos dados apresentados na Tabela 3.

1.4 Análise por base de incidência

Em conformidade com a classificação dos estudos sobre a carga tributária elaborados pela Receita Federal, as receitas segundo a base de incidência estão agrupadas na Tabela 4 nas seguintes classes:

i. Renda, lucros e ganho de capital;

ii. Folha de pagamento e mão de obra;

iii. Propriedade;

iv. Bens e serviços;

v. Comércio e transações internacionais;

vi. Outros impostos.

O Quadro 1 resume os principais tributos classificados em cada um dos grupos de espécie tributária e o nível de governo que exerce a respectiva competência tributária.[43]

Quadro 1 – Tributos por nível de governo e base de incidência

Nível de governo	Base de incidência	Tributo	Sigla
Central	Impostos sobre renda, lucros e ganhos de capital	Imposto sobre a Renda da Pessoa Física	IRPF
		Imposto sobre a Renda de Pessoa Jurídica	IRPJ
		Imposto sobre a Renda Retido na Fonte	IRRF
		Contribuição Social sobre o Lucro Líquido	CSLL
		Outros impostos sobre a renda, lucros e ganhos de capital	---
	Impostos sobre a folha de pagamento e a mão de obra	Contribuição social do salário-educação	---
		Contribuições para o Sistema S	---
		Outros impostos sobre a folha de pagamento e a mão de obra	---
	Impostos sobre a propriedade	Imposto sobre a Propriedade Territorial Rural	ITR
		Outros impostos sobre a propriedade	---
	Impostos sobre bens e serviços	Contribuição para o Financiamento da Seguridade Social	COFINS
		Contribuição para o Programa de Integração Social	PIS
		Imposto sobre Produto Industrializado	---
		Impostos sobre Operações Financeiras	IOF
		Contribuição de Intervenção no Domínio Econômico - Combustíveis	CIDE - Combustíveis
		Contribuição sobre Concursos de Prognosticos e Sorteios	---
		Prêmio do Seguro Obrigatório de Danos Pessoais por Veículos Automotores Terrestres	DPVAT
		Contribuição de Intervenção no Domínio Econômico - Remessas exterior	CIDE-Remessas exterior
		Taxas administrativas	---
		Outros impostos sobre bens e serviços	---
	Impostos sobre o comércio e transações internacionais	Imposto sobre a Importação	II
		Imposto sobre a Exportação	IE

43 Foi utilizado governo "central" para descrever o governo federal com o objetivo de alinhar com a terminologia internacional.

<table>
<tr><td rowspan="5"></td><td colspan="2">Outros impostos</td><td>---</td></tr>
<tr><td rowspan="4">Contribuições sociais</td><td>Contribuições para o Regime Geral de Previdência Social</td><td>RGPS</td></tr>
<tr><td>Contribuições para o Regime Próprio de Previdência Social</td><td>RPPS</td></tr>
<tr><td>Contribuições para o Fundo de Garantia por Tempo de Serviço</td><td>FGTS</td></tr>
<tr><td>Contribuição para o Programa de Formação do Patrimônio do Servidor Público</td><td>PASEP</td></tr>
<tr><td rowspan="7">Estadual</td><td rowspan="2">Impostos sobre a propriedade</td><td>Imposto sobre Transmissão "Causa Mortis" e Doação de Bens e Direitos</td><td>ITCD</td></tr>
<tr><td>Imposto sobre a Propriedade de Veículos Automotores</td><td>IPVA</td></tr>
<tr><td rowspan="3">Impostos sobre bens e serviços</td><td>Imposto sobre Circulação de Mercadorias e Serviços</td><td>ICMS</td></tr>
<tr><td>Taxas administrativas</td><td>---</td></tr>
<tr><td>Outros impostos sobre bens e serviços</td><td>---</td></tr>
<tr><td colspan="2">Outros impostos</td><td>---</td></tr>
<tr><td>Contribuições sociais</td><td>Contribuições para o Regime Próprio de Previdência Social</td><td>RPPS</td></tr>
<tr><td rowspan="8">Municipal e Distrito Federal</td><td rowspan="3">Impostos sobre a propriedade</td><td>Imposto sobre a Propriedade Predial e Territorial Urbana</td><td>IPTU</td></tr>
<tr><td>Imposto sobre Transmissão "Inter Vivos" de Bens Imóveis e de Direitos Reais sobre Imóveis</td><td>ITBI</td></tr>
<tr><td>Outros impostos sobre a propriedade</td><td>---</td></tr>
<tr><td rowspan="4">Impostos sobre bens e serviços</td><td>Imposto sobre Serviços</td><td>ISS</td></tr>
<tr><td>Contribuição para o Custeio do Serviço de Iluminação Pública</td><td>COSIP</td></tr>
<tr><td>Taxas administrativas</td><td>---</td></tr>
<tr><td>Outros impostos sobre bens e serviços</td><td>---</td></tr>
<tr><td>Contribuições sociais</td><td>Contribuições para o Regime Próprio de Previdência Social</td><td>RPPS</td></tr>
</table>

Fonte: Elaboração própria com base na classificação usada pela Receita Federal, Ministério da Fazenda, em 2023.

Como demonstrado na Tabela 4, a maior parte da arrecadação é proveniente dos tributos que incidem sobre bens e serviços. Considerando os três níveis de governo, em média, estes tributos participam em 43,3% da arrecadação tributária, seguidos das contribuições sociais, cuja participação é de 26,4%, e dos tributos que incidem sobre a renda, lucros e ganhos de capital, cuja participação é de 22,1%. Os tributos que incidem sobre a propriedade representam, em média, apenas 4,5% da arrecadação. As demais classes – folha de pagamento e a mão de obra e comércio e transações internacionais – participam com aproximadamente 1,9% do total arrecadado no país.

Tabela 4 – Participação das receitas agrupadas por espécie na arrecadação tributária em percentual (%), 2010-2022

Ano	Renda, lucros e ganhos de capital	Folha de pagamento e a mão de obra	Propriedade	Bens e serviços	Comércio e transaçõs internacionais	Contribuições sociais	Outros impostos
2010	20,64	1,79	3,92	45,84	1,68	26,10	0,01
2011	21,75	1,85	3,88	44,55	1,85	26,10	0,02
2012	20,66	1,92	3,99	44,73	1,98	26,75	- 0,03
2013	20,87	1,97	4,06	44,22	2,14	26,71	0,03
2014	20,86	2,05	4,23	43,54	2,01	27,32	- 0,00
2015	20,93	2,07	4,52	43,35	2,03	27,12	- 0,03
2016	22,54	2,02	4,61	42,10	1,56	27,17	0,00
2017	21,65	1,97	4,66	42,99	1,53	27,20	0,00
2018	21,57	1,94	4,75	43,70	1,79	26,24	0,00

2019	22,31	1,87	4,91	42,82	1,79	26,31	0,00
2020	22,27	1,79	5,15	42,25	1,93	26,62	- 0,00
2021	23,66	1,68	4,88	43,22	2,11	24,45	0,00
2022	27,24	1,71	4,95	39,86	1,77	24,48	0,00
Média	22,07	1,90	4,50	43,32	1,86	26,35	0,00
Mediana	21,65	1,92	4,61	43,35	1,85	26,62	0,00
Desvio padrão	1,79	0,13	0,44	1,47	0,20	0,94	0,02
COV(%)	8,10	6,73	9,69	3,39	10,53	3,55	1.813,18
Valor mínimo	20,64	1,68	3,88	39,86	1,53	24,45	- 0,03
Valor máximo	27,24	2,07	5,15	45,84	2,14	27,32	0,03
Variação total (%)	31,95	- 4,79	26,25	- 13,05	4,91	- 6,21	- 99,91

Fonte: Elaboração própria com base em dados compilados na Tabela 4, Anexo I.

Cabe ainda ressaltar que as espécies tributárias que aumentaram mais a sua participação na arrecadação a partir de 2010 foram os tributos sobre a renda, lucros e ganhos de capital (32%) e aqueles que incidem sobre a propriedade (26,3%). O aumento da participação do IRPF e IRPJ na arrecadação resultou principalmente do crescimento econômico, que impactou os salários e lucros das empresas, e da melhoria da administração tributária. Quanto aos tributos sobre o patrimônio, exceto em 2020 (-5,26) e em 2011 (-0,97%), foram observadas variações positivas na sua participação na arrecadação tributária, resultantes fundamentalmente do esforço fiscal dos entes subnacionais. Em contraste, os tributos sobre bens e serviços reduziram a sua participação em aproximadamente 13%. No entanto, houve aumento na arrecadação tributária a preços constantes em todos os grupos analisados.

A participação das diferentes espécies tributárias na arrecadação é ilustrada na Figura 9, que apresenta a variação anual das receitas de cada grupo. A importância das contribuições sociais foi praticamente constante até 2020, quando pela primeira vez neste período representaram menos do que os tributos sobre a renda, lucros e ganhos de capital, devido aos efeitos da pandemia sobre o mercado de trabalho, acompanhadas das medidas de desoneração do período. Como se pode observar, os grupos com menor participação nas receitas – folha de pagamento e mão de obra e comércio e transações internacionais – apresentaram maior volatilidade como fonte de receita, oscilando entre variações anuais positivas, parcialmente compensadas pelas negativas. Estas oscilações produziram mudanças pequenas na participação total de ambos os grupos da ordem de mais ou menos 5% entre 2010 e 2022.

Figura 9 – Arrecadação por espécie tributária, 2010-2022: Participação (%) e variação anual, 2010-2022

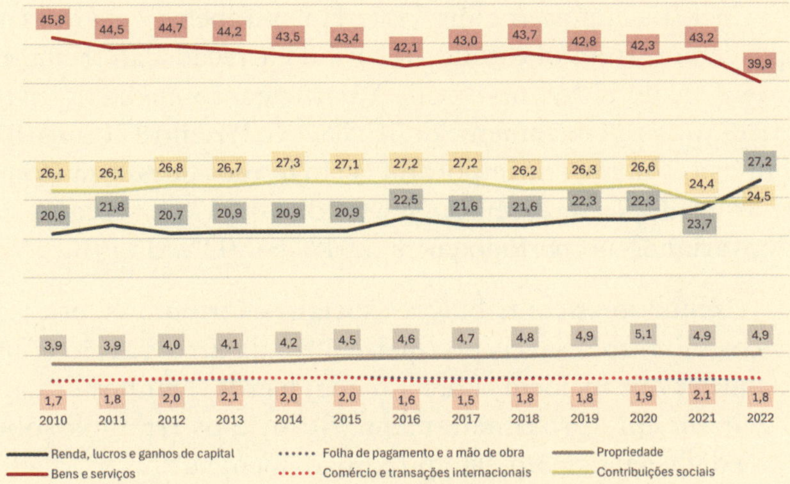

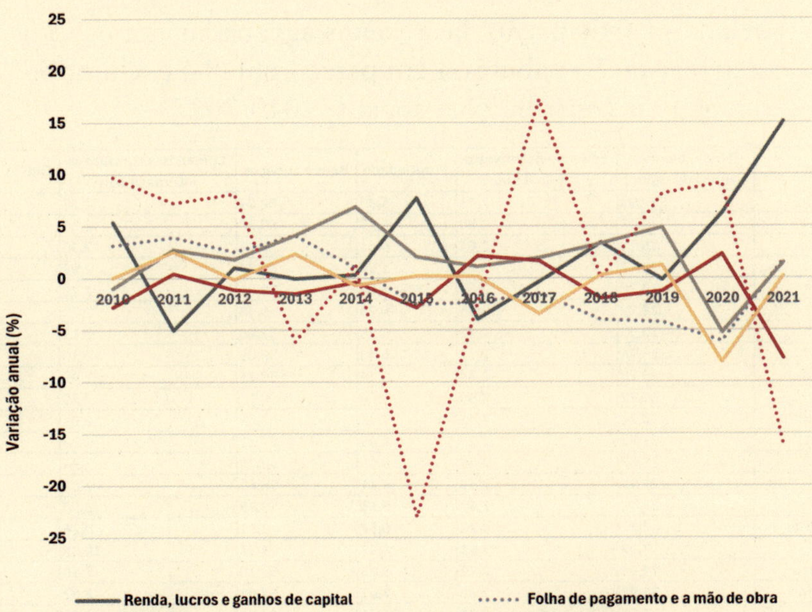

Fonte: Elaboração própria com base em dados da Tabela 4 e cálculos sobre as variações anuais com base nestes dados.

As Tabelas 5 e 6 do Anexo I apresentam a arrecadação por espécie tributária respectivamente em preços de dezembro de 2022 (R$ milhões) e em PIB entre 2010 e 2022. A importância dos principais impostos é apresentada nas Tabelas 7 e 8 do Anexo I, que demonstram que mais de 20% da arrecadação tributária é proveniente do ICMS no Brasil. A participação média do IRRF e do IRPJ foi, respectivamente de 10,5% e 6,2% entre 2000 e 2022. O imposto com menor importância em termos de receita é o ITR, cuja arrecadação representou, em média, 0,05% da receita tributária, variando no período entre 0,01% e 0,03% do PIB.

Excluindo as contribuições sociais, os tributos sobre bens e serviços são responsáveis por quase 60% da arrecadação tributária; aqueles que incidem sobre a renda, lucros e ganhos de capital participam em aproximadamente 30%; e os tributos sobre a propriedade participam em aproximadamente 6% (ver Tabela 5).

Tabela 5 – Participação das receitas agrupadas por espécie na arrecadação tributária em percentual (%) excluindo as contribuições sociais, 2010-2022

Ano	Renda, lucros e ganhos de capital	Folha de pagamento e a mão de obra	Propriedade	Bens e serviços	Comércio e transações internacionais	Outros impostos
2010	27,93	2,43	5,30	62,04	2,28	0,02
2011	29,43	2,50	5,25	60,28	2,50	0,03
2012	28,20	2,63	5,44	61,07	2,70	- 0,04
2013	28,47	2,69	5,54	60,34	2,92	0,05
2014	28,70	2,82	5,82	59,91	2,76	- 0,00
2015	28,72	2,85	6,20	59,48	2,79	- 0,04
2016	30,95	2,77	6,33	57,80	2,15	0,00
2017	29,74	2,71	6,40	59,05	2,10	0,00
2018	29,25	2,64	6,44	59,25	2,43	0,00
2019	30,27	2,53	6,66	58,11	2,43	0,00
2020	30,34	2,43	7,01	57,58	2,63	- 0,00
2021	31,32	2,22	6,45	57,21	2,79	0,00
2022	36,07	2,26	6,55	52,78	2,34	0,00
Média	**29,95**	**2,58**	**6,11**	**58,84**	**2,52**	**0,00**
Mediana	**29,43**	**2,63**	**6,33**	**59,25**	**2,50**	**0,00**
Desvio padrão	**2,12**	**0,20**	**0,57**	**2,31**	**0,26**	**0,02**
COV (%)	**7,07**	**7,81**	**9,37**	**3,92**	**10,46**	**1888,97**
Valor mínimo	**27,93**	**2,22**	**5,25**	**52,78**	**2,10**	**- 0,04**
Valor máximo	**36,07**	**2,85**	**7,01**	**62,04**	**2,92**	**0,05**
Variação total (%)	**29,11**	**- 6,84**	**23,54**	**- 14,92**	**2,66**	**- 99,91**

Fonte: Elaboração própria com base em dados compilados pela RFB, extraídos dos seguintes arquivos: Base_CTB_GG_valores.xlsx.

A Figura 10 ilustra a participação média de cada espécie incluindo e excluindo as contribuições sociais, evidenciando a preferência pela tributação sobre os bens e serviços e a alta participação das contribuições sociais no modelo tributário brasileiro. Para verificar a participação dos diferentes grupos em relação ao PIB, consultar a Tabela 6 do Anexo I.

Figura 10 – Participação média por espécie na arrecadação tributária em percentual (%), 2010-2022

a. Incluindo as contribuições sociais

b. Excluindo as contribuições sociais

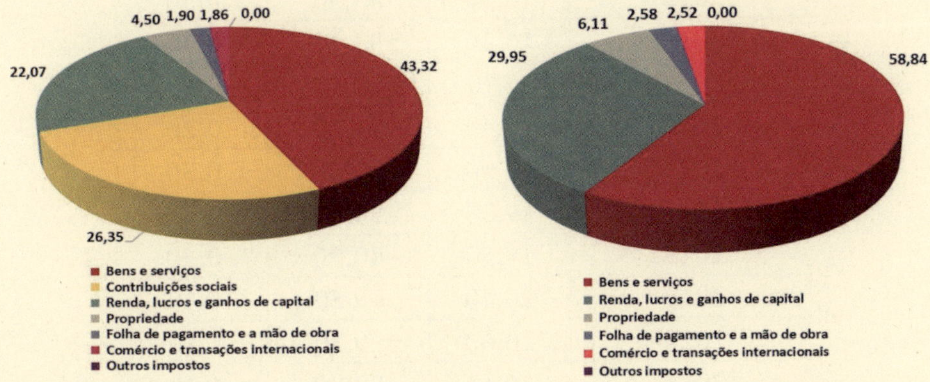

Fonte: Elaboração própria com base em dados das Tabelas 4 e 5.

É também comum a classificação dos tributos em: (i) diretos, ou seja, pagos diretamente pelos índivíduos, os quais incluem impostos sobre renda da pessoa física, propriedade e alguns tipos de taxas; e (ii) indiretos, ou seja, incluídos nos preços dos produtos ou serviços. Como se pode observar na Tabela 6, a participação dos tributos diretos nas receitas aumentou em 18,37%, variando de 15,7% (2010) para 20,70% (2020). Observa- se uma tendência contínua de crescimento da participação dos tributos diretos neste período, exceto em 2021, cuja arrecadação foi impactada pelas consequências econômicas da pandemia. A principal causa desse crescimento foi o desempenho do IRPF, resultante de melhorias na administração tributária e, em menor grau, da redução do número de isentos devido à não correção contínua dos parâmetros de incidência das alíquotas.

Tabela 6 – Participação das receitas agrupadas por tributos diretos e indiretos em percentual (%), 2010-2022

Ano	Diretos	Indiretos	Nclas
2010	15,70	84,00	0,30
2011	16,40	83,40	0,20
2012	16,40	83,30	0,30
2013	16,40	83,30	0,30
2014	17,10	82,60	0,30
2015	18,40	81,40	0,20
2016	18,90	80,80	0,30
2017	19,20	80,50	0,30
2018	19,50	80,30	0,20
2019	20,40	79,50	0,10
2020	20,60	79,30	0,10
2021	19,10	80,80	0,10
2022	20,70	79,20	0,10
Média	**18,37**	**81,42**	**0,22**
Variação entre 2010-22	31,85	- 5,71	- 66,67

Onde: "Nclas" são as receitas não classificáveis, que constam em "outras receitas" nos relatórios da Receita Federal.

Fonte: Elaboração própria com base em dados compilados pela RFB, extraídos dos seguintes arquivos: Base_CTB_GG_valores.xlsx.

1.5 Análise por nível de governo

A Tabela 7 e a Figura 11 apresentam a participação dos entes federativos na arrecadação tributária incluindo as contribuições sociais, demonstrando que, ao longo do período, os municípios aumentaram em 2,4 pontos percentuais (pp.) a sua participação na arrecadação tributária do país, representando um crescimento de 53,72%. Houve um crescimento na arrecadação dos principais impostos municipais, quais sejam: ISS, IPTU e ITBI. Os Estados foram os mais prejudicados na divisão da arrecadação, havendo diminuído a sua participação em 3,1%, enquanto o governo federal reduziu em 2,3%.

O governo federal é responsável pela maior parte da arrecadação (em média, 69% entre 2000 e 2022). No mesmo período, a participação média dos Estados e municípios foi respectivamente de 25,7% e 5,6% na receita tributária do país. É importante mencionar que o indicador retrata exclusivamente a arrecadação tributária própria.

Tabela 7 – Participação dos entes federativos na arrecadação tributária em percentual (%)

Nível de governo	Em PIB(%)				Nível de governo	Em PIB(%)			
	Central (GC)	Estadual (GE)	Municipal (GM)	Geral (GG)		Central (GC)	Estadual (GE)	Municipal (GM)	Geral (GG)
2000	22,52	8,56	1,47	32,55	2015	21,95	8,10	1,92	31,97
2001	23,47	9,02	1,53	34,01	2016	22,04	8,13	1,90	32,07
2002	22,20	8,33	1,56	32,09	2017	21,97	8,26	1,94	32,17
2003	21,53	8,28	1,58	31,39	2018	22,08	8,37	2,04	32,48
2004	22,23	8,48	1,64	32,35	2019	21,88	8,46	2,15	32,49
2005	23,31	8,57	1,65	33,54	2020	20,56	8,39	2,13	31,08
2006	23,04	8,55	1,70	33,29	2021	21,92	8,93	2,20	33,05
2007	23,54	8,38	1,73	33,64	2022	22,78	8,59	2,34	33,71
2008	23,24	8,53	1,73	33,50	Média	22,39	8,38	1,82	32,58
2009	22,18	8,12	1,77	32,06	Mediana	22,23	8,37	1,77	32,48
2010	22,35	8,20	1,68	32,22	Desvio padrão	0,71	0,26	0,23	0,77
2011	23,16	8,10	1,73	32,98	COV(%)	3,15	3,08	12,65	2,36
2012	22,76	8,13	1,78	32,67	Valor mínimo	20,56	8,04	1,47	31,08
2013	22,49	8,15	1,78	32,42	Valor máximo	23,54	9,02	2,34	34,01
2014	21,83	8,04	1,84	31,71	Variação total (%)	1,15	0,37	59,20	3,57

Fonte: Elaboração própria com base nos dados apresentados na Tabela 10, Anexo I.

Figura 11 – Participação dos entes federativos na arrecadação tributária em percentual (%)

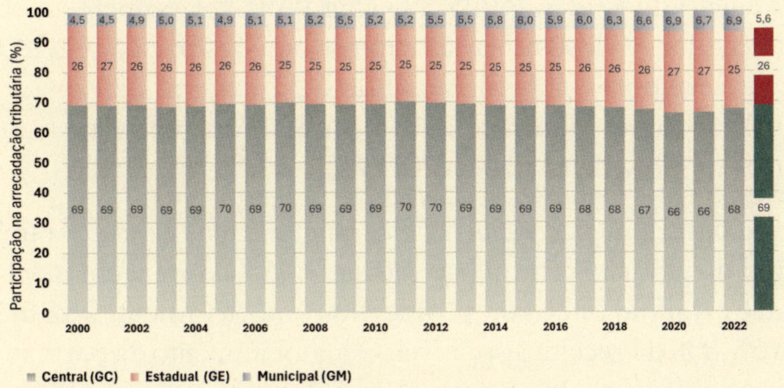

Onde: "GC" é Governo Central; "GE" é Governo Estadual; "GM" é Governo Municipal.

Fonte: Elaboração própria com base nos dados apresentados na Tabela 7.

A Tabela 11 do Anexo I apresenta a receita arrecadada como um percentual do PIB pelos três entes federativos.

Figura 12 – Variação anual na participação dos entes federativos na arrecadação tributária em percentual (%)

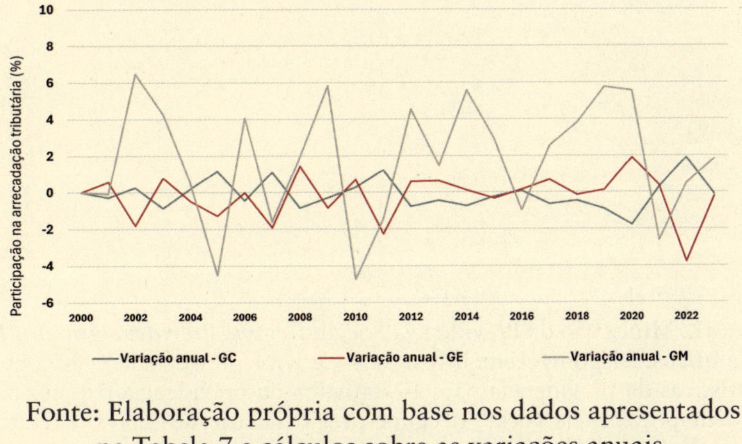

Fonte: Elaboração própria com base nos dados apresentados na Tabela 7 e cálculos sobre as variações anuais.

A seguir, é apresentada arrecadação das contribuições sociais por nível de governo (ver Tabela 8). Ao governo central, compete a arrecadação do RGPS, RPPS, FGTS e PASEP. Compete aos Estados arrecadar exclusivamente as contribuições para a previdência dos seus servidores (RPPS). Segundo o Ministério da Previdência Social,[44] aproximadamente 2.100 municípios possuem sistemas próprios de previdência social (RPPS).

As contribuições sociais comprometem mais os gastos públicos em nível do governo central (em média, 35,6%) doque em nível municipal e estadual onde comprometem respectivamente, em média, 8,7% e 5,8% da receitadisponível. O maior aumento da participação das contribuições sociais na arrecadação ocorreu em nível municipal devido à gradual instituição de regimes próprios de previdência municipal (7,7% em 2010; e 9,5% em 2022).

---

44 BRASIL. Ministério da Previdência Social. *Regime Previdenciário dos Entes Federativos*. Disponível em: https://www.gov.br/previdencia/pt-br/assuntos/estatisticas-da-previdencia/painel-estatistico-da-previdencia/regimes-proprios-de-previdencia-social-1/regime-previdenciario-dos-entes-federativos. Acessado em: 06.01.2025.

Tabela 8 – Participação das contribuições sociais por nível de governo (%), 2010-2022

Nível de governo	R$ Milhões (valores correntes)								Participação das CS (%)			
	Arrecadação tributária				Contribuições Sociais (CS)							
	Central (CG)	Estadual (GE)	Municipal (GM)	Geral (CG)	Central (CG)	Estadual	Municipal	Geral (CG)	Central	Estadual	Municipal	Geral (CG)
2010	868.547	318.472	65.190	1.252.208	304.906	16.980	4.983	326.868	35,11	5,33	7,64	26,10
2011	1.013.421	354.346	75.756	1.443.523	351.613	19.299	5.833	376.744	34,70	5,45	7,70	26,10
2012	1.095.698	391.359	85.805	1.572.862	392.070	21.743	6.769	420.782	35,78	5,61	7,89	26,75
2013	1.198.933	434.680	95.112	1.728.725	430.475	23.861	7.341	461.677	35,90	5,49	7,72	26,71
2014	1.261.297	464.645	106.315	1.832.266	464.828	27.142	8.608	500.578	36,85	5,84	8,10	27,32
2015	1.316.267	485.559	114.826	1.916.652	480.910	29.216	9.728	519.854	36,54	6,00	8,47	27,12
2016	1.381.816	509.637	119.091	2.010.544	503.837	31.191	11.156	546.183	36,46	6,12	9,37	27,17
2017	1.446.795	544.189	127.853	2.118.837	531.750	32.670	11.932	576.352	36,75	6,00	9,33	27,20
2018	1.546.216	586.136	142.693	2.275.045	550.011	34.591	12.480	597.082	35,57	5,90	8,75	26,24
2019	1.616.754	624.919	159.046	2.400.719	581.108	36.171	14.317	631.597	35,94	5,79	9,00	26,31
2020	1.564.488	638.133	162.414	2.365.035	577.624	35.919	15.985	629.528	36,92	5,63	9,84	26,62
2021	1.950.896	794.328	195.928	2.941.152	655.891	45.441	17.750	719.082	33,62	5,72	9,06	24,45
2022	2.258.551	851.408	232.134	3.342.093	745.746	50.364	22.126	818.236	33,02	5,92	9,53	24,48
Média	1.424.590,77	538.293,75	129.397,11	2.092.281,63	505,443,68	31.137,54	11.462,12	548.043,33	35,63	5,75	8,65	26,35
Mediana	1.467.363,35	555.203,15	134.336,15	2.156.902,66	520.869,69	32.226,58	11.960,54	565.056,81	35,67	5,79	8,72	26,37
Desvio padrão	1.502.282,02	570.653,71	138.842,31	2.211.778,05	533.889,44	33.221,01	12.431,93	579.542,38	35,74	5,81	8,80	26,39
COV (%)	1.533.557,71	584.445,58	142.922,13	2.260.925,42	544.798,60	34.088,54	12.867,55	591.754,70	35,74	5,83	8,87	26,36
Valor mínmo	1.559.298,05	595.966,03	146.599,86	2.301.863,94	553.592,76	34.875,31	13.292,64	601.760,71	35,73	5,86	8,96	26,34
Valor máximo	1.582.221,18	606.066,96	149,698,70	2.337.986,84	560.420,82	35.470,17	13.652,98	609.543,98	35,64	5,86	9,03	26,26
Variação total (%)	1.602.679,21	615.336,78	152.381,24	2.370.397,22	566.537,04	35.951,30	13.954,89	616.442,23	35,57	5,84	9,07	26,20

Fonte: Elaboração própria com base nos dados apresentados na Tabela 1 do Anexo I.

Por fim, cabe ainda apresentar a distribuição da receita entre os três níveis de governo após as transferências intergovernamentais (ver Tabela 9). Os municípios são mais favorecidos com as transferências intergovernamentais. O efeito das transferências é praticamente nulo para os Estados, e a União perde uma parcela significativa da sua arrecadação, de aproximadamente 12,1 pp.

Tabela 9 – Distribuição da arrecadação após as transferências intergovernamentais

Nível de governo	Em Participação (%)		
	Central (GC)	Estadual (GE)	Municipal (GM)
2010	56,78	25,76	17,46
2011	56,69	25,44	17,87
2012	56,99	24,83	18,17
2013	56,33	25,76	17,91
2014	57,00	24,96	18,03
2015	58,04	24,41	17,55
2016	57,83	24,38	17,79
2017	57,11	24,92	17,98
2018	57,36	24,62	18,01
2019	57,19	24,56	18,25
2020	53,23	26,28	20,49
2021	54,83	25,99	19,18
Média	**56,62**	**25,16**	**18,22**
Mediana	**57,00**	**24,94**	**18,00**
Desvio padrão	**1,34**	**0,66**	**0,83**
COV(%)	**2,36**	**2,62**	**4,56**
Valor mínimo	**53,23**	**24,38**	**17,46**
Valor máximo	**58,04**	**26,28**	**20,49**
Variação total (%)	**- 3,43**	**0,91**	**9,81**

Fonte: Elaboração própria com base nos dados das Estatísticas de Finanças Públicas e Conta Intermediária de Governo, 2010-2021.

A análise dos dados apresentados na Tabela 7, Tabela 9 e Figura 13 sugere que o crescimento da receita disponível em nível local foi fundamentalmente produzido pelo maior esforço na administração dos tributos próprios.

1.6 Síntese da Parte 2

A arrecadação tributária em PIB apresentou pequenas variações nos últimos 20 anos, variando entre 31% (2020) e 34% (2001). Entre 2000 e 2022, o aumentou total de 3,6% foi produzido a partir de oscilações anuais da ordem de -5,65% e +6,24%. Aumentos anuais próximos a 10% são explicados fundamentalmente pelo crescimento do PIB e sua influência no aumento do consumo e quantidade de pessoas ocupadas. Em contraste, as perdas na arrecadação estão relacionadas a períodos de recessão econômica, crises políticas e sanitárias enfrentadas pelo país. Além disto, a política de desonerações do primeiro mandato do Governo Dilma Rousseff em 2012-2014 impactou negativamente a arrecadação.

Sugere-se evitar a análise da evolução da receita tributária em dólares, na medida em que os resultados refletem fortemente a volatilidade das taxas de câmbio, devido ao regime de câmbio flutuante. A preços constantes, a receita tributária aumentou 142% entre 2000 e 2022 e 98% em arrecadação *per capita*. Devido à alta informalidade enfrentada no Brasil, a carga tributária média entre 2000 e 2018 reduz de 33% do PIB oficial para 24% do PIB real. Portanto, é necessário precaução nas comparações internacionais da receita tributária entre diferentes países utilizando o PIB oficial, que é o indicador tipicamente utilizado.

A participação das contribuições de seguridade social na receita, que foi de aproximadamente 25%, é significativa e apresentou pequena variação entre 2010 e 2022. Observa-se a alta participação de tributos sobre bens e serviços na receita tributária, que representam, aproximadamente 50% da arrecadação e 60% se for excluída a receita das contribuições sociais.

Aumentou em 54% a participação dos municípios na receita tributária, que, entretanto, é baixa, isto é, inferior a 7%. Após as transferências intergovernamentais, cabe aos municípios aproximadamente 18% da receita tributária. Os Estados reduziram em aproximadamente 3% a sua participação na receita tributária. Neste caso, não é observado um aumento sistemático da disponibilidade de receita após as transferências intergovernamentais. Antes ou após as transferências tributárias, cabe aos Estados em torno de 25% da arrecadação tributária.

PARTE 3

ANÁLISE COMPARATIVA INTERNACIONAL: RECEITAS

CAPÍTULO II

PANORAMA GERAL

A Parte 3 analisa o desempenho tributário brasileiro em comparação a um conjunto de países com características variadas em termos de região, níveis renda, população, forma de Estado, desenvolvimento social, graus de informalidade, entre outros aspectos.

A principal base disponível sobre receitas tributárias é a "OECD Stats" da Organização para Cooperação e Desenvolvimento Econômico (OCDE). Visando ampliar o número de países objeto da análise, dados sobre 38 economias que não estão na base da OCDE, foram extraídos da "Government Finance Statistics" (GFS) do Fundo Monetário Internacional (FMI), incluindo Afeganistão, Albânia, Armênia, Azerbaijão, Belarus, Bósnia e Herzegovina, Botswana, Bulgária, Burkina Faso, China, República do Congo, Croácia, Chipre, Fiji, Geórgia, Irã, Jordânia, Quirguistão, Lesoto, Madagascar, Malawi, Mali, Malta, Mauritânia, Moldova, Mongólia, Myanmar, Namíbia, Nigéria, Macedônia do Norte, Papua Nova Guiné, Romênia, Rússia, Sérvia, Serra Leoa, Tailândia, Ucrânia, Uzbequistão e Vietnã.

Consolidando os dados organizados pela OCDE e FMI, a base de dados formada compreende 126 países que foram considerados individualmente e por intermédio de agrupamentos segundo diferentes critérios. A maior parte das análises considera um critério que combina região e renda. Os dados consolidados sobre arrecadação tributária compreendem uma série temporal de aproximadamente duas décadas (entre 2000 e 2021). Parte das análises apresentadas considera resultados tributários em anos selecionados. Para avaliar o desempenho tributário mais recente, foi priorizado o ano de 2019, isolando assim os efeitos da recessão econômica produzida pela Covid-19. Cabe salientar, como explicado na Introdução, que o número de países considerados nas diferentes análises é variável, pois a série de dados está incompleta em muitos casos. Por exemplo, dados sobre o ano de 2021 estão disponíveis para poucos países. De toda a forma, sempre foram selecionados o maior número de casos cujos dados estavam disponíveis.

Foram também coletados dados sobre a receita total, que incluem recursos não tributários, disponíveis exclusivamente nas estatísticas do FMI (GFS). É relevante observar que existem pequenas diferenças entre os dados tributários tabulados pela Receita Federal do Brasil, que são objeto de revisões periódica, examinados no Capítulo I, e aqueles constantes nas bases de dados dos organismos internacionais. São, inclusive, observados entendimentos distintos quanto à classificação das receitas por base de incidência. Por exemplo, o Imposto sobre Operações Financeiras (IOF) é alocado na classe de tributos sobre bens e serviços, segundo a contabilidade pública brasileira e na classe de tributos ao patrimônio segundo à OCDE. Em contraste, o Imposto sobre a Propriedade de Veículos Automotores (IPVA), que integra a classe formada pelos tributos ao patrimônio no regramento brasileiro, é considerado um imposto sobre o uso dos veículos, sendo alocado na classe impostos sobre a produção e o consumo, que inclui os impostos sobre bens e serviços, pela OCDE e FMI.

O Quadro 2 apresenta os países agrupados em quatro classes, conforme um critério que considera região e grupos de renda extraídos do enquadramento do Banco Mundial[45] iniciado em 1987. O grupo formado pelos países localizados na América Latina e Caribe, que inclui o Brasil, é o único que considera exclusivamente o aspecto regional. Portanto, Chile, Colômbia, Costa Rica e México estão incluídos neste grupo, não obstante serem países-membros da OCDE. Exceto entre os anos de 2002 e 2005, cabe enfatizar que o Brasil é considerado um país de renda média alta segundo este enquadramento. Neste curto período, o país foi enquadrado no grupo de renda média baixa.

Quadro 2 – Classificação dos países segundo a região ou renda

Grupo		Casos	Código	País	Casos	Código	País
1	Países de alta renda da OCDE, exceto Chile, e da Europa	1	DEU	Alemanha	20	ISL	Islândia
		2	AUS	Austália	21	ISR	Israel
		3	AUT	Áustria	22	ITA	Itália
		4	BEL	Bélgica	23	JPN	Japão
		5	CAN	Canadá	24	LVA	Letônia
		6	CYP	Chipre	25	LTU	Lituânia
		7	HRV	Croácia	26	LUX	Luxemburgo
		8	DNK	Dinamarca	27	MLT	Malta
		9	SVK	Eslovaca	28	NOR	Noruega
		10	SVN	Eslovênia	29	NZL	Nova Zelândia
		11	ESP	Espanha	30	POL	Polonia
		12	USA	Estados Unidos	31	PRT	Portugal
		13	EST	Estônia	32	GBR	Reino Unido
		14	FIN	Finlândia	33	CZE	República Checa
		15	FRA	França	34	KOR	República da Coréia
		16	GRC	Grécia	35	ROU	Romênia
		17	NLD	Holanda	36	SWE	Suécia
		18	HUN	Hungria	37	CHE	Suiça
		19	IRL	Irlanda			
2	América Latina e Caribe, independentemente do nível de renda	1	ATG	Antígua e Barbuda	14	GTM	Guatemala
		2	ARG	Argentina	15	GUY	Guiana
		3	BHS	Bahamas	16	HND	Honduras
		4	BRB	Barbados	17	JAM	Jamaica
		5	BLZ	Belize	18	MEX	México
		6	BOL	Bolívia	19	NIC	Nicarágua
		7	BRA	Brasil	20	PAN	Panamá
		8	CHL	Chile	21	PRY	Paraguai
		9	COL	Colômbia	22	PER	Peru
		10	CRI	Costa Rica	23	DOM	República Dominicana
		11	CUB	Cuba	24	LCA	Santa Lúcia
		12	SLV	El Salvador	25	TTO	Trindade e Tobago
		13	ECU	Equador	126	URY	Uruguai

45 É usada a classificação de renda proposta pelo Banco Mundial (THE WORLD BANK. *World Bank Country and Lending Groups*. Disponível em: https://datahelpdesk.worldbank.org/knowledgebase/articles/906519-world-bank-country-and-lending-groups. Acessado em: 08.11.2024).

Grupo	Descrição	Nº	Código	País	Nº	Código	País
3	Países de renda média alta na África, Ásia, Europa e Oceania	1	ZAF	África do Sul	14	MKD	Macedônia
		2	ALB	Albânia	15	MYS	Malásia
		3	ARM	Armênia	16	MDV	Maldivas
		4	AZE	Azerbaijão	17	MUS	Moldovia
		5	BLR	Bielorrússia	18	MDA	Namíbia
		6	BIH	Bósnia e Herzegovina	19	NAM	Quisguistão
		7	BWA	Botsuana	20	KGZ	Russia
		8	BGR	Bulgária	21	RUS	Sérvia
		9	KAZ	Cazaquistão	22	SRB	Tailândia
		10	CHN	China	23	THA	Turquia
		11	FJI	Fiji	24	TUR	Turquia
		12	GEO	Geórgia	25	UKR	Ucrânia
		13	JOR	Jordânia	26	UZB	Uzbequistão
4	Países de renda baixa e renda média baixa na África, Ásia e Oceania	1	AFG	Afeganistão	20	MRT	Mauritânia
		2	BGD	Bangladesh	21	MNG	Mongólia
		3	BFA	Burkina Faso	22	MMR	Myanmar
		4	BTN	Butão	23	NER	Níger
		5	CPV	Cabo Verde	24	NGA	Nigéria
		6	CMR	Camarões	25	PNG	Papua Nova Guiné
		7	KHM	Camboja	26	PAK	Paquistão
		8	COG	Congo	27	KEN	Quênia
		9	CIV	Costa do Marfim	28	SWZ	Reino de Eswatini
		10	EGY	Egito	29	LSO	Reino do Lesoto
		11	PHL	Filipinas	30	COD	República Democrática do Congo
		12	GHA	Gana	31	RWA	Ruanda
		13	IDN	Indonésia	32	SEM	Senegal
		14	IRN	Irã	33	SLE	Serra Leoa
		15	LAO	Laos	34	TGO	Togo
		16	MDG	Madagascar	35	TUN	Tunísia
		17	MWI	Malawi	36	UGA	Uganda
		18	MLI	Mali	37	VNM	Vietnã
		19	MAR	Marrocos			

Fonte: Elaboração própria.

Na sequência, é apresentado um levantamento sobre a média da arrecadação tributária como um percentual do PIB, incluindo as contribuições sociais, nos quinquênios 2000-2004, 2005-2009, 2010-2004 e 2015-2009 (ver Tabelas 10 a-d). Os resultados são apresentados para 96 países agrupados considerando a combinação região e renda, incluindo exclusivamente aqueles cuja série de dados estava completa para o cálculo das médias nos quinquênios. Foi incluída a variação total da arrecadação entre 2000 e 2020.

Além disto, os países foram ordenados conforme a arrecadação tributária em 2019, disponível para 123 países. É apresentada a posição de cada país considerando o número total de economias ("Geral") e a sua posição no grupo no qual está inserido ("Classe"). A posição 1 representa o país com maior arrecadação tributária.

Em comparação com 123 países, o Brasil ocupou a posição 30º em 2019 em termos de arrecadação tributária como um percentual do PIB (ver Tabela 10a). Em relação aos 26 países latino-americanos selecionados, Cuba (42,1% do PIB) apresentou a maior arrecadação, seguida de Barbados (33,5% do PIB). O Brasil (31,9% do PIB) ocupou a 3ª posição. Os piores desempenhos tributários na região em 2019 foram registrados na Guatemala (12,8% do PIB) e Paraguai (13,2% do PIB). Enquanto a arrecadação tributária em PIB cresceu apenas 5,6% no Brasil em 20 anos, crescimentos superiores a 50% foram registrados em sete países, ou seja, 27% dos casos examinados (Antigua e Barbuda, 65%; Argentina, 54,8%; Bahamas, 49,9%; Colômbia, 53,6%; El Salvador, 51,3%; Equador, 51,1%; Nicarágua, 77,3%. Exceto pela Argentina, a maior parte destes países arrecadava menos de 15% do PIB em 2000. Importante salientar que a Argentina enfrenta uma crise econômica e política de caráter praticamente contínuo desde 1999. O fato tem produzido oscilações no seu desempenho tributário. A redução da arrecadação tributária foi registrada apenas em Trindade e Tobago (-3,8%) e no Panamá (-13,6%), países com baixa dependência em termos comparativos de recursos tributários para o financiamento público. Trindade e Tobago dependem fortemente de recursos provenientes de petróleo e gás é elevada e Panamá da receita proveniente dos serviços de transporte e logística orientados para o comércio internacional.

Tabela 10a – Arrecadação tributária em PIB (%), Grupo 2

Região e Renda	Posição 2019		País	Média em PIB (%)				Variação total (%)
	Geral	Classe		2000-4	2005-9	2010-4	2015-9	2000-20
Grupo 2: América Latina e Caribe, independentemente do nível de renda	87	20	Antígua e Barbuda	14,31	19,05	20,78	19,31	64,95
	40	5	Argentina	20,21	26,51	30,26	29,84	54,82
	83	18	Bahamas	11,14	12,55	13,8	16,94	49,87
	25	2	Barbados	30,87	30,42	29,95	32,24	6,7
	62	9	Belize	15,97	18,49	20,8	23	29,65
	57	8	Bolívia	18,67	23,74	25,7	26,59	24,57
	30	**3**	**Brasil**	**30,66**	**32,34**	**31,82**	**31,72**	**5,57**
	78	16	Chile	18,89	20,85	20,78	20,81	17,98
	67	12	Colômbia	16,67	18,52	20,09	22,28	53,62
	69	13	Costa Rica	20,41	21,81	22,07	22,56	13,16
	7	1	Cuba	36,39	42,32	37,59	41,19	0,86
	76	15	El Salvador	14,91	18,68	19,51	20,6	51,3
	84	19	Equador	13	14,78	18,2	19,44	51,12
	107	26	Guatemala	13,02	13,26	12,9	12,87	4,36
	65	11	Guiana	15,71	15,38	16,48	20,28	36,34
	72	14	Honduras	16,92	17,14	17,18	21,31	3,02
	39	4	Jamaica	22,65	24,43	24,73	27,17	24,6
	94	22	México	12,1	12	13,07	16,3	55,47
	52	7	Nicarágua	15,15	18,26	20,67	23,68	77,32
	99	23	Panamá	14,34	14,99	16,36	14,92	-13,63
	104	25	Paraguai	10,55	10,11	11,89	13,03	8,76
	92	21	Peru	15,24	17,57	18,56	16,49	3,13
	103	2	República Dominicana	12,56	13,92	12,9	13,11	2,82
	79	17	Santa Lúcia	19,02	20,39	20,24	20,91	11,44
	63	10	Trindade e Tobago	22,8	29,18	28,22	23,49	-3,82
	50	6	Uruguai	21,7	23,79	24,86	26,24	24,69

Fonte: Elaboração própria com base em dados extraídos da OECD Stats (OCDE) e Government Finance Statistics, GFS (FMI).

Os resultados das economias avançadas (Grupo 1) estão ilustrados na Tabela 10b. Como pode ser observado, oito entre dez países com maior arrecadação tributária estão neste grupo, cuja variação da arrecadaçãoentre 2000 e 2020 oscilou entre -12,7% (Suécia) e +6,8% (Itália) entre 2000 e 2020.

Tabela 10b – Arrecadação tributária em PIB (%), Grupo 1

Região e Renda	Posição 2019		País	Média em PIB (%)				Variação total (%)
	Geral	Classe		2000-4	2005-9	2010-4	2015-9	2000-20
Grupo 1: Países de alta renda da OCDE, exceto Chile, e da Europa	9	8	Alemanha	38,72	38,12	38,05	39,44	1,19
	43	30	Austrália	28,68	28,18	25,55	27,48	(4,57)
	8	7	Áustria	40,18	38,67	39,65	40,00	3,45
	3	3	Bélgica	43,06	42,44	43,93	43,72	(1,45)
	38	29	Canadá	28,81	27,81	26,59	28,59	(3,67)
	23	19	Chipre	28,28	32,91	32,00	32,97	25,36
	15	12	Croácia	37,32	36,46	35,71	37,09	(5,02)
	1	1	Dinamrca	46,92	46,83	46,80	46,31	1,41
	24	20	Eslováquia	32,42	29,01	29,17	33,07	6,87
	16	13	Eslovênia	37,98	37,84	37,39	37,16	0,78
	22	18	Espanha	32,85	33,56	32,09	33,78	16,47
	53	34	Estados Unidos	26,08	25,99	24,89	26,24	(3,02)
	44	31	Estônia	24,66	25,39	26,22	27,39	11,84
	6	6	Finlândia	43,32	41,50	42,38	42,96	(6,29)
	2	2	França	42,18	42,27	43,87	45,36	4,45
	10	9	Grécia	32,09	31,46	35,03	38,86	16,66
	11	10	Holanda	35,43	35,53	35,97	38,44	8,38
	17	14	Hungria	37,78	37,97	37,77	37,67	(14,28)
	73	37	Irlanda	25,40	25,69	23,43	20,88	(24,04)
	20	17	Islândia	35,08	36,58	34,16	38,78	(2,90)
	37	28	Israel	32,69	31,69	30,00	30,76	(4,25)
	5	5	Itália	39,89	40,93	42,82	42,22	6,83
	31	23	Japão	24,86	26,47	27,97	30,90	30,85
	35	26	Letônia	28,09	27,79	28,96	30,31	6,64
	36	27	Lituânia	29,36	29,83	27,15	29,40	(0,44)
	12	11	Luxemburgo	36,98	35,79	35,93	36,78	2,27
	55	36	Malta	23,22	26,52	26,20	25,26	12,02
	33	25	Noruega	33,29	33,75	31,96	29,56	(13,75)
	32	24	Nova Zelândia	33,02	33,69	30,73	31,53	3,89
	19	16	Polonia	32,62	33,23	31,76	33,86	7,17
	26	21	Portugal	26,78	27,23	31,31	33,11	24,67
	27	22	Reino Unido	32,21	32,98	32,53	32,69	(0,66)
	18	15	República Checa	33,32	33,65	33,92	35,17	10,05
	47	33	República da Coréia	21,32	22,86	23,16	25,55	42,88
	54	35	Romênia	28,42	27,25	27,38	25,71	(16,33)
	4	4	Suécia	46,03	44,84	42,18	43,35	(12,65)
	46	32	Suiça	26,43	25,74	25,87	26,94	2,16

Fonte: Elaboração própria com base em dados extraídos da OECD Stats (OCDE) e Government Finance Statistics, GFS (FMI).

As Tabelas 10c e 10d apresentam os mesmos indicadores para os países classificados nos Grupos 3 e 4. Entre os poucos países do Grupo 3 cujos dados permitiram o cálculo das médias nos quinquênios, são observadas perdas na arrecadação tributária em função do PIB em quatro de 11 países (36% dos casos). Neste grupo, o maior aumento da arrecadação tributária em PIB no período ocorreu em Quirguistão (96%).

Como pode ser observado, em geral, crescimentos atípicos no período estão relacionados a países com arrecadação tributária extremamente baixa, como, por exemplo: República Democrática do Congo (588%), cuja arrecadação média no quinquênio 2000-2004 foi de aproximadamente 3% do PIB (ver Tabela 10d).

Tabela 10c – Arrecadação tributária em PIB (%), Grupo 3

Região e Renda	Posição 2019		País	Média em PIB (%)		
	Geral	Classe		2000-4	2005-9	2010-4
Grupo 3: Países de renda média alta da África, Ásia Europa e Oceania	49	9	África do Sul	23,19	25,39	25,26
	34	5	Bulgária	31,86	29,7	26,54
	95	23	Cazaquistão	20,08	25,31	19,67
	60	12	Geórgia	15,21	23,1	23,49
	110	25	Malásia	16,27	15,2	15,26
	82	20	Maldivas	10,32	11,23	14,55
	77	18	Maurícia	16,56	17,41	19,19
	58	11	Quirguistão	13,12	17,51	20,56
	45	7	Russia	30,11	29,36	27,54
	91	22	Tailândia	15,63	17,32	18,19
	61	13	Turquia	24,15	24,25	25,69

Fonte: Elaboração própria com base em dados extraídos da OECD Stats (OCDE) e Government Finance Statistics, GFS (FMI).

Tabela 10d – Arrecadação tributária em PIB (%), Grupo 4

Região e Renda	Posição 2019		País	Média em PIB (%)				Variação total (%)
	Geral	Classe		2000-4	2005-9	2010-4	2015-9	2000-20
Grupo 4: Países de renda baixa e renda média baixa na África, Ásia e Oceania	119	31	Bangladesh	7,37	8,23	10,51	10,01	43,43
	116	28	Butão	9,32	10,22	14,10	12,64	(1,49)
	75	7	Cabo Verde	17,63	21,82	23,25	22,65	29,13
	100	17	Camarões	11,08	11,76	12,88	13,97	18,82
	106	20	Costa do Marfim	11,17	11,96	12,12	12,94	17,45
	86	10	Filipinas	14,66	15,18	13,84	15,54	16,94
	105	19	Gana	8,93	10,26	11,56	13,25	72,13
	114	26	Indonésia	10,79	12,11	12,13	11,49	22,09
	113	25	Madagascar	8,54	9,84	9,37	10,67	9,29
	89	11	Mali	12,76	14,13	14,00	15,84	59,12
	42	2	Marrocos	20,78	26,07	27,68	27,76	28,41
	51	3	Mongólia	23,24	28,45	23,80	23,03	(0,33)
	117	29	Níger	8,02	9,06	11,11	10,83	34,12
	109	22	Papua Nova Guiné	19,03	20,17	18,45	13,18	(13,30)
	85	9	Reino de Eswatini	11,03	12,17	13,85	16,74	67,36
	121	33	República Democrática do Congo	3,01	7,03	9,64	8,18	588,76
	120	32	República do Congo	6,69	7,83	9,29	10,48	146,14
	93	13	Ruanda	9,98	11,60	13,79	16,37	102,45
	81	8	Senegal	13,53	15,48	15,94	17,23	41,84
	97	15	Togo	8,15	10,68	13,07	15,56	119,61
	29	1	Tunísia	23,35	24,56	28,76	29,56	39,37
	112	24	Uganda	8,55	9,22	8,69	10,97	36,21

Fonte: Elaboração própria com base em dados extraídos da OECD Stats (OCDE) e Government Finance Statistics, GFS (FMI).

A tabela a seguir apresenta medidas estatísticas básicas considerando os 96 países e os quatro grupos de examinados. O nível de tributação no Brasil, que variou entre 30% e 33% do PIB nos quinquênios, é superior à arrecadação média do Grupo Geral, que considera a totalidade dos países (ver Tabela 10a e 11). De forma semelhante, a arrecadação tributária brasileira é superior ao desempenho tributário dos países agrupados por região e renda, exceto pelo Grupo 1, cuja média é ligeiramente superior ao desempenho tributário brasileiro.

A última coluna da tabela mostra as medidas estatísticas da variação total da arrecadação entre 2000 e 2020. Cabe comentar que a variação média entre 2000 e 2020 foi bem menor para o grupo de países do Grupo 1, cuja arrecadação tributária é superior aos demais grupos e no qual se encontram a grande maioria dos países com maior arrecadação tributária em PIB. Neste grupo, metade dos países apresentaram arrecadação média nos quinquênios superior a 32% do PIB.

O crescimento da receita tributária no Brasil nos 20 anos analisados foi de 5,6% (ver Tabela 10a), levemente superior ao crescimento médio do Grupo 1, que foi de 2,6%. Considerando o Grupo Geral, houve um crescimento médio da arrecadação de aproximadamente 25,9%, bem superior ao observado no Brasil ou nas economias avançadas (Grupo 1).

O coeficiente de variação mostra a dispersão da arrecadação tributária em PIB nos diferentes grupos. O Grupo 1 apresentou menor variabilidade, ou seja, é um grupo com desempenho tributário mais homogêneo em termos comparativos. A variação foi inferior a 20% nos diferentes quinquênios. Em contraste, o grupo que apresentou maior variabilidade – entre 36% e 43% – foi o Grupo 4, formado por países de renda baixa e renda média baixa, cuja arrecadação tributária tende a ser baixa. Por exemplo, a média do grupo foi entre 12% e 16% do PIB nos quinquênios examinados.

Ao final da Tabela 11 são apresentados os valores mínimos e máximos de arrecadação para cada um dos grupos examinados. Considerando os 96 países (Grupo Geral), a arrecadação média mínima no quinquênio 2014-2019 foi de 8,2% do PIB (República Democrática do Congo) e a máxima superou 46,3% (Dinamarca).

Tabela 11 – Medidas estatísticas básicas sobre arrecadação tributária em PIB (%) por grupos

Medidas Estatísticas	Casos	Grupo	Média em PIB (%)				Variação total (%)
			2000-4	2005-9	2010-4	2015-9	2000-20
Média	96	Geral	22,75	23,98	24,31	25,15	25,91
	37	Grupo 1	33,13	33,20	32,99	34,03	3,59
	26	Grupo 2	18,23	20,40	21,13	22,17	25,33
	11	Grupo 3	19,68	21,43	21,45	21,85	19,85
	22	Grupo 4	12,16	13,99	14,90	15,40	67,16
Desvio padrão	96	Geral	10,65	10,06	9,49	9,69	65,88
	37	Grupo 1	6,57	6,15	6,41	6,42	13,28
	26	Grupo 2	6,37	7,30	6,53	6,64	24,69
	11	Grupo 3	6,91	6,03	4,53	5,40	40,81
	22	Grupo 4	5,49	6,23	5,85	5,69	123,02
Coeficiente de variação (%)	96	Geral	46,80	41,95	39,03	38,52	254,25
	37	Grupo 1	19,83	18,52	19,42	18,86	369,69
	26	Grupo 2	34,97	35,77	30,89	29,97	97,47
	11	Grupo 3	35,13	28,15	21,12	24,72	205,57
	22	Grupo 4	45,12	44,51	39,26	36,91	183,17

Valor mínimo	96	Geral	3,01	7,03	8,69	8,18	-32,77
	37	Grupo 1	21,32	22,86	23,16	20,88	-24,04
	26	Grupo 2	10,55	10,11	11,89	12,87	-13,63
	11	Grupo 3	10,32	11,23	14,55	13,38	-32,77
	22	Grupo 4	3,01	7,03	8,69	8,18	-13,30
Valor máximo	96	Geral	46,92	46,83	46,80	46,31	588,76
	37	Grupo 1	46,92	46,83	46,80	46,31	42,88
	26	Grupo 2	36,39	42,32	37,59	41,19	77,32
	11	Grupo 3	31,86	29,70	27,54	29,38	96,03
	22	Grupo 4	23,35	28,45	28,76	29,56	588,76

Fonte: Elaboração própria com base nos dados apresentados nas Tabelas 10a, 10b, 10c e 10d.

Na sequência, os países são classificados em sete estratos de arrecadação tributária como percentual do PIB referente a 2019 (ver Figura 13). Para 44 dos 123 países examinados (35,8% dos casos), a receita tributária representou entre 20% e 30% do PIB. Aproximadamente 15% dos países arrecadaram mais de 35% do PIB, sendo que a arrecadação supera 40% em 9 países.

Figura 13 – Histograma de frequências da arrecadação em PIB, 2019 (%)

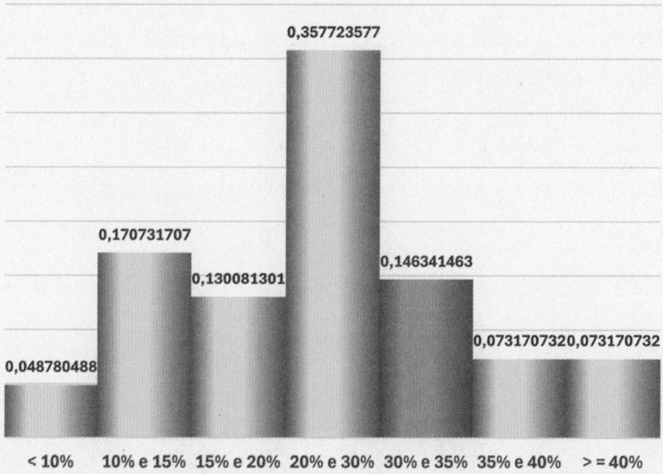

Fonte: Elaboração própria com base em dados extraídos da OECD Stats (OCDE) e Government Finance Statistics, GFS (FMI).

A Figura 14 apresenta a mesma análise segundo as quatro classificações de região e renda utilizadas neste trabalho (ver Quadro 2). Em relação aos países latino-americanos agrupados no Grupo 2, 53,5% arrecadaram entre 20% e 30% do PIB; 7,7% arrecadaram entre 30% e 35% do PIB; e a arrecadação superou este patamar apenas em um país (Cuba). Em contraste, a receita tributária foi superior a 20% do PIB para a totalidade dos países do Grupo 1. Neste grupo, 18,9% dos países arrecadaram entre 35% e 40% do PIB e a arrecadação de 21,6% dos países foi acima de 40% do PIB. Ou seja, a tributação foi igual ou superior a 35% do PIB para mais de 40% dos países. Como demonstrado na Figura 15, a tendência é que a arrecadação em PIB seja maior nas economias avançadas e menor nos países de baixa renda.

Figura 14 – Histograma de frequências da arrecadação em PIB, 2019 (%): grupos de região e renda

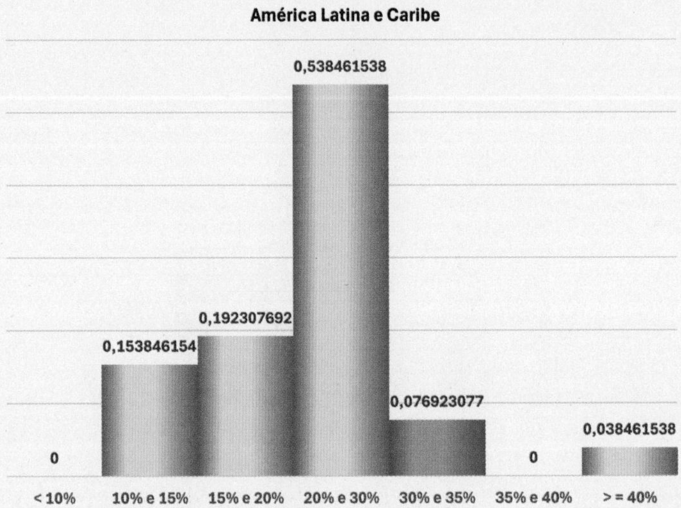

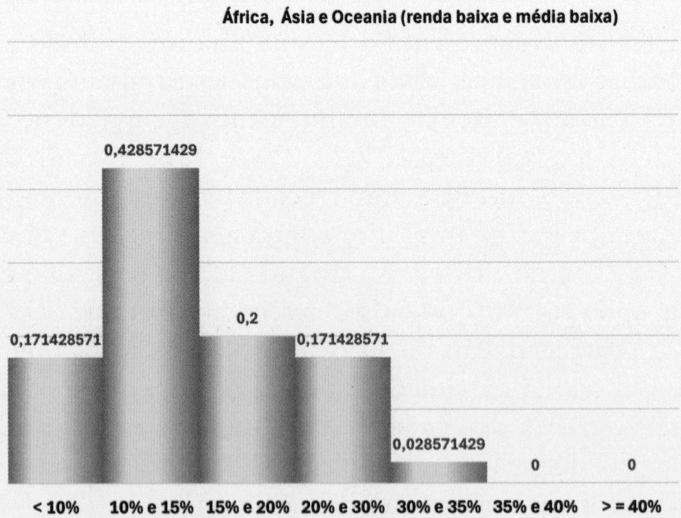

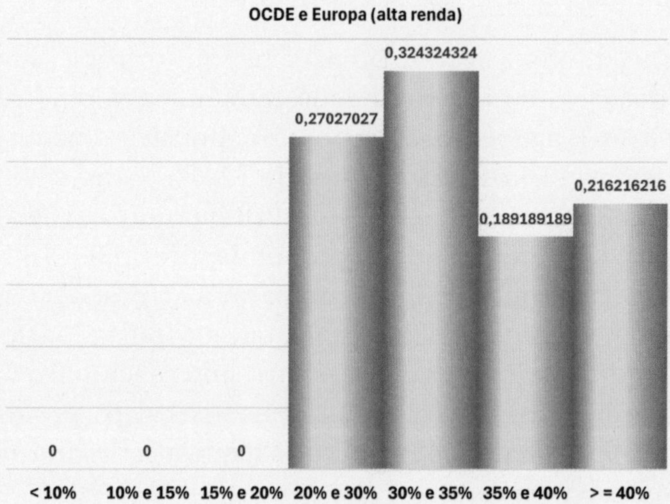

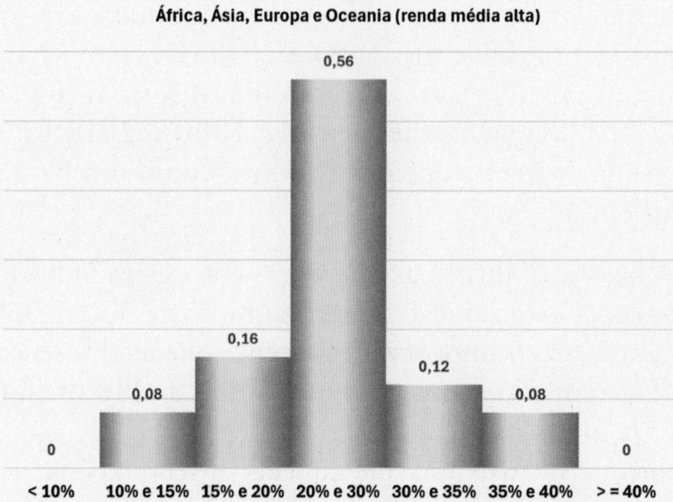

Fonte: Elaboração própria com base em dados extraídos da OECD Stats (OCDE) e Government Finance Statistics, GFS (FMI).

Em resumo, o desempenho tributário brasileiro como um percentual do PIB é superior àquele observado na maioria dos países latino-americanos – Grupo 2 – e dos países do Grupo 3, e a quase totalidade dos países do Grupo 4.

Entretanto, é necessário perceber que os países apresentam níveis distintos de informalidade econômica. Como observado no Capítulo I, a arrecadação tributária brasileira média estimada com base no PIB oficial, que foi de 32,6% entre 2000 e 2018, representou na verdade 24,1% do PIB quando são agregados os bens e serviços produzidos na economia informal (PIB real). Portanto, é necessário cautela ao comparar a arrecadação tributária como um percentual do PIB oficial, que é o indicador tipicamente considerado nas análises comparativas internacionais, na medida em que são desconsiderados os bens e serviços produzidos na economia informal cuja magnitude tende a ser maior nos países em desenvolvimento.

Como informado anteriormente, o Banco Mundial estimou a participação do PIB informal na economia para aproximadamente 160 países entre 1990 e 2018. Devido à baixa variabilidade na participação da economia informal nos diferentes países, a participação média entre 2000 e 2018 foi utilizada para estimar a arrecadação tributária como um percentual do PIB real em 2019.

A Figura 15 ilustra as diferenças entre estes indicadores para os países cuja arrecadação tributária foi entre 30% e 35% do PIB oficial em 2019. É importante perceber que as diferenças entre a arrecadação medida como um percentual do PIB oficial e do PIB real são bem maiores em países como o Brasil, Ucrânia, Tunísia, República de Belarus, do que aquelas observadas nas economias avançadas como Islândia, Reino Unido, Nova Zelândia, Japão ou Espanha. Por exemplo, a arrecadação na Nova Zelândia (31,3% do PIB) é ligeiramente inferior à brasileira, que foi de 31,9% em 2019. Ao considerar a arrecadação tributária como um percentual do PIB real, isto é, considerando a economia informal, a receita tributária brasileira – 23,9% do PIB real – é bem inferior àquela observada na Nova Zelândia (28% do PIB real). Ou seja, a tributação no Brasil em relação ao real desempenho da economia é inferior àquela observada em economias avançadas, como, por exemplo, Islândia, Espanha, Eslováquia, Nova Zelândia, Reino Unido ou Japão, não obstante a carga tributária nestes países como um percentual do PIB oficial seja semelhante à brasileira. Em relação a este indicador, o Brasil passou a ocupar a posição 39º de um total de 123 países ranqueados.

Figura 15 – Países com arrecadação tributária entre 30% e 35% do PIB: Arrecadação em PIB real, 2019 (%)

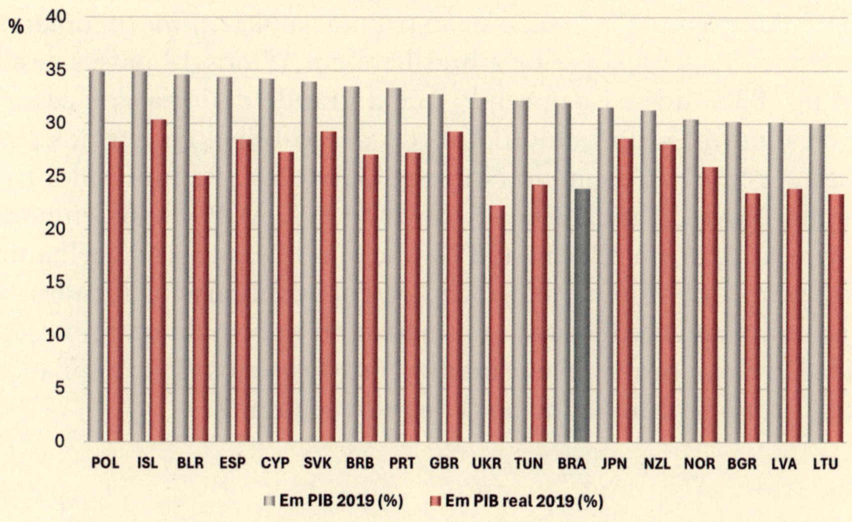

Fonte: Elaboração própria com base em dados extraídos da OECD Stats (OCDE), Government Finance Statistics, GFS (FMI), e Banco Mundial. Nota: Os dados estão ordenados conforme a arrecadação como um percentual do PIB real (%).

Outra questão a considerar é referente à população. Dependendo das variações populacionais, países que apresentam o mesmo nível de arrecadação tributária em PIB podem ter disponibilidade distinta de recursos para o financiamento de políticas (ver a Figura 17). Do grupo de países que arrecadaram entre 30% e 35% do PIB em 2019, o Brasil, juntamente com Tunísia e Ucrânia, apresenta a pior arrecadação em termos *per capita* utilizando dólares deflacionados pela Paridade do Poder de Compra (PPC), a preços constantes (dólares internacionais, Int.$).

Considerando os 121 países nos quais os dados sobre a arrecadação *per capita* em PIB em dólares internacionais estavam disponíveis, o Brasil ocupou a posição 53º em 2019 em termos de arrecadação tributária como um percentual do PIB (Int.$ 4.726), inclusive com um resultado muito inferior a Argentina (Int.$ 6.291), Chile (Int.$ 5.009) e Uruguai (Int.$ 15.727).

Por exemplo, a arrecadação tributária *per capita* em dólares internacionais foi superior a brasileira em 15 dos 18 países deste grupo (83% dos casos), sendo que a grande maioria dos países arrecadou mais do que o dobro do que o Brasil em termos *per capita*, como por exemplo Noruega (5,3 vezes), Reino Unido, Espanha, Nova Zelândia e Japão (cerca de 3 vezes). Portanto, embora a arrecadação em relação ao PIB oficial no Brasil seja semelhante ao desempenho observado inclusive em economias avançadas, a disponibilidade de receita para financiar o gasto público para cada cidadão é significativamente inferior. Estes aspectos são examinados com maior profundidade nos capítulos seguintes.

Figura 16 – Países com arrecadação tributária entre 30% e 35% do PIB: Arrecadação *per capita* em dólares por PPC a preços constantes (Base: 2017), Int.$, 2019

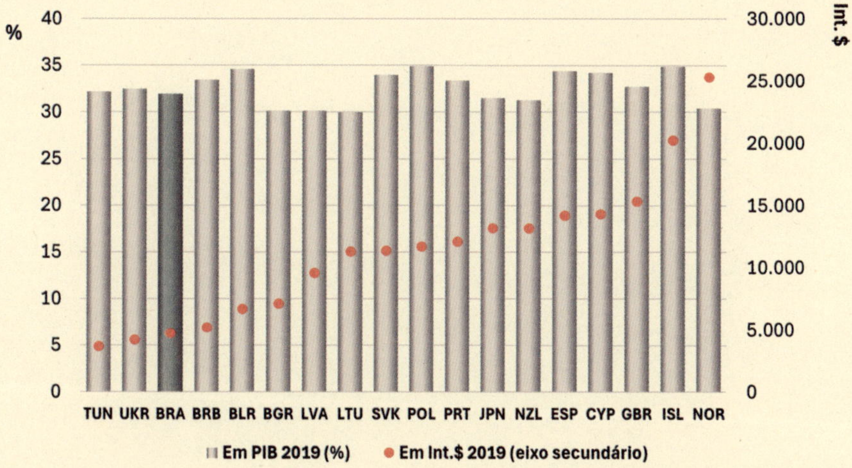

Fonte: Elaboração própria com base em dados extraídos da OECD Stats (OCDE), Government Finance Statistics, GFS (FMI), e Data Mapper (FMI). Nota: Os dados estão ordenados conforme a arrecadação *per capita* (Int.$), eixo secundário.

CAPÍTULO III

EVOLUÇÃO HISTÓRICA DA ARRECADAÇÃO TRIBUTÁRIA

3.1 Arrecadação incluindo as contribuições sociais como um percentual do PIB (%)

A Figura 17 apresenta a arrecadação tributária, incluindo as contribuições sociais, como um percentual do PIB entre 2000 e 2020 no Brasil e a média por grupo de países classificados segundo o critério que combina região e renda. Quando disponíveis, foram incluídos os resultados de 2021. Observa-se que a receita tributária brasileira em PIB oscilou entre 29% (2000) e 31% (2020).

A arrecadação tributária brasileira em PIB foi ligeiramente inferior à média dos países do Grupo 1, representando entre 84% e 97% do arrecadado por este grupo. Em contraste, é superior ao indicador médio dos demais. Em comparação à média dos países dos Grupos 2 e 3, o Brasil arrecada 50% a mais em relação ao PIB.

Figura 17 – Arrecadação em PIB no Brasil e média por grupo de países classificados segundo a região e renda (%), 2000-2021

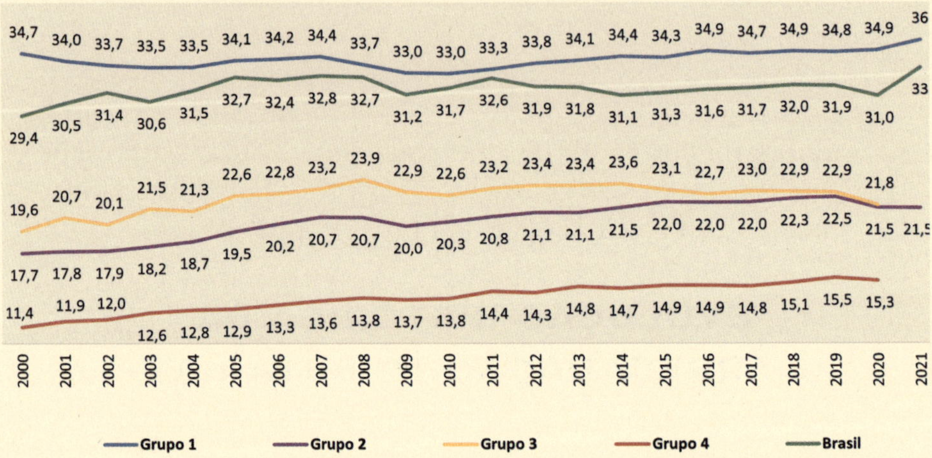

Fonte: Elaboração própria com base em dados extraídos da OECD Stats (OCDE) e Government Finance Statistics, GFS (FMI). Nota: Grupo 1 inclui os países de alta renda da OCDE, exceto Chile, e da Europa; Grupo 2 inclui todos os países latino-americanos; Grupo 3 inclui os países de renda média alta na África, Ásia, Europa e Oceania; e Grupo 4 inclui os países de renda baixa e renda média baixa na África, Ásia e Oceania.

As Figuras 18 e 19 comparam a arrecadação tributária brasileira, em nível individual, com países selecionados divididos em dois grupos nos anos de 2010 e 2019: (i) renda alta, que inclui os países do Grupo 1; (ii) renda média alta e renda média baixa, que inclui os países dos demais grupos, exceto aqueles de renda baixa.[46] No último grupo estão incluídos os países latino-americanos, recentemente classificados como

46 As análises individualizadas dos países nos gráficos de barras são apresentadas em dois grupos. O primeiro inclui o Brasil e países selecionados de renda alta (Grupo 1), e o segundo – "demais grupos" – inclui o Brasil, países latino-americanos (Grupo 2), países de renda média alta (Grupo 3) e renda média baixa (Grupo 4). Excepcionalmente, foram incluídos países de renda baixa no segundo grupo.

países de renda alta, como Chile (2012), Panamá (2017) e Uruguai (2012), segundo o enquadramento do Banco Mundial.

Em relação aos países de renda alta, a arrecadação brasileira é ligeiramente inferior à média destes países (ver Figura 18). Em 2019, o Brasil arrecadou menos do que 16 países e mais do que 10 países deste grupo, sendo que a arrecadação tributária aumentou na maior parte dos países de alta renda entre 2010 e 2019. Cabe observar que a arrecadação supera 40% do PIB na Alemanha, Finlândia, Itália, Suécia, Bélgica, França e Dinamarca.

Figura 18 – Arrecadação tributária, incluindo contribuições sociais, como um percentual do PIB no Brasil e 26 países selecionados de renda alta do Grupo 1 (%), 2010 e 2019

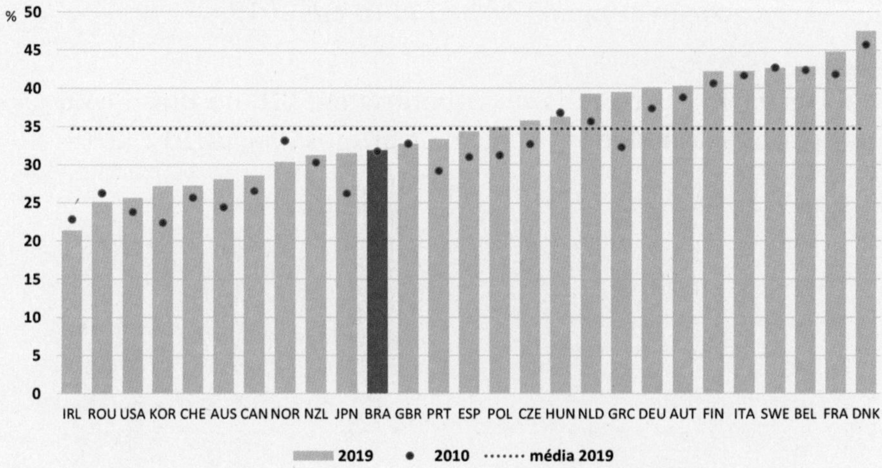

Fonte: Elaboração própria com base em dados extraídos da OECD Stats (OCDE) e Government Finance Statistics, GFS (FMI).

A considerar os países de renda média e os latino-americanos de renda alta, a arrecadação tributária brasileira – 31,9% do PIB – foi superior em 2019 à média deste grupo, que foi de 22,2% do PIB (ver Figura 19). O Brasil arrecadou mais do que 24 dos 26 países selecionados (92,3% dos casos). Apenas a Tunísia (TUN) e Sérvia (SRB) apresentaram um desempenho tributário superior ao brasileiro. Cabe lembrar que a Tunísia e a Sérvia são países que dispõem de um amplo sistema de seguridade social.

Por outro lado, a maior parte dos países incluídos na Figura 19 registraram um aumento expressivo da arrecadação tributária, superior a 1,8 pp. entre 2010 e 2019, cabendo destaque para a Sérvia (+3,0 pp.), México (+3,6 pp.) e Colômbia (+6,2 pp.). No entanto, a arrecadação em PIB se manteve relativamente estável na Argentina, Brasil, Chile e China. Perdas na arrecadação foram observadas no Cazaquistão e Turquia. Apesar do crescimento da receita tributária, a arrecadação foi inferior a 16% do PIB em diversos países, como Indonésia, Malásia, Paraguai, Panamá e México. Neste grupo, o país que apresentou o melhor desempenho tributário foi a Sérvia, cuja arrecadação atingiu 37,8% do PIB em 2019.

Figura 19 – Arrecadação tributária em PIB no Brasil e 26 países selecionados dos demais grupos (%), 2010 e 2019

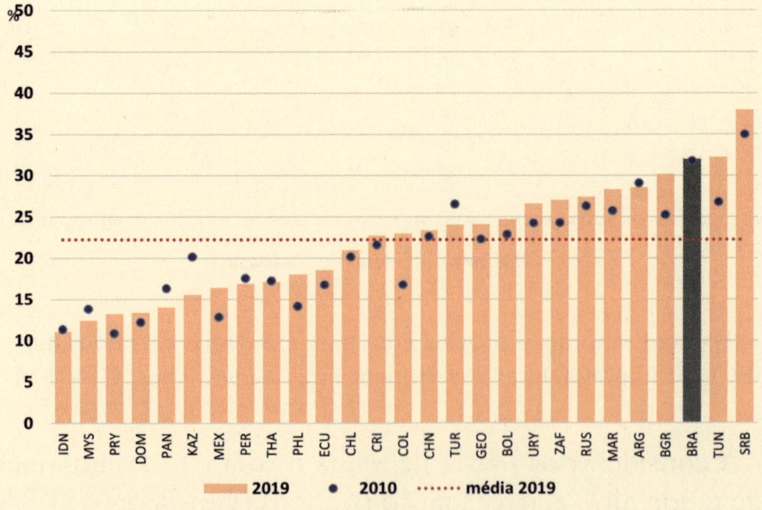

Fonte: Elaboração própria com base em dados extraídos da OECD Stats (OCDE) e Government Finance Statistics, GFS (FMI).

Por fim, o Mapa 1 ilustra a representação espacial da arrecadação tributária como um percentual do PIB em 2019, sendo possível visualizar as principais tendências geográficas quanto ao desempenho tributário, assim como quais as principais regiões e países cujos dados tributários não estavam disponíveis. Ao dividir os dados de arrecadação em 5 categorias pelo critério de classificação por quebras naturais (Jenks),[47] observa-se claramente a tendência de maior arrecadação nos países europeus e menor arrecadação nos países africanos. Embora a arrecadação brasileira seja maior do que os limites da classe central, o país não está classificado no grupo de maior desempenho tributário. Além disso, juntamente com a Argentina, o Brasil apresenta um desempenho tributário melhor em relação à economia formal do que os demais países latino-americanos. Cabe ainda comentar que a grande concentração de dados faltantes está concentrada no continente africano.

47 O método de otimização de Jenks (classificação de quebras naturais) agrupa os dados procurando minimizar o desvio médio de cada classe em relação à média da classe, e maximizar o desvio de cada classe em relação às médias das outras classes. Em outras palavras, o método busca reduzir a variância dentro das classes e maximizar a variância entre as classes (JENKS, G. F. "The Data model concept in statistical mapping". *International yearbook of cartography*, vol. 7, 1967; McMASTER, Robert. "In Memoriam: George F. Jenks (1916-1996)". *Cartography and geographic information science*, 1997. Disponível em: https://www.tandfonline.com/doi/abs/10.1559/152304097782438764. Acessado em: 08.11.2024).

Mapa 1 – Arrecadação tributária em PIB (%), 2019

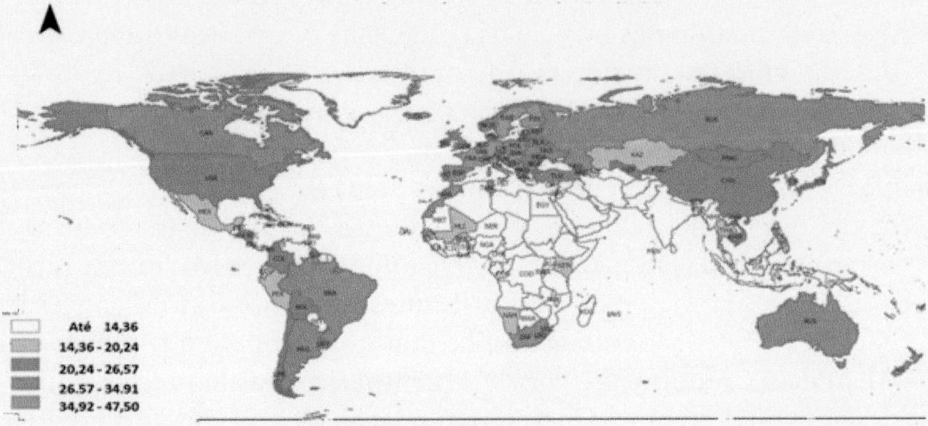

Fonte: Elaboração própria com base em dados extraídos da OECD Stats (OCDE) e Government Finance Statistics, GFS (FMI).

3.2 Arrecadação excluindo as contribuições sociais como um percentual do PIB (%)

As figuras apresentadas na sequência ilustram a evolução da arrecadação tributária como um percentual do PIB (%) desconsiderando as contribuições sociais entre 2000 e 2021. Portanto, o indicador mostra a receita disponível que não está vinculada aos benefícios dos sistemas de seguridade social. Embora cada país tem regras próprias para benefícios previdenciários e assistenciais, é sempre esperado uma vinculação, mesmo que parcial, entre benefícios e contribuições realizadas no período laboral dos indivíduos.

A Figura 20 mostra que há uma redução média de 8 pp (de 32% para 24% do PIB), entre 2005 e 2019, quando se excluem as contribuições sociais da arrecadação tributária brasileira. Reduções de magnitude semelhante foram observadas nos países de alta renda (Grupo 1), mostrando que contribuições sociais significativas e consequentemente sistemas de seguridade sociais mais abrangentes são encontrados primordialmente em países de alta renda. Em contraste, a diferença é de pequena magnitude nos demais grupos de países (comparar as Figuras 17 e 20), mostrando a reduzida relevância das contribuições sociais para os Grupos 2, 3 e 4.

Figura 20 – Arrecadação tributária excluindo as contribuições sociais em PIB no Brasil e média por grupo de países classificados segundo a região e renda (%), 2000-2021

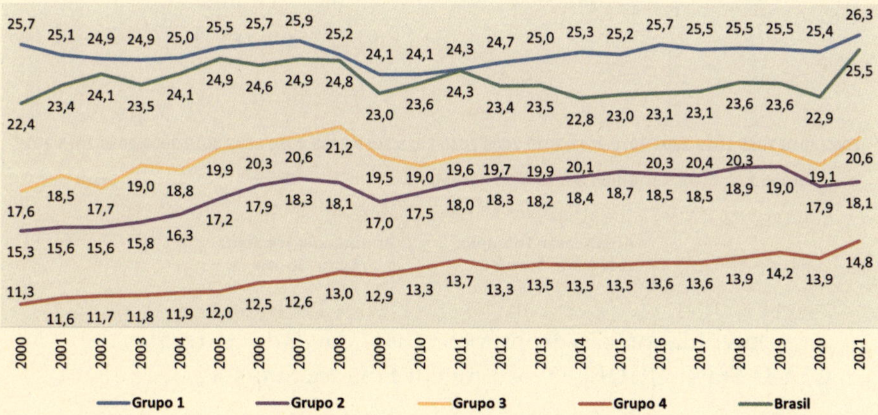

Fonte: Elaboração própria com base em dados extraídos da OECD Stats (OCDE) e Government Finance Statistics, GFS (FMI).

Figura 21 – Arrecadação tributária, com e sem contribuições sociais, em PIB, no Brasil e média por grupo de países classificados segundo a região e renda (%), 2005, 2010, 2015 e 2019

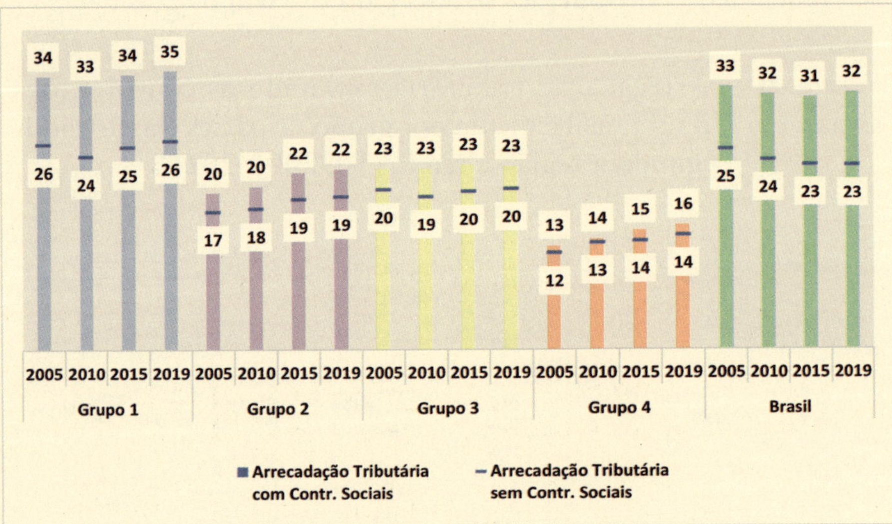

Fonte: Elaboração própria com base em dados extraídos da OECD Stats (OCDE) e Government Finance Statistics, GFS (FMI).

Ao considerar o desempenho dos países em nível individual, a posição do Brasil em comparação aos países selecionados de renda alta do Grupo 1 é semelhante tanto incluindo quanto excluindo as contribuições sociais (ver Figuras 18 e 21). Cabe destacar que a arrecadação tributária excluindo as contribuições sociais é atipicamente alta na Suécia e Dinamarca, havendo representado respectivamente 40% e 46,9% do PIB em 2019, como ilustrado na Figura 22. O fato ocorre porque estes países financiam a seguridade social majoritariamente por intermédio da receita do imposto sobre a renda da pessoa física. Portanto, a exclusão das contribuições sociais é pouco representativa na sua arrecadação em contraste aos demais países considerados neste grupo.

Em relação aos países dos demais grupos, a Figura 23 mostra que a arrecadação tributária excluindo as contribuições sociais no Brasil em 2019 -23,5% do PIB – foi próxima da Argentina (22,8%) e Geórgia (24,1%), e foi inferior à da Sérvia (25,4%), Marrocos (25,9%), África do Sul (26,5%) e Tunísia (27,1%). É importante destacar que a África do Sul não possui previdência pública. Observa-se a diminuição da diferença na arrecadação tributária desconsiderando as contribuições sociais, entre o Brasil e os países latino-americanos como Chile e Peru, devido à baixa a importância das contribuições sociais para a previdência pública nestes países. Em muitos países latino-americanos, as contribuições previdenciárias são pagas pelos trabalhadores à fundos privados, não sendo consideradas oficialmente uma forma de tributação.

Figura 22 – Arrecadação tributária em PIB excluindo as contribuições sociais no Brasil e 26 países selecionados de renda alta do Grupo 1 (%), 2010 e 2019

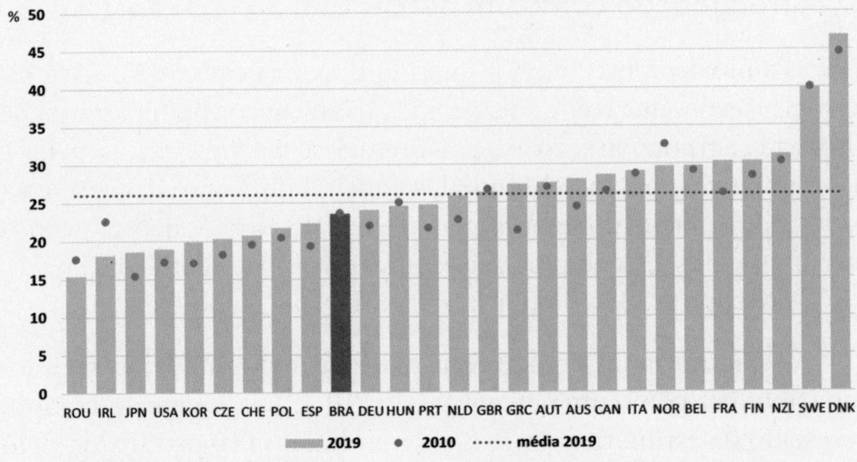

Fonte: Elaboração própria com base em dados extraídos da OECD Stats (OCDE) e Government Finance Statistics, GFS (FMI).

Figura 23 – Arrecadação tributária em PIB (%), sem as contribuições sociais, no Brasil e 24 países selecionados dos demais grupos, 2010 e 2019

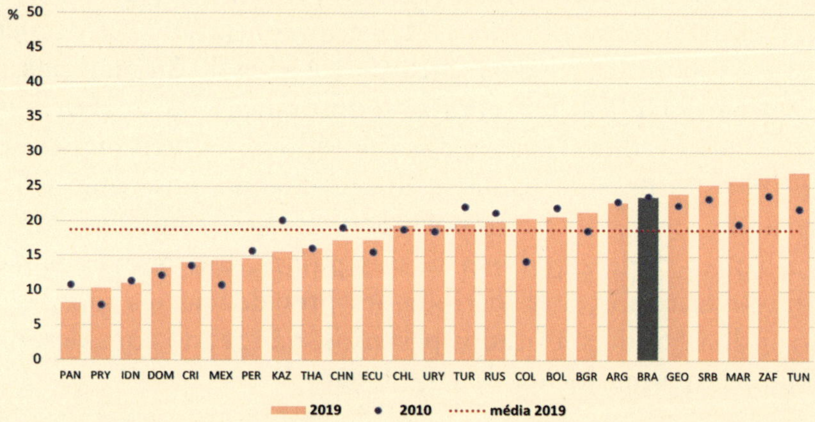

Fonte: Elaboração própria com base em dados extraídos da OECD Stats (OCDE) e Government Finance Statistics, GFS (FMI).

3.3 Arrecadação como um percentual do PIB real (%)

Como demonstrado no Capítulo II, a participação do setor informal na economia tende a ser significativamente menor nos países de alta renda em comparação aos países em desenvolvimento. Com base nas estimativas do Banco Mundial, a Tabela 1 do Anexo II apresenta a participação média do setor informal em 2018 para os quatro grupos de países analisados no presente estudo, que foi de 18,4% (Grupo 1), 31,7% (Grupo 2), 33,2% (Grupo 3) e 31,9% (Grupo 4).

As figuras apresentadas na sequência examinam a arrecadação tributária como um percentual do PIB, oficialmente divulgado, acrescido da estimativa do Banco Mundial do PIB produzido pelo setor informal ("PIB real"). Ao utilizar o PIB real, observa-se que:

- Aumenta a distância entre a arrecadação tributária brasileira, que representou entre 22% e 24% do PIB real, e a média do grupo formado pelas economias avançadas (comparar as Figuras 20 e 23), devido ao maior peso do setor informal na economia brasileira.

- A arrecadação tributária média brasileira de 23% como um percentual do PIB real entre 2000 e 2018, representou 81% da média do grupo formado pelas economias avançadas, que foi de 29%. Ao usar como referência o PIB oficial, arrecadação tributária média brasileira representou 93% da média das economias avançadas.
- O Brasil cai seis posições na comparação com as economias avançadas, cuja arrecadação passa a ser inferior ao desempenho da Austrália, Canadá, Suíça, Japão, Noruega e Nova Zelândia, como demonstrado na Figura 24.
- Em contraste, o Brasil passa a ocupar a 1ª posição em comparação aos países dos demais grupos, seguida da Argentina que arrecadou 23,5% (ver Figura 25).

Figura 24 – Comparação da arrecadação em PIB real (%) no Brasil e média por grupo de países classificados segundo a região e renda (%), 2000-2018

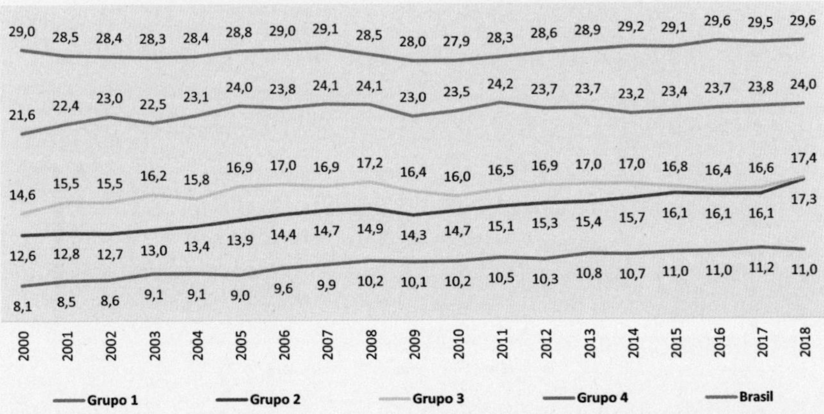

Fonte: Elaboração própria com base em dados extraídos da OECD Stats (OCDE), Government Finance Statistics, GFS (FMI), e Informal Economy Database (Banco Mundial). Nota: Ver Figura 17 para descrição dos grupos.

Figura 25 – Arrecadação tributária em PIB real no Brasil e 26 países selecionados de renda alta do Grupo 1 (%), 2010 e 2019

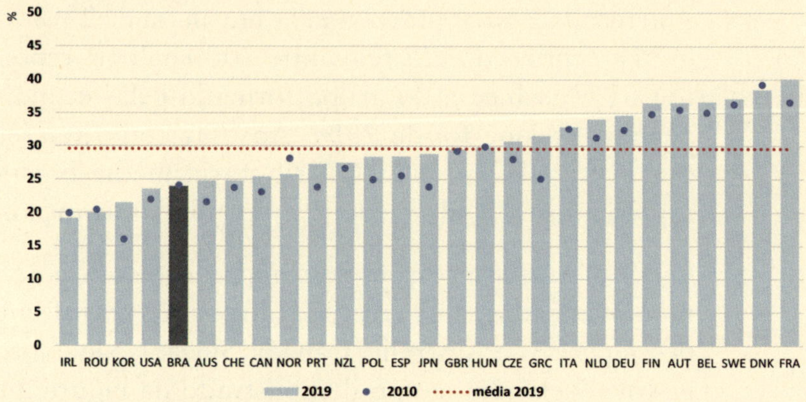

Fonte: Elaboração própria com base em dados extraídos da OECD Stats (OCDE), Government Finance Statistics, GFS (FMI), e Informal Economy Database (Banco Mundial). Para 2019, foi utilizada a estimativa da participação do setor informal de 2018.

Figura 26 – Arrecadação tributária em PIB real no Brasil e 25 países selecionados dos demais grupos, 2010 e 2019

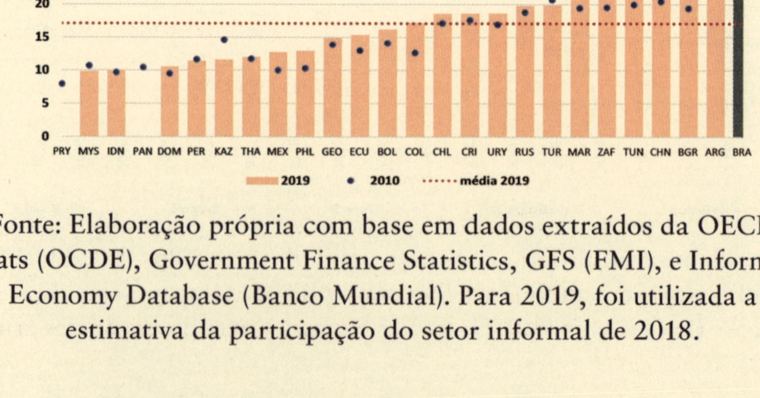

Fonte: Elaboração própria com base em dados extraídos da OECD Stats (OCDE), Government Finance Statistics, GFS (FMI), e Informal Economy Database (Banco Mundial). Para 2019, foi utilizada a estimativa da participação do setor informal de 2018.

Seguindo os mesmos critérios aplicados para a formulação do Mapa 1, o Mapa 2 apresenta a representação espacial da arrecadação tributária em 2019 como um percentual do PIB real. Em relação ao desempenho da economia considerando o setor informal, observa-se que o Brasil e a Argentina apresentam um desempenho tributário semelhante ao dos demais países latino-americanos, em contraste ao comportamento observado no Mapa 1. Ou seja, a arrecadação tributária é enquadrada nos limites da classe central. O mesmo ocorre com alguns países do leste europeu, como, por exemplo, Estônia, Letônia, Lituânia ou Hungria. Devido ao alto grau de informalidade, alguns países africanos passam a ser classificados no grupo de pior arrecadação.

Mapa 2 – Arrecadação tributária em PIB real (%), 2019

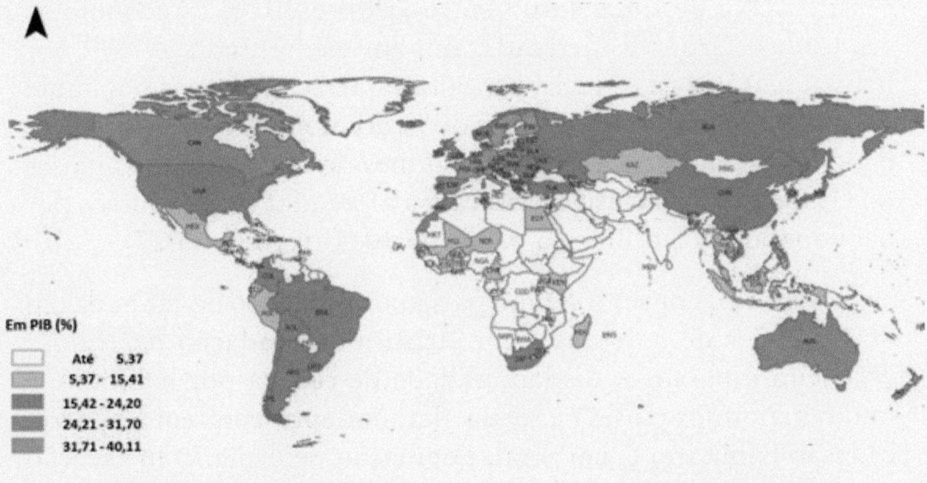

Fonte: Elaboração própria com base em dados extraídos da OECD Stats (OCDE) e Government Finance Statistics, GFS (FMI).

3.4 Arrecadação tributária por habitante

Esta seção examina a arrecadação tributária *per capita* em dólares por Poder de Paridade de Compra (PPC) a preços constantes (Base: 2017), ou seja, em dólares internacionais (Int.$).

O PPC considera as diferenças do poder de compra entre as diferentes moedas em relação ao valor do dólar americano. Além disso, eventuais flutuações abruptas no câmbio oficial não são revertidas aos preços. No caso do Brasil, os preços internos são mais baixos do que nos Estados Unidos. Consequentemente, a cotação do dólar internacional para o Real (Int.$ para R$) é mais favorável. Por exemplo, a cotação do câmbio oficial brasileiro em relação ao dólar americano foi de R$ 5,59 em 2021, enquanto a taxa de conversão da moeda brasileira para o dólar internacional é reduzida para R$ 2,53.

Como comentado no Capítulo II, este indicador permite perceber a imensa diferença das disponibilidades de recursos para financiar políticas públicas no Brasil e nas economias avançadas (ver Figuras 26 e 27). Enquanto a arrecadação *per capita* média brasileira foi de Int.$ 4.407 entre 2000 e 2020, as economias avançadas (Grupo 1) arrecadaram, em média, Int.$ 14.699 por habitante. Ou seja, a receita tributária arrecadada por habitante no Brasil corresponde a apenas 30% do montante médio arrecadado nas economias avançadas. O mesmo ocorre com os países do Grupo 3, que inclusive passaram a arrecadar mais recursos por habitante do que o Brasil a partir de 2011 (ver Figura 27).

Ou seja, por ser o sétimo país mais populoso do mundo com 207 milhões de habitantes em 2022, a arrecadação *per capita* brasileira é baixa. A disponibilidade de receita por habitante é muito maior nos países de renda alta, por apresentarem alta arrecadação tributária e, em geral, população pequena, com exceção dos Estados Unidos e Japão.

Figura 27 – Arrecadação tributária por habitante, em milhares de dólares por PPC a preços constantes (Base: 2017) no Brasil e média por grupo de países classificados segundo a região e renda (Int.$), 2000-2020

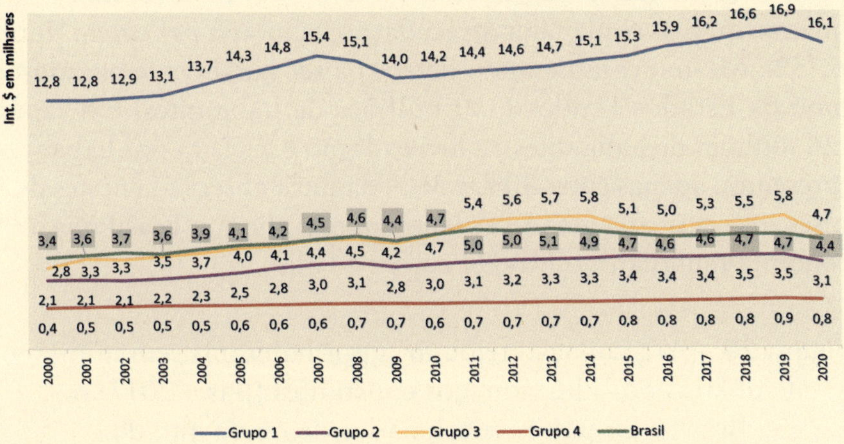

Elaboração própria com base em dados extraídos da *OECD Stats* (OCDE), e *Government Finance Statistics*, GFS e *Data Mapper* (FMI).
Nota: Ver Figura 17 para descrição dos grupos.

Com base nos dados da Figura 26, foi calculado o crescimento total da arrecadação *per capita* entre 2000 e 2019, que correspondeu a 38% no Brasil; 32% no Grupo 1; 66% no Grupo 2; e aproximadamente 100% nos Grupos 3 e 4. A arrecadação *per capita* cresceu de forma mais significativa nos países de renda baixa, que passou de Int.$ 421 (2000) para Int.$ 866 (2019). Exceto pelas economias avançadas, a receita tributária brasileira tem crescido menos do que as variações médias observadas nos demais grupos de países examinados. Como se pode verificar, a disponibilidade de recursos para subsidiar políticas públicas é extremamente maior nos países do Grupo 1. Portanto, é inviável que a provisão e qualidade dos serviços públicos oferecidos nestes países seja semelhante ao Brasil ou aos demais grupo de países, em especial, aqueles de baixa renda (Grupo 4).

As Figuras 28 e 29 mostram a arrecadação *per capita* dos países em nível individual. Em relação às economias avançadas (Grupo 1), a arrecadação por habitante no Brasil, que foi de Int.$ 4.725 em 2019, representou aproximadamente 28% da média dos 26 países tomados como referência (Int.$ 16.686) e 17% da arrecadação da Dinamarca, país com maior arrecadação tributária *per capita* (Int.$ 26.759). Mesmo considerando outros países igualmente populosos como os Estados Unidos (330 milhões de habitantes) e o Japão (126 milhões de habitantes), a arrecadação brasileira por habitante representou apenas entre 30% e 36% daquela observada nestes dois países, respectivamente. A verdade é que, embora o Brasil seja a 9ª economia mundial,[48] o PIB *per capita* é baixo.

Figura 28 – Arrecadação tributária por habitante, em milhares de dólares por PPC a preços constantes (Base: 2017) no Brasil e 26 países selecionados de renda alta do Grupo 1 (Int.$), 2010 e 2019

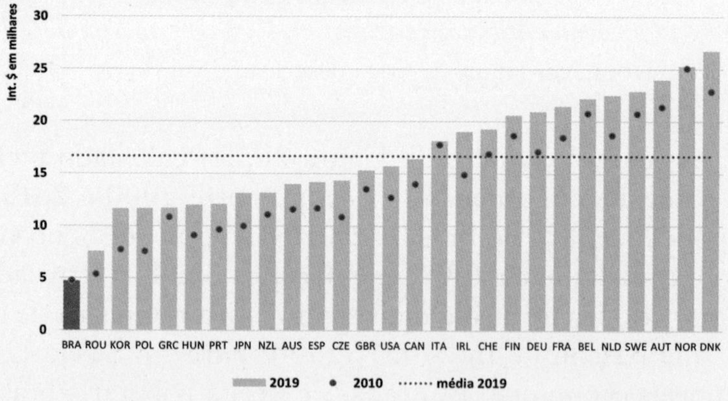

Fonte: Elaboração própria com base em dados extraídos da OECD Stats (OCDE), e Government Finance Statistics, GFS e Data Mapper (FMI).

48 VALOR ECONÔMICO. "As 10 maiores economias do mundo em 2023, segundo o FMI". *Valor Econômico*, out. 2023. Disponível em: https://valor.globo.com/brasil/noticia/2023/10/17/as-10-maiores-economias-do-mundo-em-2023-segundo-o-fmi.ghtml. Acessado em: 08.11.2024.

Figura 29 – Arrecadação tributária por habitante, em milhares de dólares por PPC a preços constantes (Base: 2017) no Brasil e em 26 países dos demais grupos (Int.$), 2010 e 2019

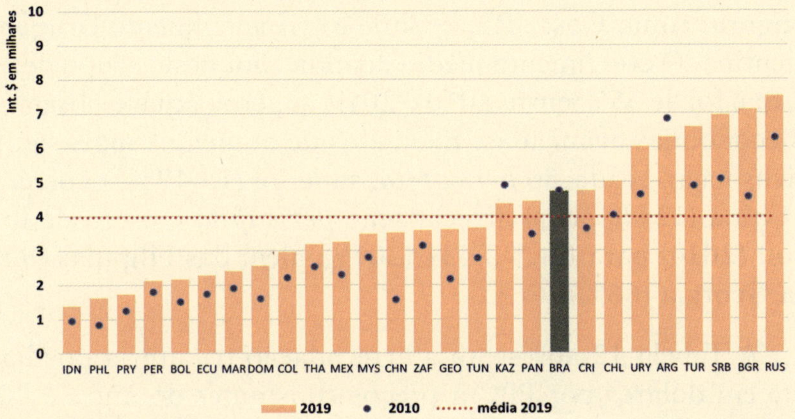

Fonte: Elaboração própriacom base em dados extraídos da OECD Stats (OCDE), e Government Finance Statistics, GFS e Data Mapper (FMI).

Na média, os países do Grupo 1 registraram um crescimento de 20% na arrecadação tributária *per capita* entre 2010 e 2019 em contraste ao Brasil onde a receita se manteve praticamente estável (Int.$ 4.740, 2010; Int.$ 4.726, 2019). Aumentos mais significativos, superiores a 40%, foram registrados em países que passaram a ser de alta renda em período recente, como a Polônia (55%), Coreia (51%), e Romênia (41%).[49] Esse fato mostra a correlação positiva entre renda e arrecadação tributária. Este aspecto é examinado com maior profundidade no Capítulo X deste estudo.

Por outro lado, a arrecadação brasileira *per capita* é 20% superior à média dos 26 países de renda média e média baixa selecionados, cujos dados foram apresentados na Figura 29. Os

---

49 As rendas per capita da Polônia e Romênia atingiram o patamar dos países de alta renda a partir de 2019, e a da Coreia a partir de 2001.

países com maior arrecadação *per capita* em 2019 – em torno de Int.$ 7.000 – foram Rússia, Bulgária e Sérvia. Cabe comentar que o Brasil se situou em 9º lugar neste *ranking*, arrecadando menos por habitante do que os países latino-americanos incluídos na figura, como Costa Rica, Chile e, principalmente Uruguai e Argentina. O crescimento médio do indicador neste grupo de países, que foi de 35% entre 2010 e 2019, superou àquele observado nas economias avançadas. Exemplos de aumentos mais significativos na arrecadação *per capita*, superiores a 40%, ocorreram na China (124%), cuja arrecadação *per capita* cresceu de Int.$ 1.600 (2010) para Int.$ 3.511 (2019); além das Filipinas (92%) e da Geórgia (66%).

A Tabela 12 apresenta a arrecadação tributária por habitante em dólares por PPC a preços constantes do ano de 2017 (Int.$)[50] e dólares americanos nominais (US$) entre 2005 e 2020 no Brasil, e inclui a média do indicador para os países latino-americanos e as economias avançadas. Como demonstrado, as variações anuais da arrecadação *per capita* em dólares nominais no Brasil atingem ocasionalmente grande magnitude devido às flutuações do câmbio em anos de forte crescimento econômico ou recessão, como por exemplo +33,4% (2010), -26,8% (2015) e -25,4% (2020). Não obstante, as variações anuais do indicador em dólares internacionais nos respectivos anos foram de 8,4%, -3,7% e -7,3%. As variações anuais no câmbio oficial tendem a ser menos significativas nos países avançados devido à maior estabilidade das moedas, incluindo o Euro.

50 O dólar PPC em base constante, além de considerar o poder de compra, expurga a inflação norte-americana.

Tabela 12 – Arrecadação por habitante em dólares (EUA $) e dólares PPC a preços constantes (Base: 2017), Int.$, 2005-2020

Ano	Brasil				América Latinae Caribe				OCDE e Europa(alta renda)			
	EUA $	Var. anual (%)	Int.$	Var. anual (%)	EUA $	Var. anual (%)	Int.$	Var. anual (%)	EUA $	Var. anual (%)	Int.$	Var. anual (%)
2005	1.575	---	4.130,9	---	1.153	---	2.516,5	---	10.974	---	14.255,8	---
2006	1.920	21,90	4.214,1	2,01	1.340	16,20	2.774,8	10,27	11.716	6,76	14.763,3	3,56
2007	2.423	26,25	4.473,8	6,16	1.549	15,66	2.971,8	7,10	13.546	15,62	15.378,4	4,17
2008	2.899	19,63	4.633,7	3,57	1.771	14,32	3.082,3	3,72	14.323	5,73	15.070,4	(2,00)
2009	2.697	(6,99)	4.373,2	(5,62)	1.518	(14,30)	2.821,0	(8,48)	12.491	(12,79)	14.033,9	(6,88)
2010	3.597	33,38	4.740,1	8,39	1.752	15,43	2.970,9	5,31	12.820	2,63	14.177,5	1,02
2011	4.332	20,44	5.015,6	5,81	1.984	13,21	3.121,3	5,06	14.166	10,50	14.426,9	1,76
2012	3.958	(8,64)	4.954,5	(1,22)	2.065	4,10	3.206,2	2,72	13.717	(3,17)	14.573,7	1,02
2013	3.931	(0,67)	5.053,6	2,00	2.125	2,88	3.251,7	1,42	14.259	3,96	14.720,8	1,01
2014	3.788	(3,64)	4.925,5	(2,53)	2.131	0,32	3.302,9	1,58	14.602	2,40	15.077,9	2,43
2015	2.773	(26,81)	4.744,7	(3,67)	2.124	(0,33)	3.413,4	3,35	12.712	(12,94)	15.314,7	1,57
2016	2.769	(0,15)	4.591,3	(3,23)	2.065	(2,80)	3.360,2	(1,56)	13.289	4,54	15.899,1	3,82
2017	3.166	14,35	4.631,6	0,88	2.199	6,51	3.393,3	0,99	13.973	5,15	16.179,3	1,76
2018	2.941	(7,12)	4.713,6	1,77	2.237	1,74	3.473,7	2,37	15.001	7,35	16.634,8	2,82
2019	2.846	(3,21)	4.725,6	0,26	2.244	0,29	3.506,0	0,93	14.671	(2,20)	16.887,1	1,52
2020	2.123	(25,42)	4.380,7	(7,30)	1.856	(17,26)	3.069,5	(12,45)	14.320	(2,40)	16.088,3	(4,73)
Variação total (%)	**34,79**	---	**6,05**	---	**61,03**	---	**21,98**	---	**30,48**	---	**12,85**	---

Fonte: Elaboração própria com base em dados extraídos da OECD Stats (OCDE), Government Finance Statistics, GFS e Data Mapper (FMI), e World Development Indicator (Banco Mundial).

Por fim, o Mapa 3 apresenta a representação espacial dos dados sobre arrecadação tributária *per capita* em dólares internacionais. Os países de maior desempenho tributário seguem sendo países europeus e os de menor desempenho tributário os países africanos. Contudo, observam-se mudanças relevantes em comparação com os mapas apresentados anteriormente. Por exemplo, os Estados Unidos cuja arrecadação em PIB (oficial ou real) é enquadrada na classe central, possui uma disponibilidade de receita tributária por habitante superior aos limites da classe central. Em contraste, a arrecadação tributária por habitante no Brasil é enquadrada na categoria inferior à classe central, de forma distinta dos países como Argentina, Uruguai e Chile que possuem maior disponibilidade de receita para investir em políticas públicas. Em relação a este indicador, o Brasil é enquadrado na mesma classe da Colômbia, Equador, México ou mesmo de países africanos como África do Sul, Botsuana, Marrocos e Tunísia.

Mapa 3 – Arrecadação tributária *per capita* em dólares por Paridade de Poder de Compra (PPC) a preços constantes (Base: 2017), Int.$, 2019

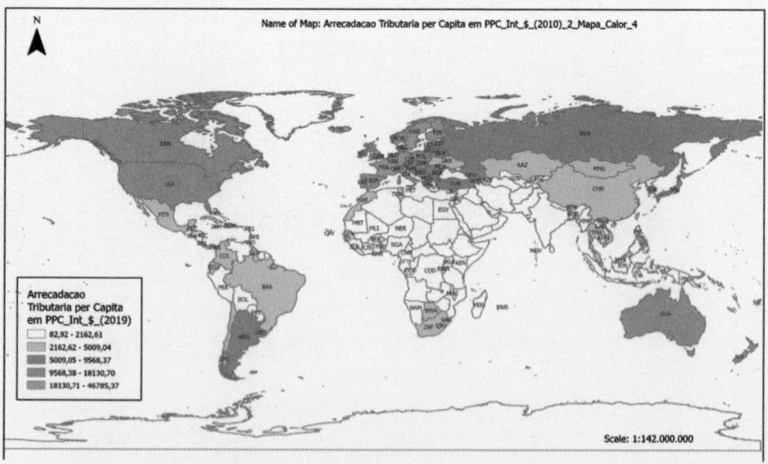

Fonte: Elaboração própria com base em dados extraídos da OECD Stats (OCDE) e Government Finance Statistics, GFS (FMI).

3.5 Arrecadação tributária subnacional como um percentual do PIB (%), 2005-2021

Esta seção avalia a participação dos governos subnacionais na arrecadação tributária, agregando os resultados dos níveis intermediários, como Estados, províncias e regiões, e dos níveis locais de governo, como municípios, cidades, condados e distritos. Na Figura 30, observa-se que a participação tributária dos governos subnacionais no Brasil é superior à média dos grupos examinados. Entre 2005 e 2021, a participação média foi de 9,2% do PIB, enquanto as economias avançadas (Grupo 1) e os países do Grupo 3 arrecadaram, na média, respectivamente em torno de 5% e 4,2% do PIB. Nos grupos, a participação máxima foi inferior à 1,6% do PIB.

Figura 30 – Arrecadação tributária subnacional como um percentual do PIB no Brasil e média por grupo de países classificados segundo a região e renda (%), 2005-2021

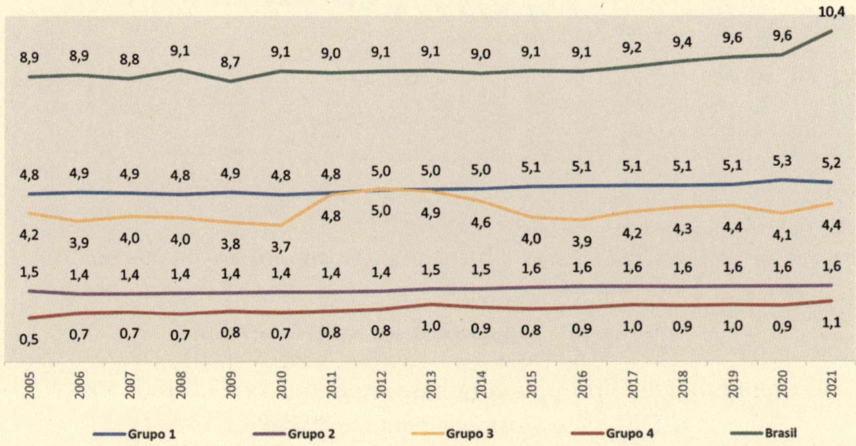

Fonte: Elaboração própria com base em dados extraídos da OECD Stats (OCDE) e Government Finance Statistics, GFS (FMI).
Nota: Ver Figura 17 para descrição dos grupos.

A Figura 31 mostra: i) a arrecadação total como um percentual do PIB; ii) a arrecadação subnacional como um percentual do PIB; e iii) a participação da arrecadação subnacional na arrecadação total. Como se pode observar, a participação na arrecadação tributária do governo subnacional foi de, aproximadamente, 30% no Brasil, quase o dobro da média dos países dos Grupos 1 e 3. Nos Grupos 2 e 4, a importância da tributação em nível subnacional representou apenas entre 4% e 6% da receita tributária total.

Figura 31 – Arrecadação tributária subnacional em PIB e participação na arrecadação total em anos selecionados no Brasil e média por grupo de países classificados segundo a região e renda (%)

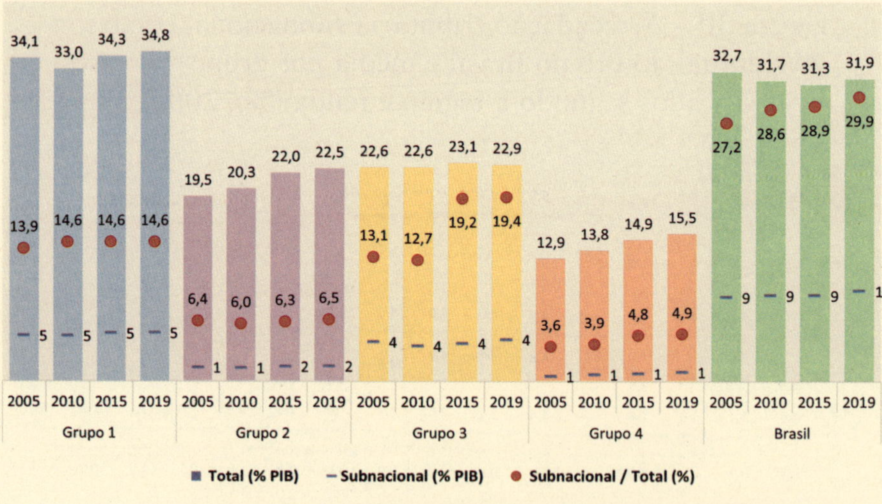

Fonte: Elaboração própria com base em dados extraídos da OECD Stats (OCDE) e Government Finance Statistics, GFS (FMI).

Contudo, a forma de Estado é unitária em grande parte dos países incluídos nos diferentes grupos, havendo, portanto, uma tendência de menor autonomia tributária. Ao comparar o Brasil exclusivamente com países federativos (Figura 32), observa-se que a arrecadação tributária dos governos subnacionais (Estados e municípios), representou 9,6% do PIB e 29,9% da arrecadação total em 2019, sendo ligeiramente superior àquela observada nos Estados Unidos[51] (9% do PIB) e Rússia (9,1% do PIB). Vale destacar a autonomia tributária em nível subnacional do Canadá, que foi equivalente 16,4% do PIB em 2019 ou 61% da arrecadação tributária total do país.[52] A Alemanha e Suíça arrecadaram em nível subnacional respectivamente 12,5% e 11% do PIB em 2019.

51 Nos Estados Unidos os gastos totais (federais, estaduais e locais) em proporção do PIB foram de 33% em 2022. O governo federal foi responsável por mais da metade desse montante (19,1% do PIB), cabendo aos Estados e municípios o restante (13,9% do PIB). A arrecadação tributária total foi de 26,9% do PIB, cabendo 17% do PIB ao governo federal e 9,9% do PIB ao governo subnacional (Garcia-Milà e Mcguire 2023).

52 No Canadá, os governos subnacionais são responsáveis por mais da metade das despesas públicas diretas e gozam de ampla autonomia na concepção de programas e regulamentos em áreas-chave da política social e econômica, assim como financiam uma parte substancial das suas despesas através dos seus próprios impostos. Contudo, existem vários mecanismos para promover a harmonização política e a cooperação em questões que são importantes para a união econômica e social do país. Estes incluem mecanismos para induzir a harmonização das políticas fiscais e dos serviços públicos, bem como acordos intergovernamentais nas áreas do mercado de trabalho, políticas ambientais e de imigração, entre outras. Existem também medidas para manter a equidade horizontal entre as províncias, incluindo um extenso sistema de equalização concebido para garantir que todos os governos provinciais tenham capacidade para fornecer serviços públicos de qualidade comparável (TREMBLAY, Jean-François. *The Forum of Federations handbook of fiscal federalism*. Cham: Palgrave Macmillan, 2023. (E-book)).

Figura 32 – Arrecadação tributária subnacional em percentual do PIB (%) em países federativos, 2010 e 2019

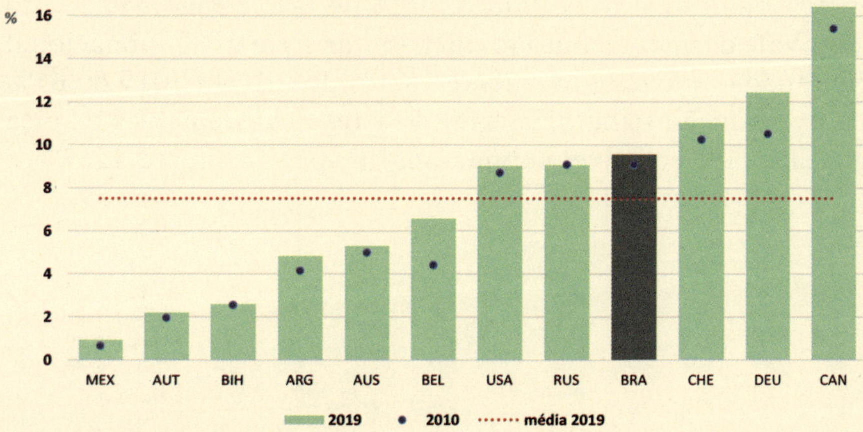

Fonte: Elaboração própria com base em dados extraídos da OECD Stats (OCDE), Government Finance Statistics, GFS (FMI).

As Figuras 33 e 34 mostram a arrecadação tributária subnacional em diferentes países. É importante mencionar que nem todos os países federativos disfrutam de elevada autonomia tributária em nível subnacional. É o caso do México, onde apenas 7,3% da arrecadação tributária foi produzida pelos governos subnacionais em 2019 (0,9% do PIB), além da Áustria, Bósnia e Herzegovina, e Argentina. Por outro lado, observa-se que grande parte da arrecadação compete aos governos subnacionais em alguns países não-federativos, como Belarus (12% do PIB), Dinamarca (13% do PIB) e Suécia (15% do PIB). Ou seja, embora a tendência seja de maior autonomia tributária em nível subnacional nos países federativos, isto nem sempre ocorre.

Figura 33 – Arrecadação tributária subnacional em percentual do PIB no Brasil e 26 países selecionados de renda alta do Grupo 1 (%), 2010 e 2019

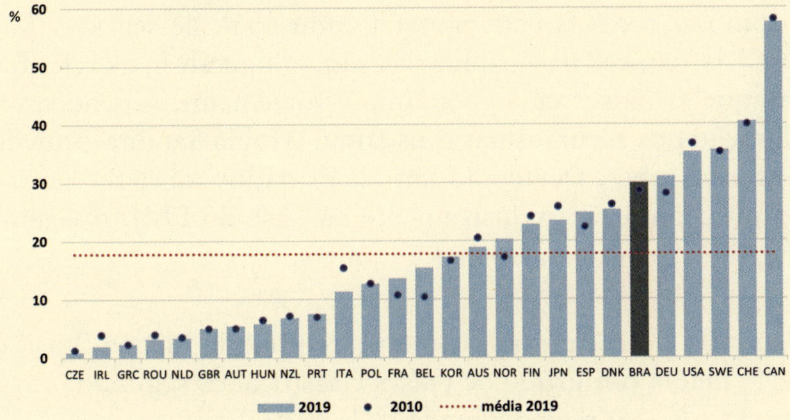

Fonte: Elaboração própria com base em dados extraídos da OECD Stats (OCDE), Government Finance Statistics, GFS (FMI).

Figura 34 – Arrecadação tributária subnacional em percentual do PIB (%) no Brasil e 28 países selecionados dos demais grupos (%), 2010 e 2019

Fonte: Elaboração própria com base em dados extraídos da OECD Stats (OCDE), Government Finance Statistics, GFS (FMI).

3.6 Receita total (tributária e não tributária)

A Figura 35 apresenta a receita total como percentual do PIB, que engloba, além das receitas tributárias, outras receitas correntes, como as receitas patrimoniais, industrial, de serviços, entre outras. As receitas não tributárias são, em geral, mais relevantes para aqueles países cuja economia é fortemente dependente da exploração dos recursos naturais como Arábia Saudita, Kuwait e Emirados Árabes. Devido ao fato de os dados sobre receita total estarem disponíveis exclusivamente na base do FMI, o Grupo 4 da Figura 35 considera apenas 14 países.

Figura 35 – Receita total como percentual do PIB no Brasil e média por grupo de países classificados segundo a região e renda (%), 2010-2020

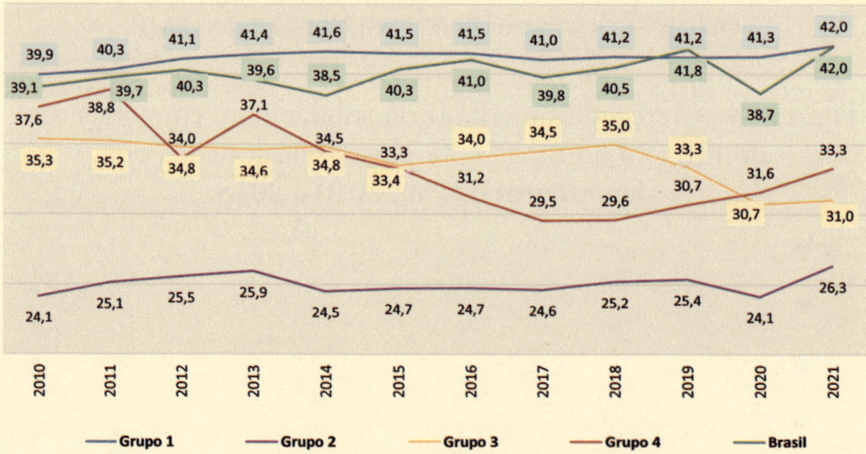

Fonte: Elaboração própria com base em dados extraídos das Government Finance Statistics, GFS (FMI).

A Figura 35 mostra que a receita total do governo geral tem representado aproximadamente 40% do PIB no Brasil e nos países de alta renda (Grupo 1). Já nos países latino-americanos (Grupo 2), o indicador médio é de apenas 25% do PIB, enquanto nos países dos Grupos 3 e 4, o indicador médio foi de 34% do PIB. No Brasil, as receitas correntes não tributárias representaram 9,9% do PIB em 2019, e incluem principalmente as receitas patrimoniais (renda proveniente da fruição de bens imobiliários ou mobiliários, bem como de receitas derivadas de juros, indenizações, e restituições, entre outras).

A Figura 36 mostra a receita tributária como percentual da receita total. No Brasil, a arrecadação tributária contribuiu com aproximadamente 80% da receita total entre 2010 e 2020. Em geral, as receitas não tributárias contribuem pouco na receita total dos países latino-americanos, com exceção de países como Bolívia, Ecuador e Panamá. Nos países latino-americanos as receitas tributárias representaram aproximadamente 90% das receitas totais a partir de 2014, algo semelhante ao observado nas economias avançadas (em média 85%). Por outro lado, recursos tributários representaram, em média, apenas 45% da receita nos países do Grupo 4, sugerindo a relevância de recursos provenientes de *royalties* de recursos naturais, receitas de empresas estatais, receitas financeiras, doações, dentre outras.

Figura 36 – Receita tributária como percentual da receita total no Brasil e média por grupo de países classificados segundo a região e renda (%), 2010-2021

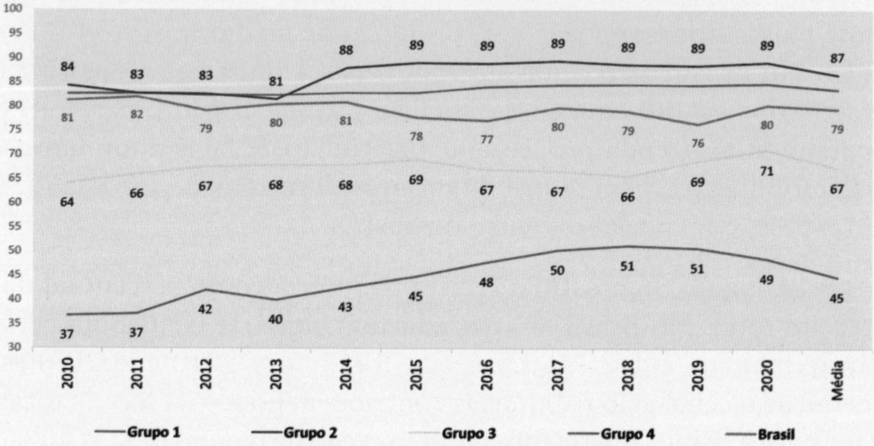

Fonte: Elaboração própria com base em dados extraídos das Government Finance Statistics, GFS (FMI).

De toda a forma, mesmo incluindo as receitas não tributárias, ainda é elevada a diferença na disponibilidade de recurso público por habitante entre as economias avançadas, o Brasil e os demais grupos de países (ver Figura 37). O indicador brasileiro representou aproximadamente 30% da média dos países do Grupo 1 e 75% do Grupo 3.

Figura 37 – Receita total *per capita* em milhares de dólares por PPC a preços constantes (Base: 2017) no Brasil e média por grupo de países classificados segundo a região e renda (Int.$), 2010-2020

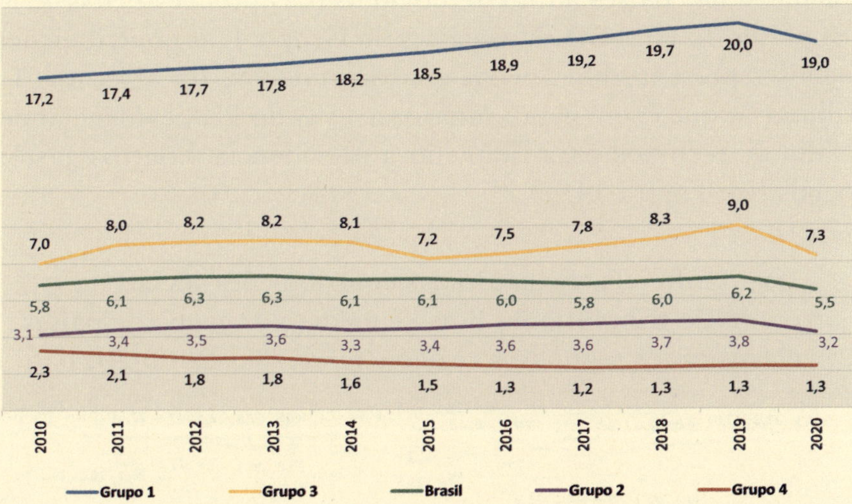

Fonte: Elaboração própria com base em dados extraídos da OECD Stats (OCDE), e Government Finance Statistics, GFS.

3.7 Contribuições sociais

Como discutido anteriormente, parte significativa da arrecadação tributária é proveniente de contribuições sociais tanto no Brasil quanto na maioria dos países de alta renda e em alguns países de renda média. Esses recursos são destinados aos gastos com a previdência, saúde, proteção ao trabalhador, e outras políticas sociais. As formas de financiar estes gastos variam e podem incluir regimes de previdência privada que preveem pagamentos obrigatórios dos trabalhadores e não são contabilizados nos sistemas de receitas e despesas públicas destes países.

A participação das contribuições sociais na arrecadação tributária no Brasil, que foi entre 23% e 27%, tem sido ligeiramente inferior – entre 1 e 4 pontos percentuais (pp.) – à média das economias avançadas, exceto no período entre 2014 e 2017 no qual as diferenças foram ainda menores (ver Figura 38). Na média, as contribuições sociais representaram 17% da receita tributária nos países latino-americanos (Grupo 2) e apenas 13% nos países do Grupo 3. Nos países do Grupo 4, as contribuições sociais representaram apenas em torno de 7% da arrecadação tributária, que é, em geral, inferior a 15% do PIB, evidenciando a falta de recursos para financiar a previdência e outros gastos sociais (ver Figura 14).

Figura 38 – Participação das contribuições sociais na arrecadação tributária no Brasil e média por grupo de países classificados segundo a região e renda (%), 2000-2021

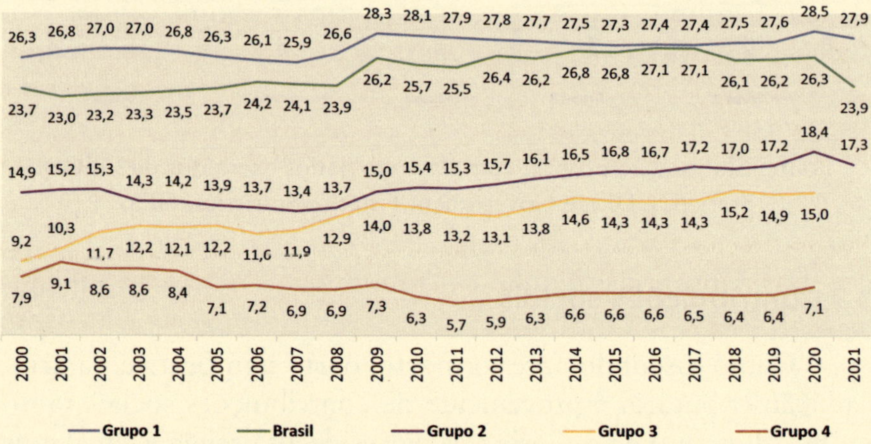

Fonte: Elaboração própria com base em dados extraídos da OECD Stats (OCDE) e Government Finance Statistics, GFS (FMI).

As figuras apresentadas na sequência comparam a participação das contribuições sociais no Brasil com 31 países de renda alta do Grupo 1 (Figura 39) e 31 países de renda média (Figura 40). Como informado anteriormente, foram incluídos os países latino-americanos recentemente categorizados como de renda alta neste segundo grupo. Em relação à média dos grupos de países examinados, a participação das contribuições sociais na receita tributária no Brasil, que foi de 26,4% em 2019, é aproximadamente 4 pp. e 8 pp. respectivamente inferior aos países do Grupo 1 (Figura 39) e superior aos países selecionados dos demais grupos (Figura 40).

A participação das contribuições sociais na arrecadação é maior nos países do Grupo 1, cuja participação nas receitas tributárias representou entre 20% e 35% na maioria dos países tanto em 2010 quanto em 2019. O comportamento deste grupo apresenta menos dispersão, demonstrando o reconhecimento da importância de financiar os gastos previdenciários no âmbito público. O indicador brasileiro foi maior do que aquele observado em apenas cinco países do Grupo 1, quais sejam: Islândia, Canadá, Irlanda, Israel e Reino Unido. Nos países dos demais grupos, a dispersão do indicador é maior. A participação das contribuições sociais na receita tributária é inferior a 20% na metade dos países selecionados (Figura 40). O indicador supera 30% apenas nos países de renda média-alta da Europa, como Sérvia, Turquia, Bulgária e Belarus. Em seis países, as contribuições sociais representaram menos de 5% das receitas tributárias: República Dominicana, África do Sul (cuja previdência é financiada pelo imposto de renda pessoa física), Malásia, Cazaquistão e Indonésia.

Entre 2010 e 2019, praticamente não houve variação na participação das contribuições sociais na receita tributária brasileira. De forma semelhante, a variação foi pequena nas economias avançadas. Exceções incluem a queda na participação das contribuições sociais na Lituânia e França, bem como seu aumento em países como a Romênia e Noruega. Nos países incluídos na Figura 40, houve mais casos de aumento na participação do que de reduções, sendo que a Rússia registrou um aumento de 7,7 pp. no período (aproximadamente 40%).

Figura 39 – Participação das contribuições sociais no Brasil e em 31 países selecionados de renda alta países selecionados de renda alta do Grupo 1 (%), 2010 e 2019

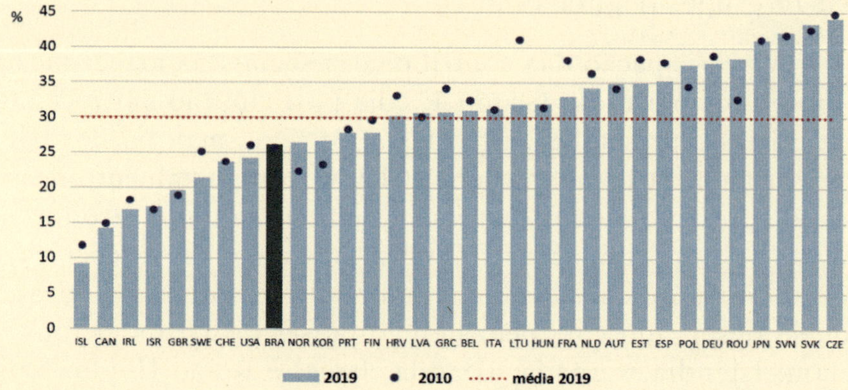

Fonte: Elaboração própria com base em dados extraídos da OECD Stats (OCDE), Government Finance Statistics, GFS (FMI).

Figura 40 – Participação das contribuições sociais no Brasil e em 31 países selecionados dos demais grupos (%), 2010 e 2019

Fonte: Elaboração própria com base em dados extraídos da OECD Stats (OCDE), Government Finance Statistics, GFS (FMI).

A Figura 41 mostra a arrecadação das contribuições sociais como um percentual do PIB e a Figura 42 mostra a arrecadação *per capita* em dólares por Paridade do Poder de Compra (PPC) a preços constantes para o Brasil e os quatro grupos de países examinados. Como demonstrado de maneira inequívoca, embora as contribuições sociais em PIB no Brasil sejam ligeiramente inferiores aos países de renda alta, a disponibilidade de recursos para financiar a previdência e outros gastos sociais no Brasil representou apenas em torno de 30% dos recursos disponíveis nas economias avançadas (comparar as Figuras 41 e 42).

Figura 41 – Contribuições sociais como um percentual do PIB no Brasil e média por grupo de países classificados segundo a região e renda (%), 2000-2021

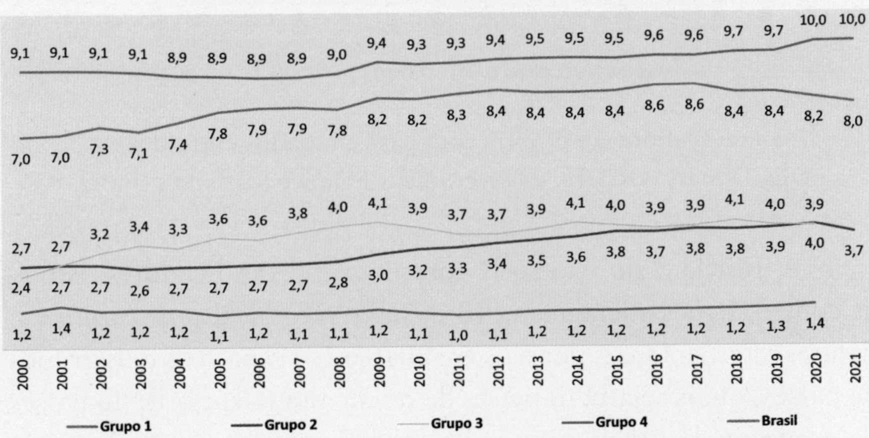

Fonte: Elaboração própria com base em dados extraídos da OECD Stats (OCDE), Government Finance Statistics, GFS (FMI).

Figura 42 – Contribuições sociais em dólares por PPC a preços constantes (Base: 2017) no Brasil e média por grupo de países classificados segundo a região e renda (Int.$), 2000-2020

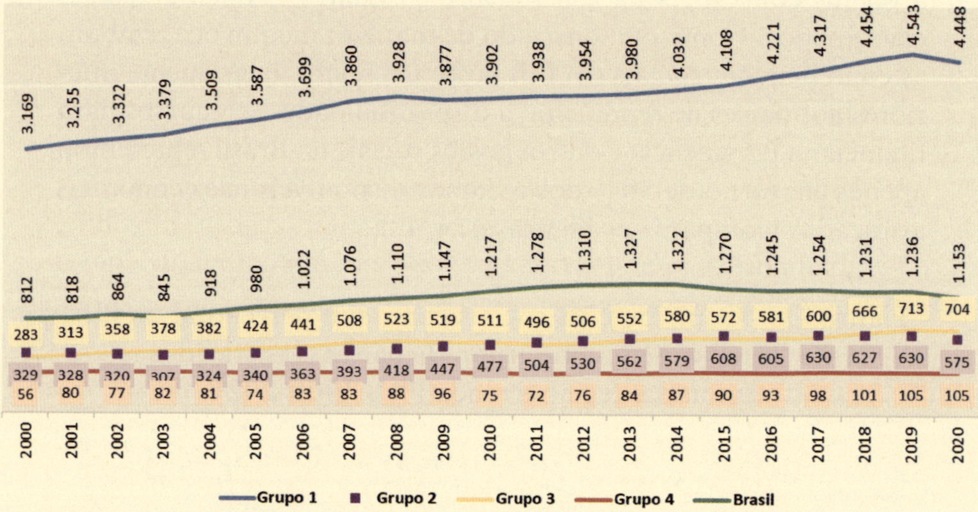

Fonte: Elaboração própria com base em dados extraídos da OECD Stats (OCDE), e Government Finance Statistics, (FMI).

A Tabela 3 do Anexo II apresenta estes indicadores, isto é, as contribuições sociais em PIB e sua arrecadação *per capita* em dólares internacionais por país em 2010 e 2019, para os dois grupos de países, quais sejam: (i) países de renda alta (Grupo 1); (ii) países de renda média, incluindo os países latino-americanos de renda alta. Cabe notar que a arrecadação brasileira em PIB -8,4% em 2019 –foi inferior à média dos países do Grupo 1 (10,5% do PIB) e superior à média dos demais países (4,9% do PIB). Em termos da arrecadação *per capita* em dólares internacionais, a brasileira, que foi de apenas Int.$ 1,2 mil, se distingue por ser a mais baixa quando ranqueada com países de renda alta. Contudo, perante os países de renda média, 24 de 34 países selecionados (71% dos casos) arrecadaram menos ainda do que o Brasil.

Como mostra as Figuras 43 e 44, a forma de custeio dos sistemas de previdência social através das contribuições sociais varia significativamente entre os países selecionados, independentemente do nível de renda. Alguns optam por arrecadar as contribuições sociais exclusivamente ou majoritariamente sobre a folha de salários dos empregadores, como Islândia, Estônia, Cazaquistão, República de Belarus, Azerbaijão, Uzbequistão, Ucrânia e Rússia. No entanto, é observada a divisão das contribuições entre empregados e trabalhadores na maioria dos países. Em poucos países, como, por exemplo, Romênia, Lituânia, Bósnia e Herzegovina e Chile, os trabalhadores arcam totalmente ou fundamentalmente com o pagamento das contribuições sociais.

Figura 43 – Repartição das contribuições sociais: Brasil e 31 países de renda alta selecionados, 2019

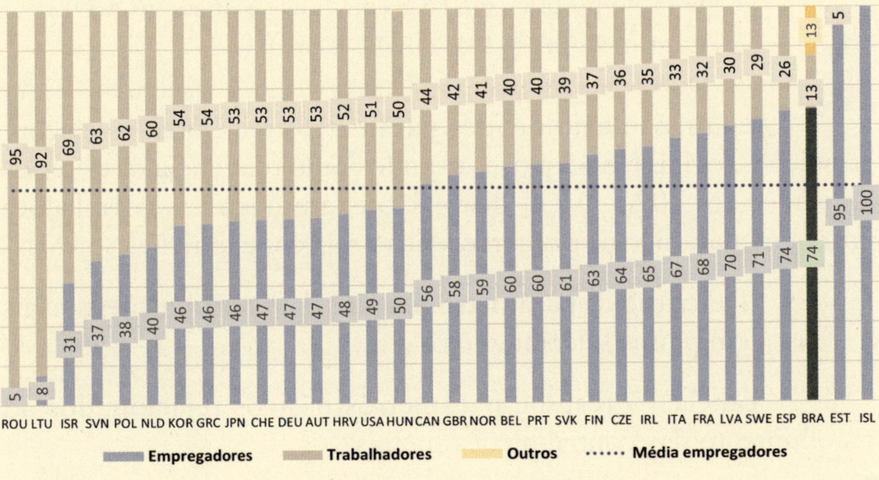

Fonte: Elaboração própria com base em OECD Statistics (OCDE) e Worldwide Tax Summaries (PWC).

Figura 44 – Repartição das contribuições sociais: Brasil e 31 países selecionados dos demais grupos, 2019

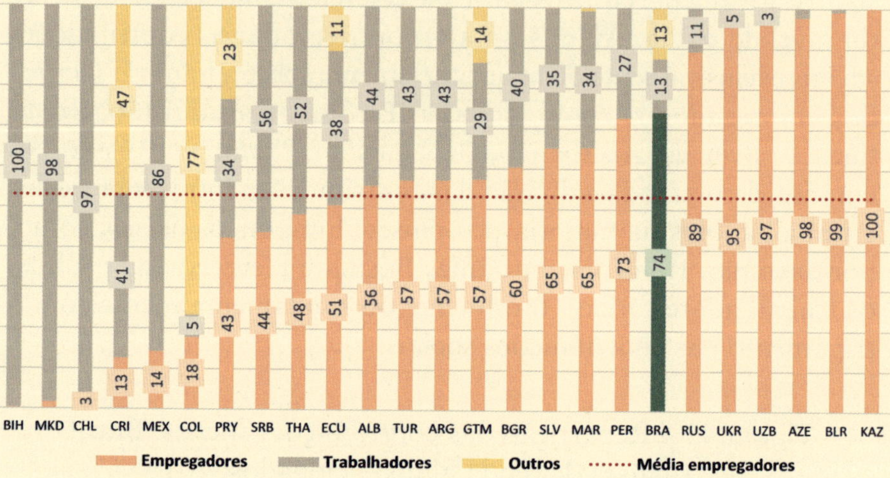

Fonte: Elaboração própria com base em OECD Statistics (OCDE) e Worldwide Tax Summaries (PWC).

A seguir, são examinados parâmetros relacionados às contribuições sociais em 62 países usando como referência os critérios aplicados em 2022. Além disto, são examinadas as correlações entre tais parâmetros e a arrecadação das contribuições sociais.

- Descrição de parâmetros básicos das contribuições sociais em países selecionados

A Tabela 13 resume parâmetros básicos relacionados ao recolhimento das contribuições sociais.

Tabela 13 – Parâmetros básicos das contribuições sociais

Código	País	Trabalhadores - 2022			Empregadores - 2022		
		Alíquota máxima (%)	Teto máximo (Int.$)	Notas	Alíquota máxima (%)	Teto máximo (Int.$)	Notas
ZAF	África do Sul	---	---	Sem sistema obrigatório	---	---	Sem sistema obrigatório
DEU	Alemanha	20,0	9.751	Regressivo	20,0	9.751	Regressivo
ARG	Argentina	17,0	8.135	Proporcional	24,0	(sem teto)	Proporcional
ARM	Armênia	10,0	6.328	Progressivo	---	---	Não partici-pam
AUT	Áustria	18,0	107.270	Progressivo	21,1	107.270	Proporcional
AZE	Azerbaijão	12,5	(sem teto)	Progressivo	17,5	(sem teto)	Progressivo
BEL	Bélgica	13,1	(sem teto)	Proporcional	27,1	(sem teto)	Proporcional
BOL	Bolívia	12,7	(sem teto)	Regressivo Fundo público e privado	---	---	Não participam
BRA	Brasil	14,0	2.905	Progressivo	22,0	(sem teto)	Proporcional
BGR	Bulgária	13,8	4.224	Proporcional	18,5	4.224	Proporcional
CAN	Canadá	5,0	4.397	Regressivo	7,2	4.397	Regressivo

KAZ	Cazaquis-tão	10,0	17.410	Proporcional	3,5	2.437	Proporcional
CHL	Chile	7,0	5.991	Proporcional	---	---	Não partici-pam
CHN	China	10,5	8.471	Proporcional	27,0	8.471	Proporcional
CRI	Costa Rica	10,5	(sem teto)	Proporcional		---	Não partici-pam
HRV	Croácia	16,5	17.419	Proporcional	20,0	(sem teto)	Proporcional
SLV	El Salvador	10,3	15.518	Proporcional	16,3	15.518	Proporcional
ECU	Equador	9,5	(sem teto)	Proporcional	20,5	(sem teto)	Proporcional
SVK	Eslovaca	9,4	15.799	Proporcional	18,9	15.799	Proporcional
SVN	Eslovênia	22,1	(sem teto)	Proporcional	16,1	(sem teto)	Proporcional
ESP	Espanha	6,4	6.980	Proporcional	29,9	6.980	Proporcional
USA	Estados Unidos	7,7	12.250	Proporcional Alíquota complementar: 1,45%	8,3	12.250	Regressivo Alíquota com-plementar: 2%
EST	Estônia	1,6	(sem teto)	Proporcional	33,8	(sem teto)	Proporcional
PHL	Filipinas	3,5	1.064	Proporcional	8,5	1.064	Proporcional
FIN	Finlândia	9,8	(sem teto)	Proporcional	21,1	(sem teto)	Proporcional

FRA	França	11,3	14.424	Regressivo Alíquota complementar: 0,4%	35,9	(sem teto)	Regressivo
GEO	Geórgia	2,0	(sem teto)	Proporcional Fundo privado obrigatório	2,0	(sem teto)	Proporcional Fundo privado obrigatório
GRC	Grécia	14,0	12.264	Proporcional	22,4	12.264	Proporcional
GTM	Guatemala	4,8	12.406	Proporcional	12,7	12.406	Proporcional
NLD	Holanda	27,7	3.859	Proporcional	12,7	6.495	Proporcional
HND	Honduras	3,5	995	Proporcional	1,0	(sem teto)	Proporcional
HUN	Hungria	18,5	(sem teto)	Proporcional	13,0	(sem teto)	Proporcional
IDN	Indonésia	4,0	2.473	Proporcional	11,0	2.473	Proporcional
IRL	Irlanda	4,0	(sem teto)	Proporcional	11,1	(sem teto)	Progressivo
ISL	Islândia	4,0	(sem teto)	Proporcional	6,4	(sem teto)	Proporcional
ISR	Israel	12,0	12.835	Progressivo	7,6	12.835	Progressivo
ITA	Itália	10,5	14.024	Progressivo	31,6	14.024	Proporcional
JPN	Japão	14,5	15.328	Regressivo Alíquota complementar: 0,3%	15,1	15.328	Regressivo Alíquota complementar: 1%

LVA	Letônia	10,5	11.833	Proporcional	23,6	11.833	Proporcional
LTU	Lituânia	12,5	14.922	Regressivo	21,0	1.448	Proporcional Alíquota complementar: 1,5%
LUX	Luxem-burgo	11,1	12.882	Proporcional	13,8	12.882	Proporcional
MYS	Malásia	11,5	3.173	Proporcional	13,0	12.690	Proporcional
MAR	Marrocos	6,7	1.569	Proporcional	21,1	1.569	Proporcional
MEX	México	1,7	7.602	Progressivo	7,6	7.602	Progressivo
NOR	Noruega	8,0	(sem teto)	Proporcional	13,0	(sem teto)	Proporcional
PAN	Panamá	9,8	(sem teto)	Proporcional	12,3	(sem teto)	Proporcional
PRY	Paraguai	9,0	(sem teto)	Proporcional Fundo privado obrigatório	16,5	(sem teto)	Proporcional Fundo privado obrigatório
PER	Peru	13,0	(sem teto)	Proporcional Fundo privado obrigatório	9,0	(sem teto)	Proporcional Fundo privado obrigatório
POL	Polonia	13,71	7.900	Proporcional	13,8	7.900	Proporcional Alíquota complementar: 1,2%

PRT	Portugal	11,0	(sem teto)	Proporcional	23,8	(sem teto)	Proporcional
GBR	Reino Unido	12,7	6.271	Proporcional Alíquota complementar: 2,74%	14,5	(sem teto)	Proporcional
CZE	República Checa	11,0	11.927	Proporcional	33,8	11.927	Proporcional Alíquota complementar: 9%
KOR	República da Coréia	9,3	134.871	Regressivo Alíquota complementar: 0,85%	11,0	63.506	Regressivo Alíquota complementar: 2,6%
DOM	República Dominicana	5,9	871	Proporcional	15,4	871	Proporcional
RUS	Russia	---	---	Não participam	30,0	4.109	Proporcional Alíquota complementar: 15%
SRB	Sérvia	19,9	12.001	Proporcional	15,2	12.001	Proporcional
SWE	Suécia	7,0	5.552	Proporcional	31,4	(sem teto)	Proporcional
CHE	Suíça	6,4	(sem teto)	Proporcional	6,4	(sem teto)	Regressivo

THA	Tailândia	1,0	1.280	Proporcional	1,0	1.280	Proporcional
TUN	Tunísia	9,2	(sem teto)	Proporcional	16,6	(sem teto)	Proporcional
TUR	Turquia	15,0	9.612	Proporcional	17,5	9.612	Proporcional
URY	Uruguai	19,6	7.038	Progressivo	12,6	7.038	Progressivo

Fonte: Elaboração própria com base em OECD Statistics (OCDE) e Worldwide Tax Summaries (PWC).
Nota: "teto máximo" corresponde ao valor máximo de incidência da alíquota; e "alíquota complementar" é o percentual aplicado ao valor superior ao teto máximo.

Como discutido anteriormente, não há um modelo único de financiamento dos gastos previdenciários. Entre os 62 países nos quais as informações estavam disponíveis nas compilações internacionais, somente a África do Sul não possui um sistema obrigatório para financiar a previdência social. Países como a Bolívia, Chile Geórgia, Paraguai e Peru[53] optam por financiar estes gastos por intermédio de fundos privados, entretanto, de natureza obrigatória para os trabalhadores formais.

A magnitude da arrecadação não é exclusivamente derivada da aplicação de alíquotas maiores, na medida em que o valor dos tetos previdenciários também impacta a arrecadação. Este parâmetro é significativamente heterogêneo entre os países, tanto em dólares internacionais, quanto em número de salários-mínimos locais. Além disto, a estrutura das alíquotas pode ser regressiva, proporcional ou progressiva. As alíquotas patronais regressivas, isto é, aplicação de alíquotas menores para níveis salariais mais elevados, são utilizadas em alguns países do Grupo 1, incluindo a Alemanha, Canadá, Estados Unidos, França, Japão, Coréia e Suíça. O artifício objetiva reduzir o impacto na folha salarial dos empregadores para profissionais com salários elevados e incentivar o aumento dos salários, enquanto garantem um melhor custeio da previdência para trabalhadores que ganham menos por intermédio da aplicação de alíquotas maiores.

No caso do Brasil, as alíquotas dos trabalhadores são progressivas desde 2020, sendo que a alíquota máxima é de 14%, mas a alíquota efetiva no teto previdenciário do INSS tem sido ao redor de 11,5%. O teto previdenciário tem sido aproximadamente seis salários-mínimos mensais, equivalente a R$ 7.507 ou Int.$ 2.905 em 2022. Por outro lado, o empregador recolhe a contribuição

---

53 No Peru e Bolívia, caso o idoso maior de 65 anos não possua saldo nos fundos privados para terem direito a aposentadoria o governo fornece um auxílio equivalente a respectivamente 10% e 12% do salário mínimo de cada país. No caso do Chile o auxílio equivale a 60% do salário mínimo chileno.

social com base na alíquota única de 20% sobre a folha salarial (ou 22% se considerado ainda um RAT – Risco Ambiental do Trabalho de 2%), aplicada sem a imposição de qualquer teto.

Maiores detalhes sobre os demais países podem ser extraídos da Tabela 13. Como no Brasil, um teto é aplicado exclusivamente nas contribuições dos trabalhadores na Argentina, Croácia, França, Honduras, Reino Unido e Suécia. São observados tetos previdenciários muito altos – acima de Int.$ 100.000 mensais – que equivalem, na prática, a um sistema quase sem teto na contribuição arcada pelos trabalhadores na Áustria e Coréia.

Azerbaijão, Bélgica, Equador, Eslovênia, Estônia, Georgia, Finlândia, Hungria, Irlanda, Islândia, Noruega, Panamá, Paraguai, Peru, Portugal, Suíça e Tunísia não aplicam um teto às contribuições sociais nem para os trabalhadores, nem para os empregadores. Por fim, cabe destacar que alguns países cobram uma pequena alíquota complementar no montante que exceder ao teto. É o caso dos Estados Unidos, onde a parte do salário que exceder ao teto de US$ 12.250, paga 1,45% de contribuição dos trabalhadores e 2% de contribuição patronal. Alíquotas complementares são também aplicadas na França, Japão, Lituânia, Polônia e Reino Unido.

As Figuras 45 e 46 a seguir ilustram a composição das alíquotas máximas considerando a incidência sobre o trabalhador e empregador (colunas empilhadas, eixo primário), os tetos previdenciários do trabalhador e empregador[54] (círculos e traços, eixo secundário), e a mediana do teto aplicado sobre as contribuições sociais pagas diretamente pelo trabalhador (linha pontilhada, eixo secundário). Pode-se observar que o teto previdenciário dos trabalhadores brasileiros em 2022 (Int.$ 2.905) foi bem inferior

54 Por serem muito elevados em comparação com aqueles aplicados nos demais países, o gráfico não mostra o teto previdenciário da Áustria de Int.$ 107.270, assim como da Coréia, equivalente a Int.$ 134.871 para a parcela paga pelos trabalhadores e a Int.$ 63.506 para a parcela recolhida pelos empregadores.

à mediana tanto dos países de alta renda (Int.$ 12.527), quanto dos países apresentados na Figura 46 (Int.$ 6.159).

Figura 45 – Parâmetros das contribuições sociais no Brasil e em 31 países selecionados de renda alta do Grupo 1, 2022

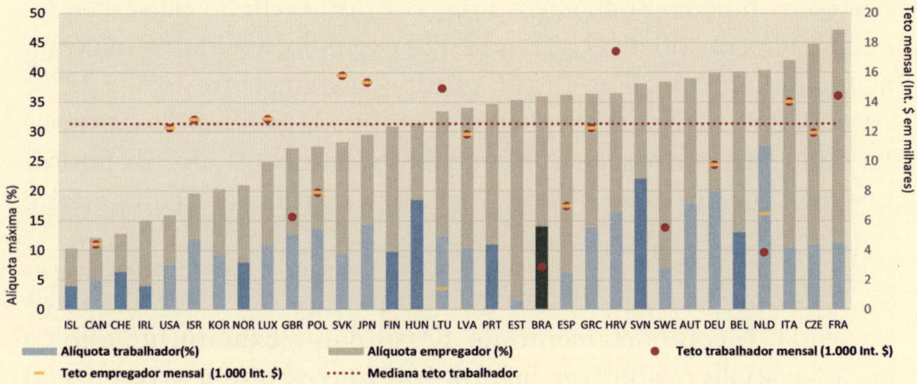

Fonte: Elaboração própria com base em OECD Statistics (OCDE) e Worldwide Tax Summaries (PWC).

Figura 46 – Parâmetros das contribuições sociais no Brasil e em 29 países selecionados dos demais grupos, 2022

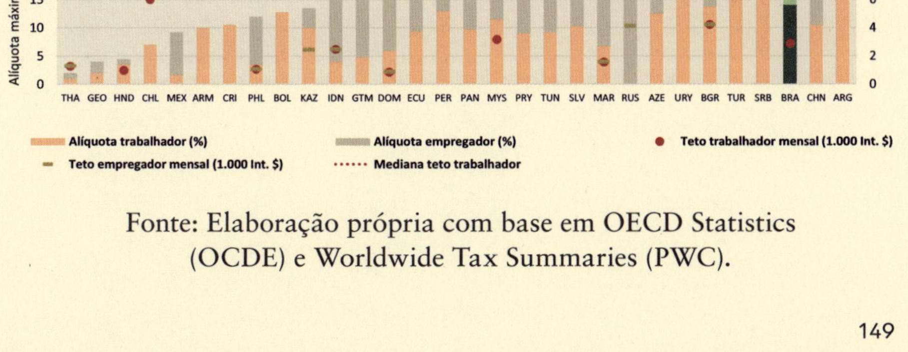

Fonte: Elaboração própria com base em OECD Statistics (OCDE) e Worldwide Tax Summaries (PWC).

- Trabalhadores e empregados: Contribuições sociais e alíquotas máximas agregadas

A Figura 47 apresenta um gráfico de dispersão entre a soma das alíquotas máximas da contribuição previdenciária dos trabalhadores e empregadores – alíquotas agregadas – e a arrecadação das contribuições sociais em PIB no Brasil e em 58 países, independentemente do nível de renda. Por exemplo, a alíquota máxima agregada que é 36% no Brasil, resulta da soma entre 14% e 22%. As alíquotas agregadas explicam aproximadamente 57% da variabilidade da arrecadação das contribuições sociais. Outros fatores que influenciam os resultados incluem a estrutura das alíquotas e o valor dos tetos previdenciários.

Ao integrar no mesmo gráfico países com níveis distintos de renda, o comportamento do Brasil não é exatamente atípico em relação ao grupo (ver Figura 46). Entretanto, a arrecadação brasileira esperada em função da alíquota agregada, que é superior à média do grupo, seria de aproximadamente 12,5% do PIB ao invés de 8,4%. Entre outras causas, esta perda de eficiência pode ser provavelmente atribuída ao baixo valor do teto previdenciário aplicado aos trabalhadores; ao impacto dos regimes de contribuições sociais aplicados, por exemplo, autônomos de baixa renda e microempreendedores individuais, MEI; à informalidade da economia; e à evasão fiscal.

Figura 47 – Relação entre a arrecadação das contribuições sociais em PIB (%), 2019, e a alíquota máxima agregada dos trabalhadores e empregadores (%), 2022

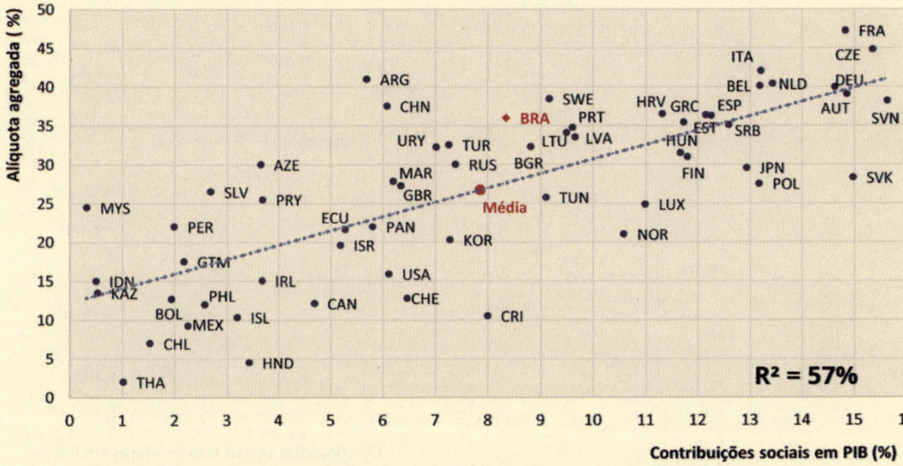

Fonte: Elaboração própria com base em OECD Statistics (OCDE) e Worldwide Tax Summaries (PWC).

- Trabalhadores: Contribuições sociais e teto previdenciário

A Figura 48 analisa a influência do valor do teto previdenciário dos trabalhadores na parcela da arrecadação das contribuições sociais relativa aos trabalhadores como um percentual do PIB. Com base em 30 países nos quais o teto foi fixado, incluindo o Brasil, o valor do teto previdenciário explica 23% da variabilidade da arrecadação. Cabe ainda salientar que o crescimento da arrecadação em função do aumento do teto não segue a tendência linear.

Figura 48 – Relação entre a arrecadação das contribuições sociais dos trabalhadores em PIB (%), 2019, e o teto previdenciário dos trabalhadores (Int.$ em milhares), 2022

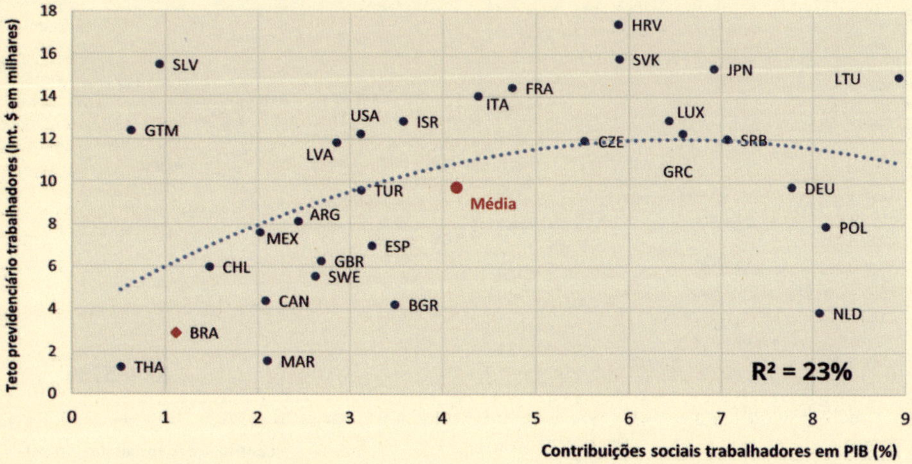

Fonte: Elaboração própria com base em OECD Statistics (OCDE) e Worldwide Tax Summaries (PWC).

Portanto, verificou-se que a alíquota agregada explicou 57% da arrecadação e o valor do teto explicou 23%, e que o Brasil arrecadou muito menos do que o potencial médio dos países que aplicam os mesmos parâmetros.

- Empregadores: Contribuições sociais e teto previdenciário

Por fim, a Figura 49 mostra a dispersão entre o inverso[55] do valor do teto previdenciário dos empregadores e a arrecadação das contribuições sociais patronais em PIB em 46 países selecionados, incluindo o Brasil. A relação entre os indicadores segue a

55 Foi utilizado o inverso do valor do teto previdenciário devido ao fato de que diversos países, incluindo o Brasil, não possuem teto previdenciário – ou seja, o teto é infinito – e, neste caso, o seu inverso é igual a zero, viabilizando a plotagem do gráfico.

linha de tendência logarítmica. O inverso do teto previdenciário explica 29% da variabilidade da arrecadação das contribuições previdenciárias dos empregadores. Quanto mais próximo de zero é o inverso do teto previdenciário – sistemas sem teto ou com valor do teto elevado –, maior é a arrecadação.

Figura 49 – Relação entre a arrecadação das contribuições sociais dos empregadores em PIB (%), 2019, e o inverso do teto previdenciário (Int.$ em milhares), 2022

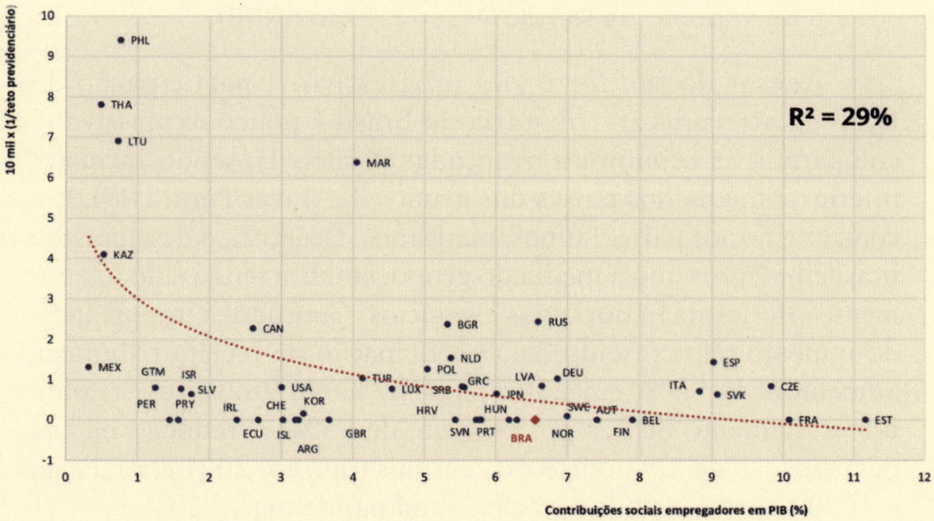

Fonte: Elaboração própria com base em OECD Statistics (OCDE) e Worldwide Tax Summaries (PWC).

Cabe ainda notar que o Brasil está entre os países que se destacam pela baixa contribuição dos trabalhadores, que é, contudo, compensada pelo montante pago pelos empregadores. Cabe lembrar que o teto previdenciário brasileiro relativo aos trabalhadores é bem abaixo daquele fixado na grande maioria dos países. Contudo, não se aplica teto previdenciário à parcela recolhida pelos empregadores. Desta forma, reformas relacionadas às contribuições sociais deveriam ser formuladas no país de forma integral considerando as parcelas atribuídas aos trabalhadores e aos empregadores, visto que a imposição de um teto para as contribuições patronais geraria uma elevada perda arrecadatória se não fosse modificada a distorção produzida pelo baixo valor de teto que é aplicado aos trabalhadores.

3.8 Impostos sobre a Renda

3.8.1 Imposto de Renda Pessoa Física (IRPF)

Apesar do seu forte viés progressivo, a participação do IRPF na arrecadação tributária no Brasil é pouco expressiva se comparada às economias avançadas (Grupo 1), sendo inclusive inferior à média dos países dos grupos 3 e 4 (ver Figura 49). Em comparação aos países latino-americanos (Grupo 2), o desempenho brasileiro é próximo à média do grupo, embora tenha sido ligeiramente inferior na maioria dos exercícios. Contudo, a importância do imposto tem crescido: Sua participação na receita tributária aumentou de 5,9% em 2002 para 9,7% em 2020, registrando um crescimento de 3,9 pp., ou seja, de 65%. A redução na sua participação de 0,9 pontos percentuais (pp.) em 2021 em relação a 2020 ocorreu devido aos efeitos da pandemia.

Figura 50 – Participação do IRPF na arrecadação tributária no Brasil e média por grupos de países classificados segundo a região e renda (%), 2002-2021

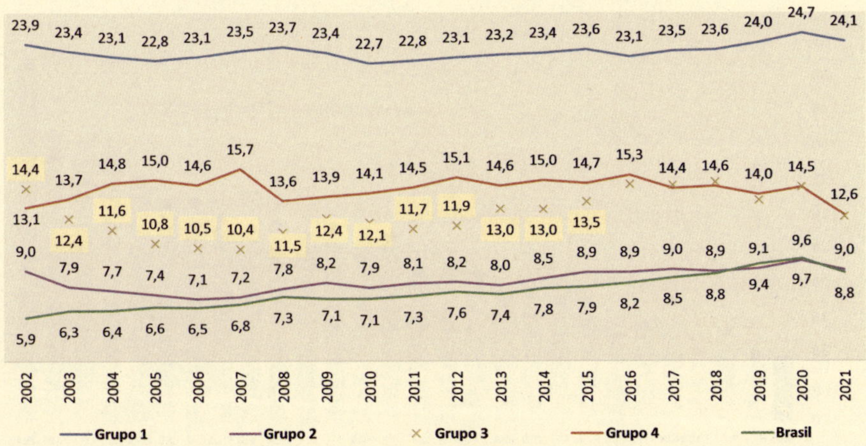

Fonte: Elaboração própria com base em dados extraídos da OECD Stats (OCDE) e Government Finance Statistics, GFS (FMI). Nota: Grupo 1 inclui os países de alta renda da OCDE, exceto Chile, e da Europa; Grupo 2 inclui os países latino-americanos independentemente do nível de renda; Grupo 3 inclui os países de renda média alta na África, Ásia, Europa e Oceania; e Grupo 4 inclui os países de renda baixa e renda média baixa na África, Ásia e Oceania.

As figuras apresentadas na sequência ilustram a participação do IRPF na arrecadação tributária em 2010 e 2019 no Brasil em comparação com 27 países de renda alta do Grupo 1 (ver Figura 51a) e com 29 países de renda média e latino-americanos de alta renda (ver Figura 51b). A importância deste imposto em termos de participação na arrecadação tributária foi menor no Brasil do que em todos os países do Grupo 1. Cabe ainda observar que o IRPF representou mais de 30% da arrecadação tributária para 6 dos 28 países incluídos neste grupo. Quanto aos países considerados na Figura 51b, o indicador, que representou 8,8% no Brasil em 2019, foi inclusive inferior à média de 12,5% deste grupo ou mesmo ao resultado, em nível individual, da maioria de países considerados.

Figura 51 – Participação do IRPF na arrecadação tributária no Brasil e em países selecionados (%), 2010 e 2019

a) Brasil e 27 países do Grupo 1

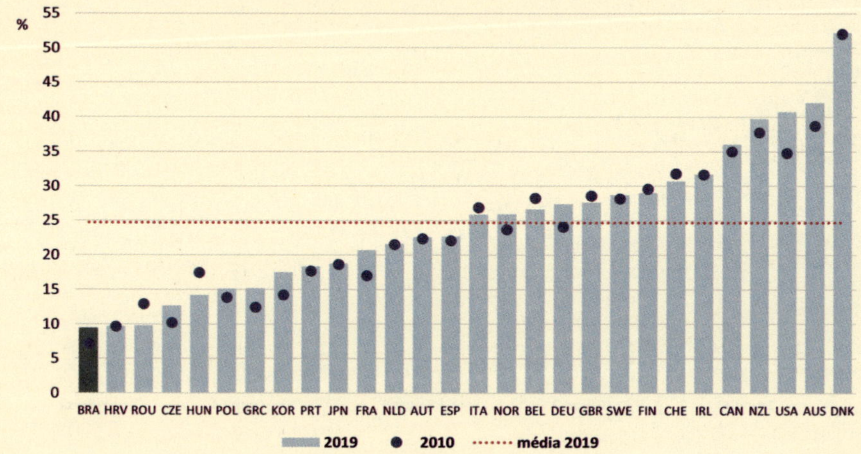

b) Brasil e 29 países dos grupos 2, 3 e 4

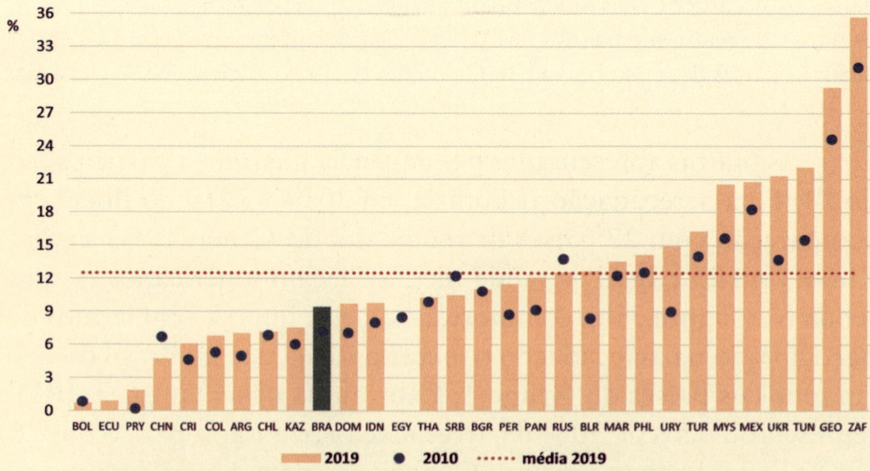

Fonte: Elaboração própria com base em dados extraídos da OECD Stats (OCDE), Government Finance Statistics, GFS (FMI).

Como um percentual do PIB, o desempenho do IRPF no Brasil – entre 1,8% e 3% do PIB – segue bem inferior à média das economias avançadas (Grupo 1), que variou entre 7,6% e 8,7% do PIB (ver Figura 52). Entretanto, é próximo a média dos demais grupos de países. Contudo, sua importância aumentou em aproximadamente 60% – 1,1 pp. – entre 2002 e 2021. Foi também observado um crescimento significativo de 75% na arrecadação no Grupo 4. Nos demais grupos, o crescimento médio foi moderado ou baixo. Por exemplo, o aumento foi de aproximadamente 5% no Grupo 1, 14% no Grupo 2 e 10% no Grupo 3.

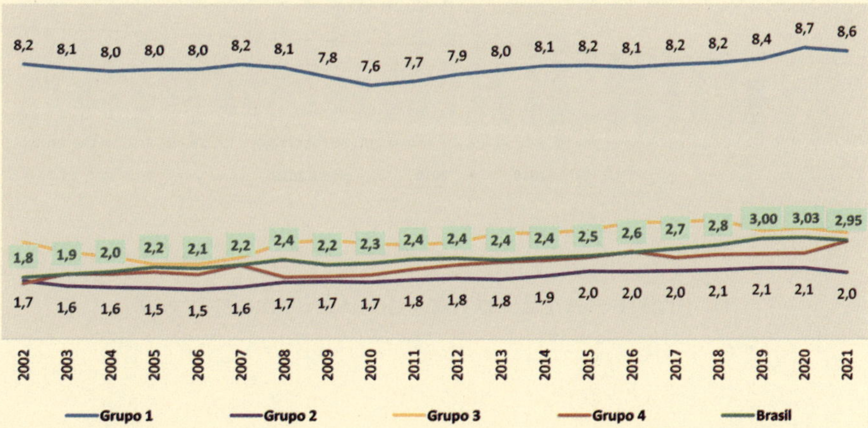

Fonte: Elaboração própria com base em dados extraídos da OECD Stats (OCDE), Government Finance Statistics, GFS (FMI).

A Figura 53 compara os indicadores brasileiros em 2010 e 2019 com países selecionados do Grupo 1 e dos grupos 2, 3 e 4, respectivamente.

Figura 53 – IRPF como percentual do PIB no Brasil e em países selecionados, 2010 e 2019

a) Brasil e 27 países do Grupo 1

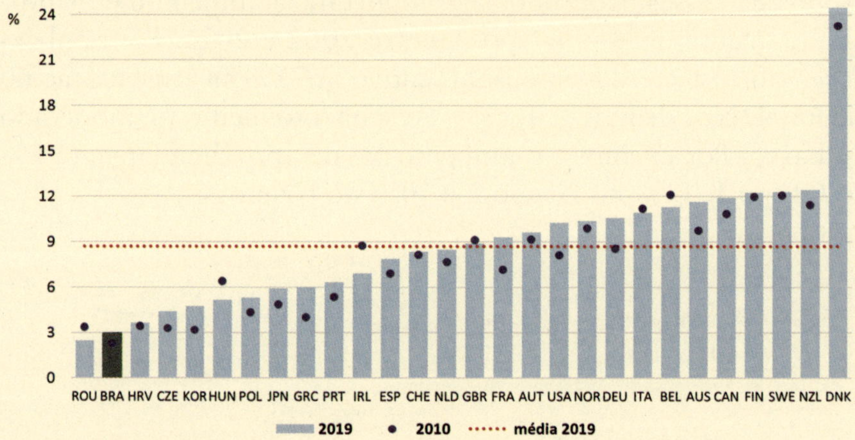

b) Brasil e em 29 países dos Grupos 2, 3 e 4

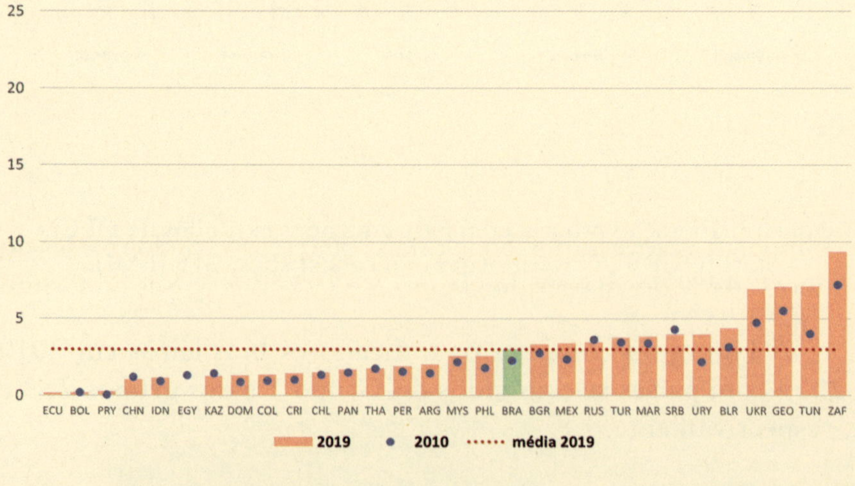

Fonte: Elaboração própria com base em dados extraídos da OECD Stats (OCDE), Government Finance Statistics, GFS (FMI).

Conforme mostra a Figura 53a, a arrecadação do IRPF Brasil de 3% do PIB em 2019 foi a mais baixa de todos os 27 países de renda alta do Grupo 1, com exceção da Romênia. Comparando com os 29 países de renda média selecionados (Figura 54b), o Brasil se encontra na 13ª posição, atrás da África do Sul, Tunísia, Geórgia, Belarus, Uruguai, Sérvia, Marrocos, Turquia, Marrocos, Rússia, México e Bulgária. Estes países tiveram um indicador médio de 5% do PIB, mostrando que ainda há muito espaço para o Brasil incrementar a arrecadação do IRPF, mesmo considerando países de renda média com PIB, IDH e concentração de renda menores que o do Brasil. É um argumento falacioso de que a arrecadação do IRPF brasileiro se encontra na média dos países de renda média da OCDE. Na realidade, a base comparável no ano de 2019 seria uma média de 4% para apenas quatro países: Turquia (9,1%), México (3,4%), Colômbia (1,9%) e Costa Rica (1,4%). Esses dois últimos países impactam a média negativamente, não representando uma amostra representativa dos demais países de renda média.

O IRPF é de competência do governo central nos países latino-americanos, sem exceções. Contudo, nem sempre este imposto é instituído exclusivamente de forma centralizada. Em muitos países da Europa, os governos subnacionais obtém um percentual relevante da arrecadação do imposto e escolhem, a alíquota subnacional dentro de um intervalo estabelecido pela legislação nacional a ser acrescida à alíquota do governo central.[56] A Figura 54 apresenta o percentual de países de cada grupo no qual o imposto é de competência, total ou parcial, dos governos subnacionais, qual seja 53% dos países do Grupo 1, 44% dos países do Grupo 3 e 19% dos países do Grupo 4. A figura também apresenta a média da participação subnacional na arrecadação total do imposto. Considerando exclusivamente

56 Nos Estados Unidos, os Estados têm autonomia para instituírem, de forma independente, o imposto de renda estadual. Na Suíça, existe o IRPF federal e os cantões têm autonomia para legislar e fixar as alíquotas do IRPF cantonal, bem como estabelecer as regras do IRPF municipal.

os países nos quais o IRPF é instituído em nível subnacional, sua arrecadação média entre 2017 e 2021 representou respectivamente 46%, 52% e 26% da arrecadação total do imposto para o Grupo 1, Grupo 3 e Grupo 4.

Figura 54 – Percentual de países nos quais o IRPF é de competência subnacional[57] e sua participação média na arrecadação total do imposto por grupo de países entre 2017 e 2021 (%)

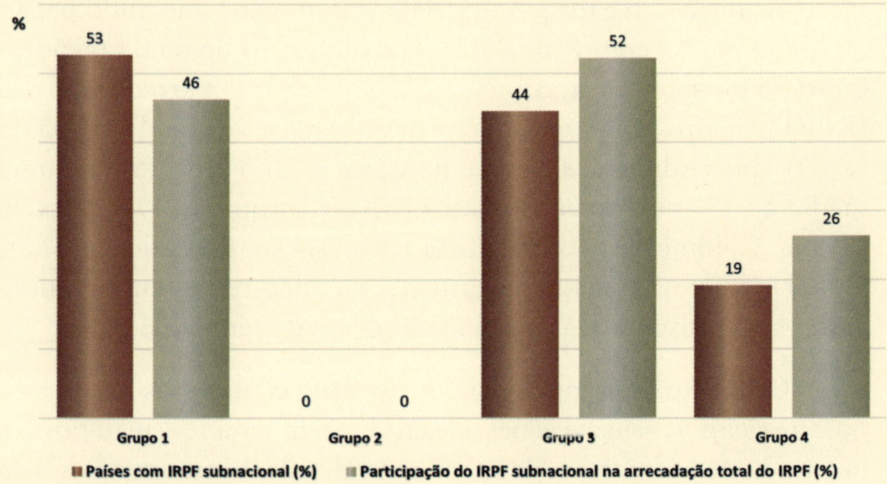

Fonte: Elaboração própria com base em dados extraídos da OECD Stats (OCDE), Government Finance Statistics, GFS (FMI).
Nota: Ver Figura 50 para descrição dos grupos.

A Figura 55 apresenta a importância do IRPF subnacional em países selecionados. Inclusive, o imposto é de competência exclusiva dos governos subnacionais na República de Belarus, Cazaquistão e Rússia. Fica evidente a grande variabilidade tanto na importância do imposto em PIB quanto na sua participação na arrecadação total entre os países examinados.

57 Na maioria dos casos, o imposto também é de competência do governo central.

Figura 55 – Importância do IRPF subnacional em países selecionados como um percentual do PIB e sua participação na arrecadação total do imposto (%), média entre 2017 e 2021

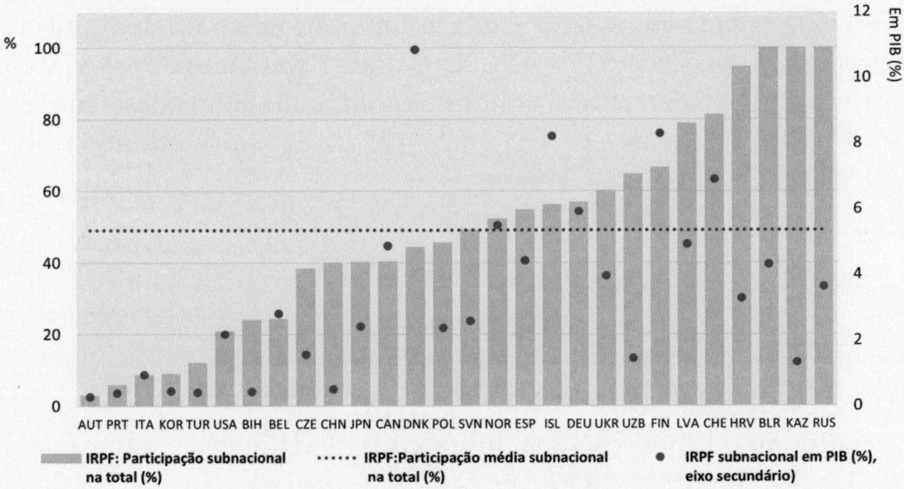

Fonte: Elaboração própria com base em OECD Statistics (OCDE) e Worldwide Tax Summaries (PWC).

A seguir, são examinados aspectos distributivos e parâmetros de instituição do IRPF em diferentes países usando como referência os critérios aplicados em 2022. Além disto, é analisada a relação entre as alíquotas, o limite de isenções, as faixas de renda e a arrecadação do imposto.

- Limite de isenção: Pagantes e arrecadação média

Assumindo arbitrariamente um limite único de renda mensal para a isenção do IRPF de Int.$ 2 mil em todos os países selecionados (R$ 2.500 em 2022), a Figura 56 mostra dois indicadores, quais sejam: i) percentual da população adulta com idade maior ou igual a 21 anos cuja renda familiar *per capita*, desconsiderando as crianças, seja superior a este patamar; e ii) a razão da arrecadação atual do imposto pelo número de habitantes desta faixa de renda.

Segundo os dados do World Inequality Lab (WIL), considerando o cenário de não incidência do IRPF abaixo do limite de renda arbitrado, observa-se que somente 17% dos adultos pagariam o imposto no Brasil e que a arrecadação *per capita* neste grupo de indivíduos mais ricos seria ainda assim mais baixa do que aquela observada em 22 dos 27 países do Grupo 1 (ver Figura 56a). Cabe salientar que o percentual de adultos com renda acima deste limite nos países do Grupo 1 varia entre 47% e 86% dos adultos com idade maior ou igual a 21 anos.

Em relação aos demais países considerados, a arrecadação brasileira *per capita* nesta faixa de renda é próxima da média do grupo (ver Figura 56b). Entretanto, o percentual de adultos com renda acima do limite arbitrado é inferior à média de 26% deste grupo.

Figura 56 – Proporção de adultos com renda mensal maior que Int.$ 2,000 (%) e IRPF *per capita* deste grupo (Int.$), 2019

a) Brasil e 27 países do Grupo 1

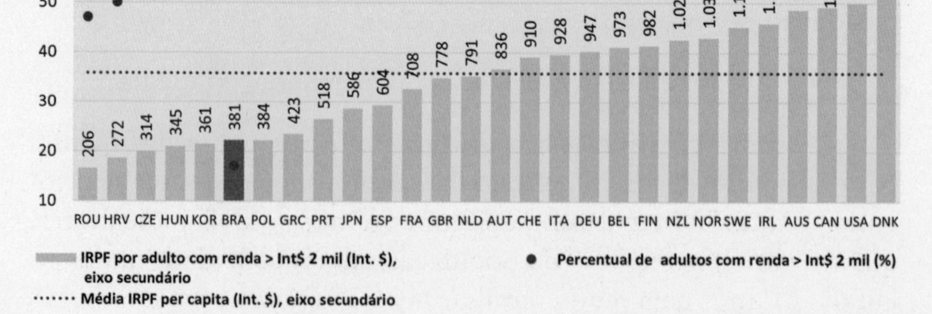

b) Brasil e 28 países dos grupos 2, 3 e 4

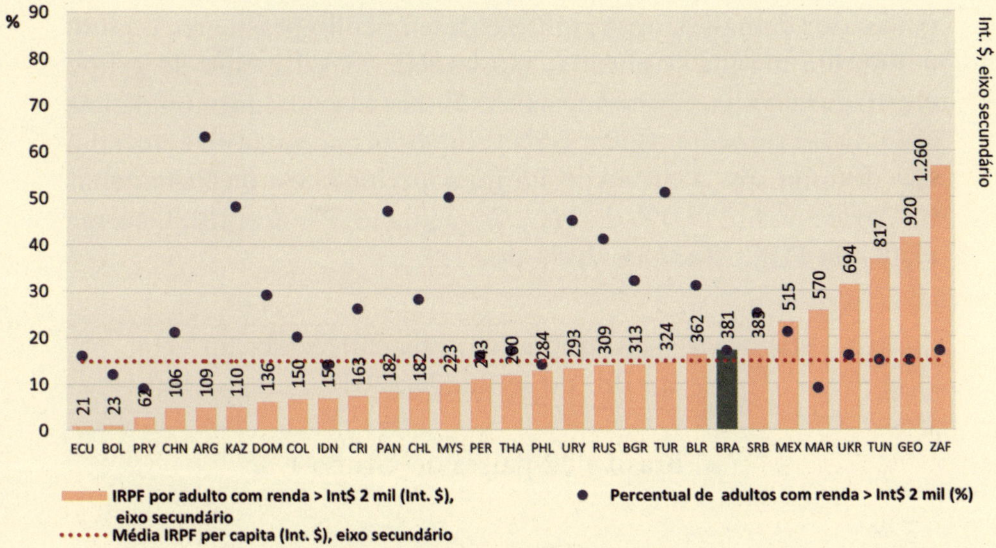

Fonte: Elaboração própria com base em OECD Statistics (OCDE) e Worldwide Tax Summaries (PWC).

- Relação entre a alíquota máxima e a arrecadação do IRPF em PIB

Como demostra a Figura 57a, 35% da variabilidade da arrecadação do IRPF em PIB nos países do Grupo 1 é explicada pelas alíquotas máximas aplicadas sobre a renda do trabalho. Em relação a este grupo, a alíquota máxima brasileira é bem inferior à média e a arrecadação em PIB foi a segunda mais baixa. Na grande maioria dos países, as alíquotas máximas estão situadas entre 30% e 50%, e a arrecadação entre 6% e 8% do PIB. O desempenho da Dinamarca de 25% do PIB em 2019 é atipicamente alto, visto que, como comentado no Capítulo III, a seguridade social neste país é custeada pelo IRPF e não por contribuições sociais. Entre os 38 selecionados (18% dos casos), arrecadação foi inferior a 5% do PIB em apenas 7 países, incluindo o Brasil.

A alíquota máxima brasileira de 27,5% gerou uma receita equivalente a apenas 3% do PIB em 2019. Em comparação aos países dos demais grupos, tanto o desempenho brasileiro, quanto a alíquota máxima aplicada, são semelhantes à média do grupo (ver Figura 57b). Contudo, não é observada qualquer tendência inequívoca sobre a influência das alíquotas máximas na arrecadação do imposto. A arrecadação foi superior à 5% do PIB apenas na África do Sul (9,3% do PIB), Armênia (6,3% do PIB), Georgia (7,1% do PIB) e Tunísia (7,1% do PIB).

Figura 57 – Alíquota máxima e arrecadação em PIB do IRPF (%), 2019

a) Brasil e 27 países do Grupo 1

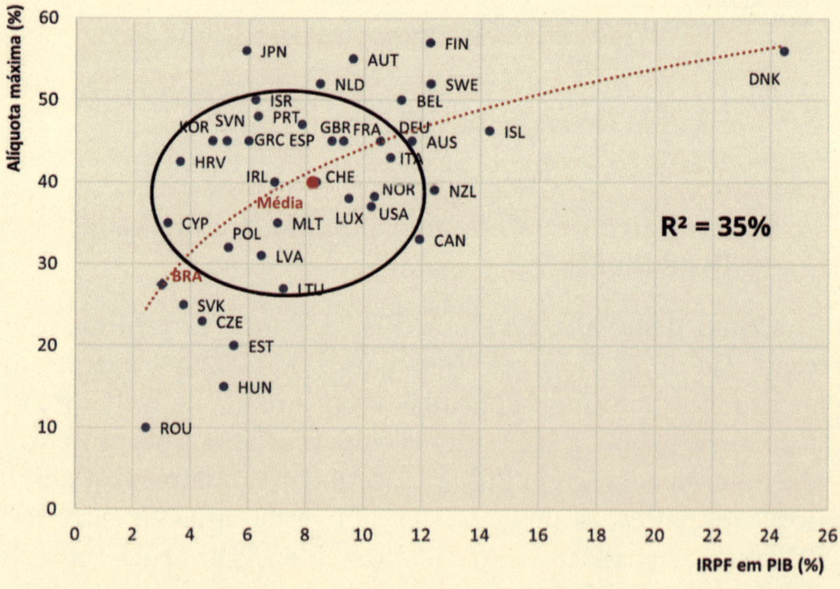

b) Brasil e 28 países dos Grupos 2, 3 e 4

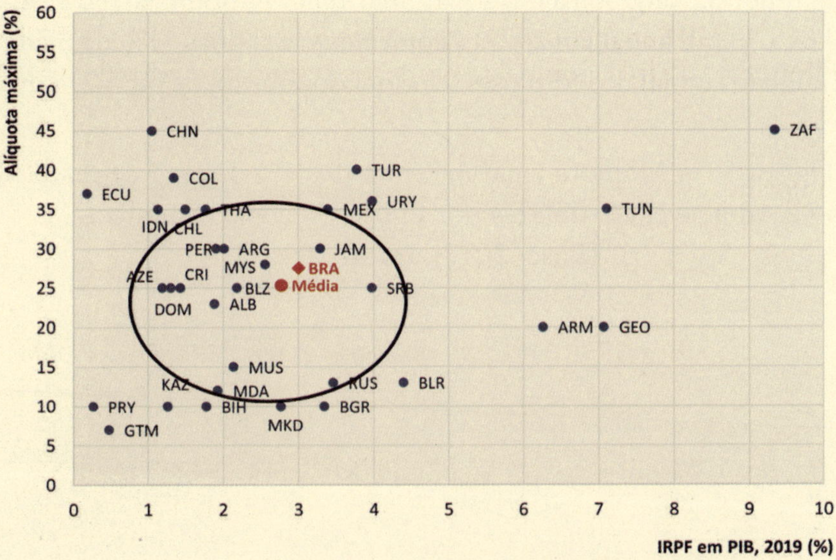

Fonte: Elaboração própria com base em OECD Statistics (OCDE) e Worldwide Tax Summaries (PWC).

- Relação entre a alíquota máxima e a sua faixa marginal

Considerando o Brasil e 51 países selecionados, independentemente do nível de renda, a Figura 59 apresenta um gráfico de dispersão que analisa a relação entre os seguintes indicadores: i) o valor da faixa de renda a partir da qual incide a alíquota máxima (chamado de faixa marginal); e ii) alíquota máxima prevista pela legislação de cada país aplicada sobre a renda do trabalho. O valor da faixa marginal é considerado zero no gráfico para países nos quais existe apenas uma alíquota proporcional aplicada.

Como demonstra a Figura 58, não há uma correlação expressiva entre a alíquota máxima e a faixa marginal aplicável. Ou seja, há países com alíquota máxima e faixa marginal elevadas em termos comparativos, e outros com alíquota máxima elevada, mas faixa marginal baixa, ou vice-versa. O Brasil apresenta ambos os indicadores inferiores à média dos países considerados. Independentemente da magnitude da alíquota, a faixa marginal aplicável no Brasil Int.$ 24,5 mil (R$ 56 mil anual em 2022) é equivalente a apenas 11% da média da faixa marginal dos 51 países selecionados que foi de Int.$ 214 mil.

Figura 58 – Alíquota legal máxima (%) e sua faixa de renda aplicável em dólares por PPC a preços constantes (Base: 2017), Int.$, 2022

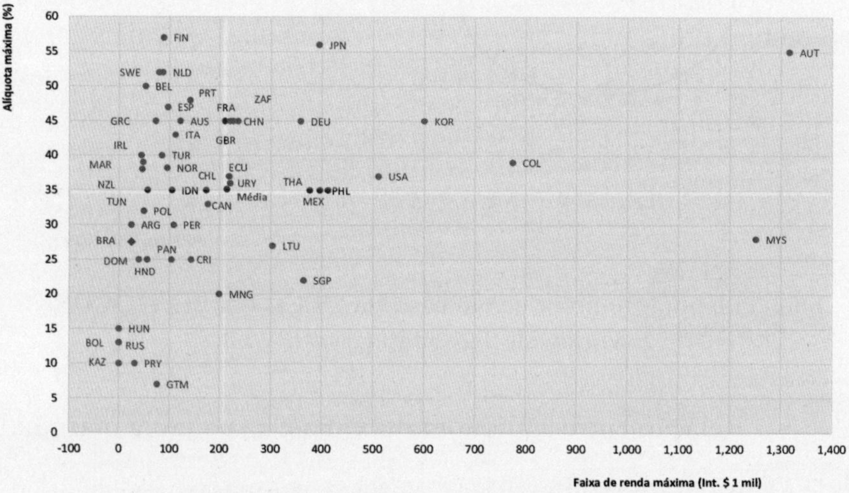

Fonte: Elaboração própria com base em OECD Statistics (OCDE) e Worldwide Tax Summaries (PWC).

- Relação entre os limites de isenção e a arrecadação do IRPF

A Figura 59 analisa a relação entre o valor dos limites de isenção na arrecadação do IRPF. No grupo de países de alta renda (Grupo 1), não é possível observar uma tendência clara entre os indicadores. O limite de isenção brasileiro, que é de aproximadamente Int.$ 10 mil anuais (R$ 22,85 mil em 2022), é próximo a média do grupo. Entretanto, a arrecadação do Brasil é uma das mais baixas em termos comparativos.

Apesar da renda *per capita* dos países apresentados na Figura 60 ser menor (países dos grupos 2, 3 e 4), o limite de isenção de diversos países supera aqueles fixados para os países do Grupo 1. Neste grupo, o limite de isenção explica 28% da variabilidade na arrecadação. Quanto maior o limite de isenção, menor tende a ser a arrecadação. O Brasil possui um limite de isenção baixo em termos comparativos e a arrecadação é ligeiramente superior à média do grupo. Com base na tendência do grupo, seria esperada uma arrecadação maior no país, em torno de 4,5% do PIB, para o nível de isenção concedido. Cabe ainda salientar que a África do Sul e a Argentina[58] apresentam um comportamento bem distinto ao dos demais países.

Figura 59 – Limite máximo de isenção em dólares por PPC a preços constantes (Base: 2017), Int.$, e arrecadação do IRPF em PIB (%) no Brasil e em 36 países de alta renda (Grupo 1), 2019

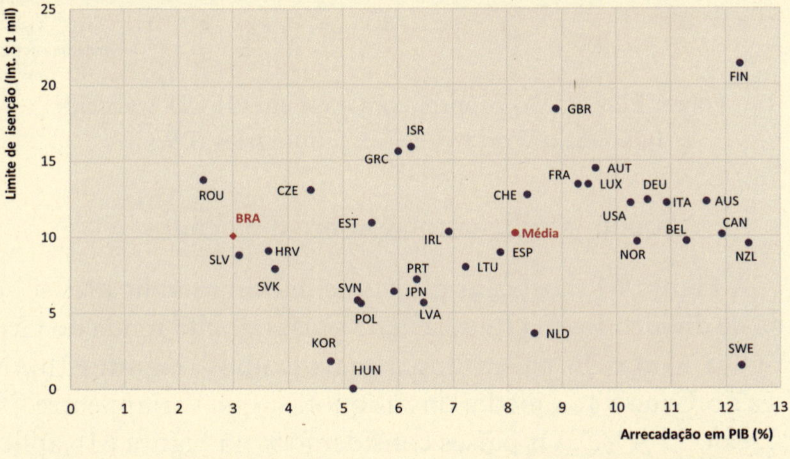

Fonte: Elaboração própria com base em OECD Statistics (OCDE) e Worldwide Tax Summaries (PWC).

58 O alto limite de isenção do IRPF da Argentina em 2022 e 2023 é derivado de uma medida recente de caráter essencialmente político, que deve passar por um processo de revisão pelo atual governo. No caso da África do Sul, o país não possui contribuições sociais obrigatórias sobre os salários, financiando a seguridade social por intermédio do IRPF.

Figura 60 – Limite máximo de isenção em dólares por PPC a preços constantes (Base: 2017), Int.$, e arrecadação do IRPF em PIB (%) em 2019 no Brasil e em 36 países d*os demais grupos*

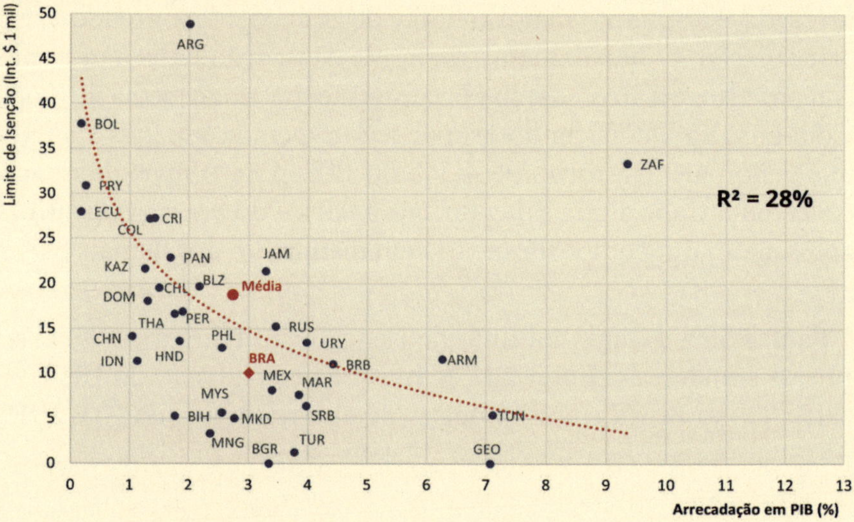

Fonte: Elaboração própria com base em OECD Statistics (OCDE) e Worldwide Tax Summaries (PWC).

- Alíquota retida na fonte sobre dividendos

A Figura 61 mostra as alíquotas máximas aplicadas sobre a renda de dividendos (na fonte) em 35 países de alta renda do Grupo 1 (Figura 61a) e 36 países dos demais grupos (Figura 61b). Nos países do Grupo 1, a média das alíquotas, que variam entre 7% e 45%, é de 22,4%.[59] Os países considerados na Figura 61b aplicam alíquotas de menor magnitude, cuja média de 11,2% representa a metade daquela aplicada no Grupo 1. Cabe salientar que este tipo

59 Dependendo do país, a alíquota cobrada na fonte pode ser definitiva (por exemplo, o Brasil) ou ajustada conforme os parâmetros estabelecidos na tabela progressiva nas declarações anuais do IRPF, como no Canadá e nos Estados Unidos.

de renda é isenta da tributação apenas no Brasil, Estônia, Letônia e Malásia, além de alguns países do Oriente Médio que não estão incluídos nas figuras apresentadas.

Figura 61 – Alíquota máxima aplicada sobre a renda de dividendos (%), 2022

a) Brasil e 35 países do Grupo 1.

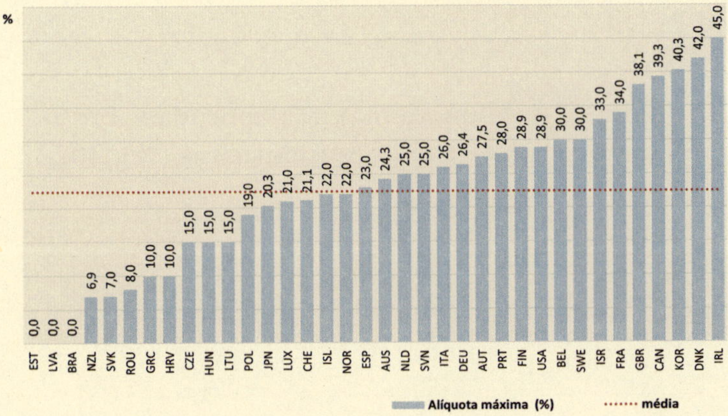

b) Brasil e 36 países dos grupos 2, 3 e 4.

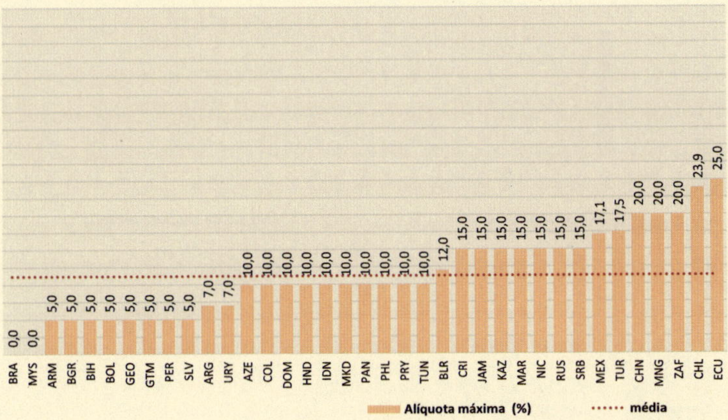

Fonte: Elaboração própria com base em OECD Statistics (OCDE) e Worldwide Tax Summaries (PWC).

- Alíquota retida na fonte sobre a renda dos juros e aplicações financeiras

A Figura 62 mostra a alíquota máxima aplicada sobre a renda de juros e aplicações financeiras no Brasil em comparação com 33 países de alta renda (Grupo 1) e 28 países dos demais grupos. Novamente, as alíquotas aplicadas nos países do Grupo 1 tendem a superar aquelas aplicadas nos países considerados na Figura 61b, cuja média de 15% corresponde a alíquota aplicada no Brasil.

Figura 62 – Alíquota máxima aplicada sobre a renda de juros e aplicações financeiras (%), 2022

a) Brasil e 35 países do Grupo 1.

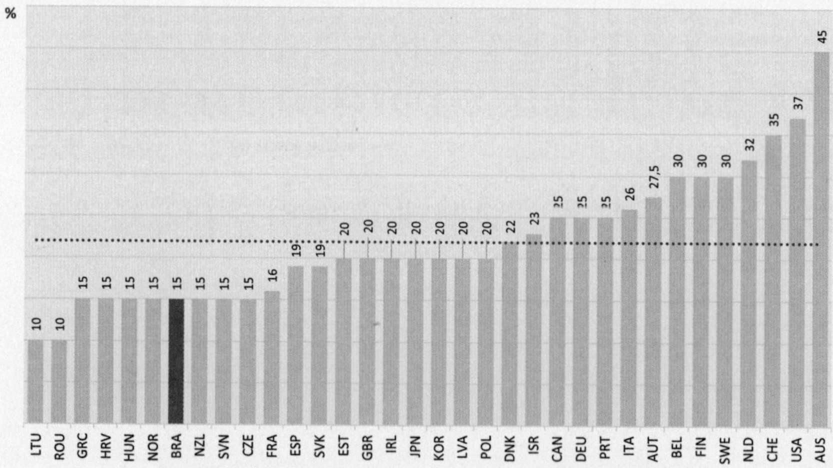

b) Brasil e 28 países dos grupos 2, 3 e 4.

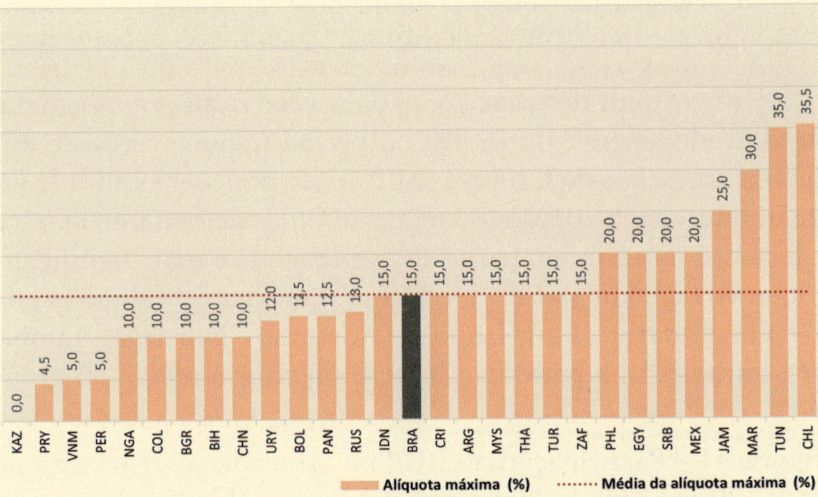

Fonte: Elaboração própria com base em OECD Statistics (OCDE) e Worldwide Tax Summaries (PWC).

As alíquotas aplicadas sobre a renda de juros e aplicações financeiras, assim como sobre dividendos, tendem a ser inferiores às alíquotas máximas que incidem sobre a renda do trabalho, apresentadas nas Figuras 57 e 58.

3.8.2 Imposto de Renda Pessoa Jurídica (IRPJ)

A participação do IRPJ na arrecadação tributária no Brasil é próxima a média das economias avançadas (Grupo 1) e inferior à média dos países nos demais grupos (ver Figura 63). Entre 2008 e 2016, o Brasil arrecadou aproximadamente 20% a mais do que a média dos países do Grupo 1. Nos demais anos, observa- se a alternância de resultados devido a pequenas oscilações na participação do imposto nos diferentes países deste grupo, incluindo o Brasil. Contudo, a participação do imposto na arrecadação tributária no Brasil passou de 7,2% (2000) para 11,1% (2021), registrando um crescimento de 54% (3,9 pp.). Houve também crescimento da importância média deste imposto no Grupo 2 (29%) e Grupo 4 (48%). Em contraste, sua importância média reduziu ao longo do período no Grupo 1 (-9%) e Grupo 3 (-26%).

É importante destacar que os países do Grupo 4 apresentaram um indicador médio de 16,4% no período, que é cerca de 80% superior aos países do Grupo 1 (9,2%). Isso pode ser explicado pelo fato de que a participação de empresas multinacionais na extração de recursos naturais em países de baixa renda é mais significativa do que nos demais países. De forma semelhante, os países ricos em recursos naturais do Grupo 1 – Austrália e Noruega – também apresentaram uma participação bem superior à média do grupo.

Figura 63 – Participação do IRPJ na arrecadação tributária no Brasil e média por grupos de países classificados segundo a região e renda (%), 2002-2021

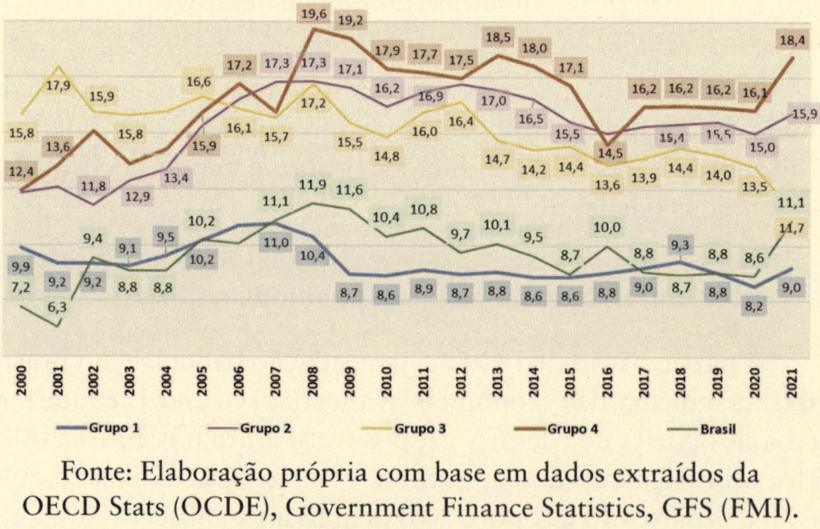

Fonte: Elaboração própria com base em dados extraídos da OECD Stats (OCDE), Government Finance Statistics, GFS (FMI).

Na sequência, a Figura 64 apresentam a participação do IRPJ na arrecadação tributária em 2010 e 2019 no Brasil em comparação respectivamente com 30 países de renda alta (Figura 64a) e 35 países dos demais grupos (Figura 64b). Observa-se que a participação deste tributo na receita tributária é maior nos países dos demais grupos, onde o IRPJ representou 16,8% da arrecadação em 2019, do que naqueles países de renda alta (Grupo 1), cuja média foi de 9,2%. No Brasil, sua participação de 8,8% na arrecadação tributária em 2019 foi semelhante à média dos países de alta renda.

Figura 64 – Participação do IRPJ no Brasil e em 30 países selecionados de renda alta do Grupo 1 (%), 2010 e 2019

a) Brasil e 35 países do Grupo 1.

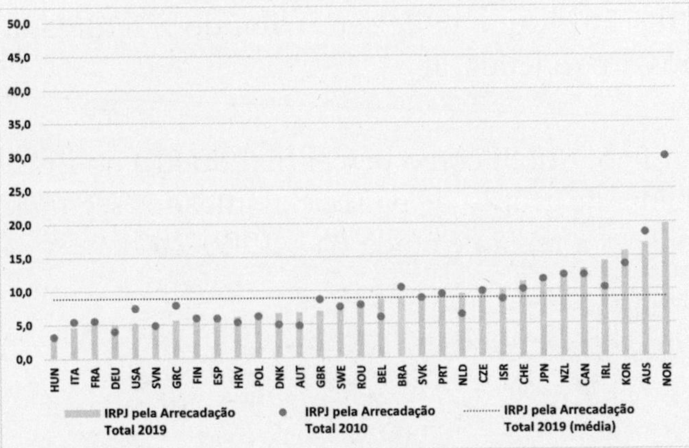

b) Brasil e em 35 países selecionados dos grupos 2, 3 e 4

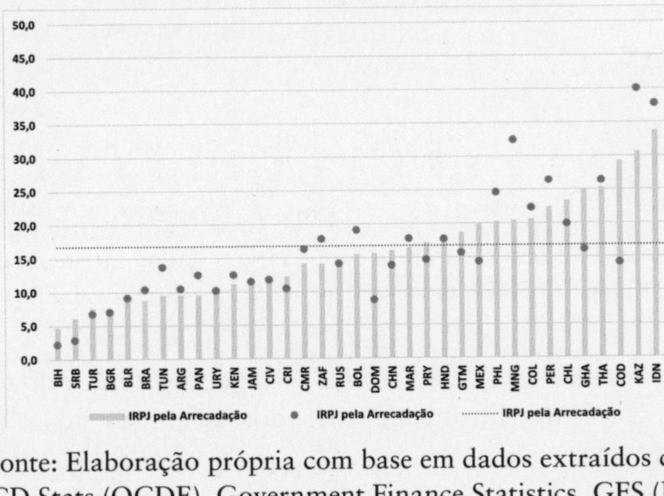

Fonte: Elaboração própria com base em dados extraídos da OECD Stats (OCDE), Government Finance Statistics, GFS (FMI)

Como ilustra a Figura 65, o desempenho do IRPJ como um percentual do PIB foi pior em termos comparativos no Grupo 4. Principalmente após 2010, na média, os países latino-americanos (Grupo 2) e os países do Grupo 3 tem arrecadado mais do que o Brasil, ou mesmo do que os países do Grupo 1, exceto em 2021. A importância do IRPJ aumentou no Brasil de 2,1% do PIB (2010) para 3,7% do PIB (2021), ou seja, aproximadamente 75% (1,6 pp.). Inclusive, a arrecadação brasileira superou a média dos países do Grupo 1 na maior parte do período. Cabe salientar que houve um aumento significativo de 1 pp. no Brasil entre 2020 e 2021, que pode ser atribuído a retomada da economia após a pandemia.

Figura 65 – IRPJ como percentual do PIB no Brasil e média de grupos de países classificados segundo a região e renda (%), 2000-2021

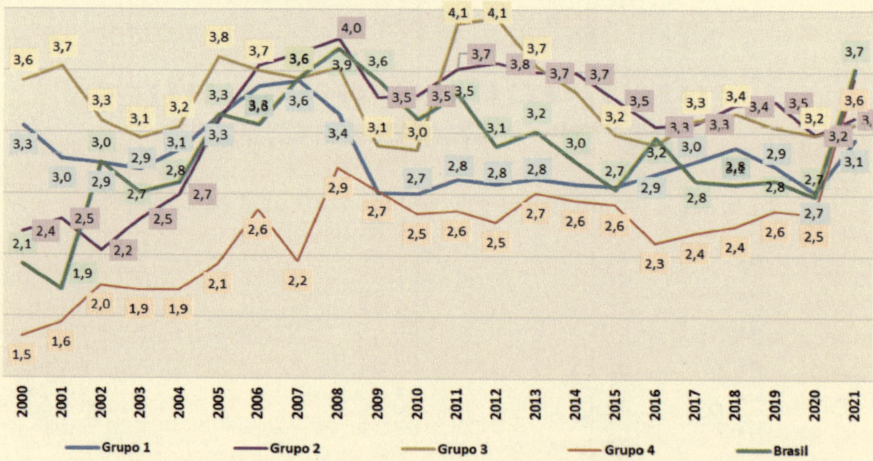

Fonte: Elaboração própria com base em dados extraídos da OECD Stats (OCDE), Government Finance Statistics, GFS (FMI).

Na maioria dos casos, o IRPJ é de competência do Governo Central. Contudo, foram identificados 17 países nos quais este imposto é também de competência em nível subnacional.[60] A Figura 66 apresenta a arrecadação subnacional do IRPJ em relação ao total arrecadado de IRPJ em cada país (barras azuis), e a participação do IRPJ subnacional na receita tributária em nível subnacional nestes países (pontos vermelhos). Cabe destaque à Rússia e Alemanha onde a arrecadação do IRPJ subnacional representou mais de 70% do IRPJ nacional, ou mesmo a República Checa, Canadá, China, Japão, cuja participação supera 30%. Em 5 dos 17 países examinados, ou seja, aproximadamente 30% dos casos, a participação foi inferior a 10%. Sua importância como fonte de ingressos tributários em nível subnacional variou entre 1,7% e 33,3% nos países examinados.

Figura 66 – Participação do IRPJ subnacional na sua arrecadação total do imposto e na receita tributária subnacional (%)

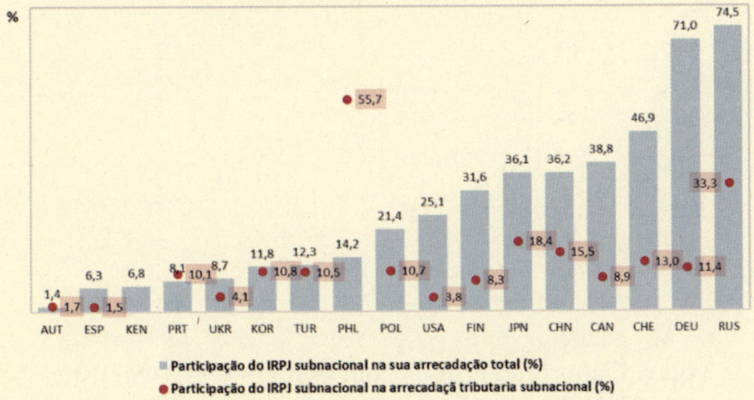

Fonte: Elaboração própria com base em OECD Statistics (OCDE) e Worldwide Tax Summaries (PWC).

60 É importante enfatizar que os países que possuem IRPJ subnacional geralmente apenas recebem um percentual da arrecadação de empresas localizadas em suas jurisdições, conforme a legislação nacional. Na ampla maioria dos casos, não há autonomia legislativa para fixar alíquotas e estabelecer isenções, embora os países possam definir a alíquota subnacional a ser acrescida à alíquota nacional dentro de um intervalo definido em lei, como na Alemanha.

Finalmente, a Figura 67 mostra a relação entre a alíquota legal máxima e a arrecadação em PIB do IRPJ para 93 países. Em contraste ao comportamento esperado, os indicadores não apresentam correlação significativa. Há países com alíquotas elevadas e com uma arrecadação próxima da média, como por exemplo o Brasil (34%). O resultado sugere a existência de outros parâmetros que influenciam a arrecadação, como, por exemplo, as isenções, os incentivos fiscais e os regimes especiais.

Figura 67 – Alíquotas legal máxima e a arrecadação do IRPJ em PIB (%), 2019

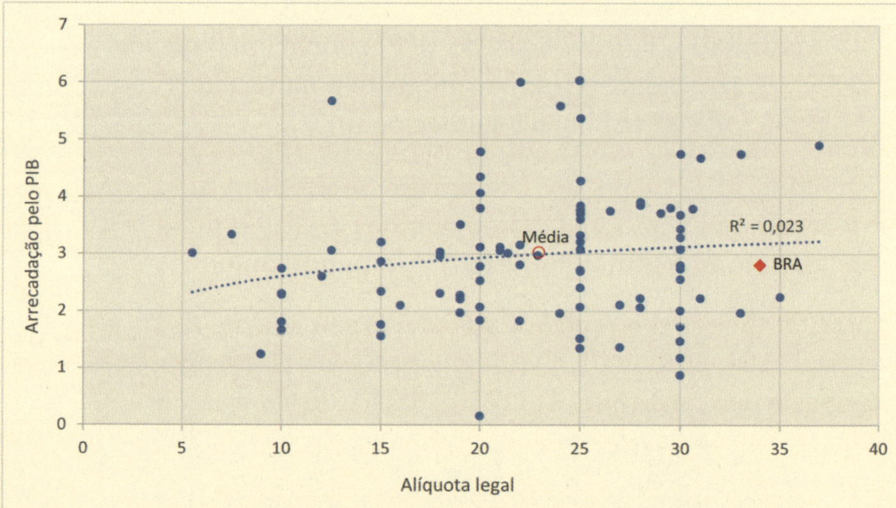

Fonte: Elaboração própria com base em OECD Statistics (OCDE) e Worldwide Tax Summaries (PWC).

3.9 Tributos sobre o patrimônio

Seguindo o critério de classificação das receitas utilizado pela OCDE e pelo FMI, o Imposto sobre Operações Financeiras (IOF) e a antiga Contribuição Provisória sobre Movimentação Financeira (CPMF), extinta em 2008, são enquadrados como tributos ao patrimônio. Devido à importância da CPMF, a participação desta classe no Brasil foi superior à média dos diferentes grupos de países, incluindo as economias avançadas (Grupo 1), até 2007 (ver Figura 68). A sua extinção reduziu a participação destes tributos em 2 pontos percentuais (pp.), quando passaram a representar aproximadamente 5% da arrecadação tributária. Nos países dos demais grupos, a participação média foi entre 2% e 5%. Cabe salientar a baixa importância destes tributos como fonte de receita em qualquer dos grupos examinados.

Figura 68 – Tributos ao patrimônio como percentual da arrecadação tributária no Brasil e média por grupo de países classificados segundo a região e renda (%), 2000-2021

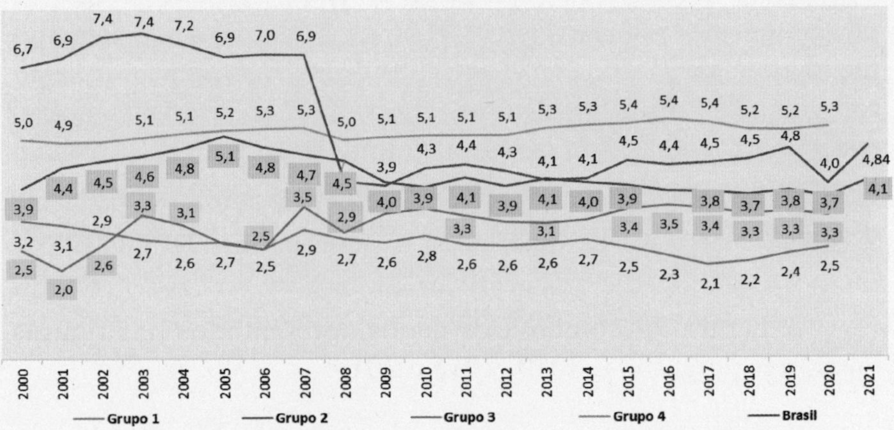

Fonte: Elaboração própria com base em dados extraídos da OECD Stats (OCDE), Government Finance Statistics, GFS (FMI).

Após 2007, a arrecadação destes tributos representou no Brasil entre 1,2% e 1,6% do PIB, ou seja, aproximadamente 80% do desempenho médio do Grupo 1 (ver Figura 69). A arrecadação dos países do Grupo 2 e do Grupo 3 foi semelhante no período da análise, cuja média representou, em geral, entre 0,7% e 0,9%

do PIB. Para os países do Grupo 4, o desempenho médio oscilou entre 0,3% e 0,4% do PIB.

Figura 69 – Tributos ao patrimônio como percentual do Produto Interno Bruto (PIB) no Brasil e média por grupo de países classificados segundo a região e renda (%), 2000-2021

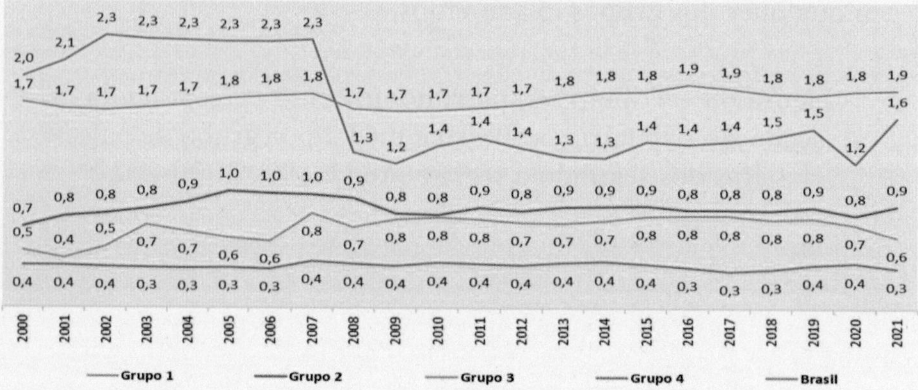

Fonte: Elaboração própria com base em dados extraídos da OECD Stats (OCDE), Government Finance Statistics, GFS (FMI).

A Figura 70 combina os dados apresentados nas figuras anteriores para 2005, 2010, 2015 e 2019.

Figura 70 – Participação dos tributos ao patrimônio na arrecadação tributária e sua importância como percentual do PIB no Brasil e média por grupo de países classificados segundo a região e renda (%), 2005, 2010, 2015 e 2019

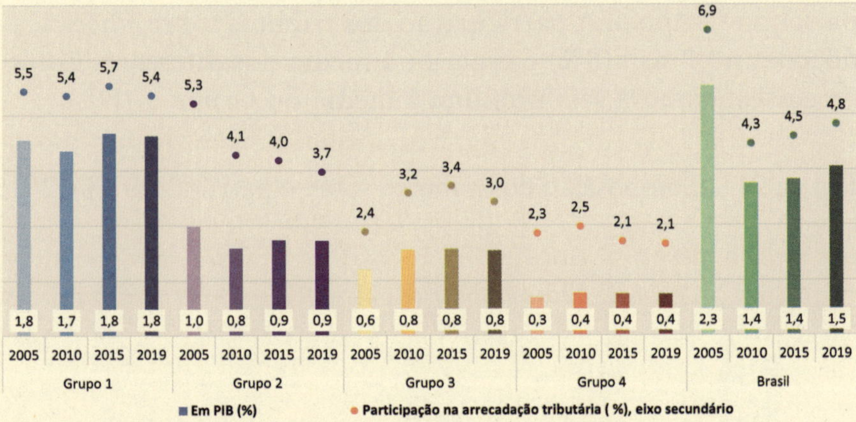

Fonte: Elaboração própria com base em dados extraídos da OECD Stats (OCDE), Government Finance Statistics, GFS (FMI).

Os tributos ao patrimônio podem ser subdivididos nas seguintes subclasses:

i. impostos recorrentes sobre bens imóveis;

ii. impostos sobre a riqueza líquida;

iii. impostos sobre heranças e doações;

iv. impostos sobre a transferência de imóveis e capital;

v. outros tributos ao patrimônio, como, por exemplo, contribuição de melhoria.

A seguir, é apresentada a participação destas subclasses no Brasil e a média por grupo de países (ver Figura 71). Em termos de participação, os impostos recorrentes sobre bens imóveis no Brasil são menos importantes em comparação a média dos diferentes grupos de países. Em contraste, os impostos sobre a transferência de capital, que inclui imóveis e ativos financeiros, são mais importantes em termos relativos, contribuindo com quase 50% da arrecadação dos tributos ao patrimônio não apenas no Brasil, mas também na América Latina e Caribe (Grupo 2) e nos países do Grupo 4. A participação dos tributos sobre a herança e doações no Brasil (8%) é superior à média dos diferentes grupos de países, embora seja próxima à média do Grupo 1 (7%).

Figura 71 – Composição dos tributos sobre o patrimônio (%), 2019

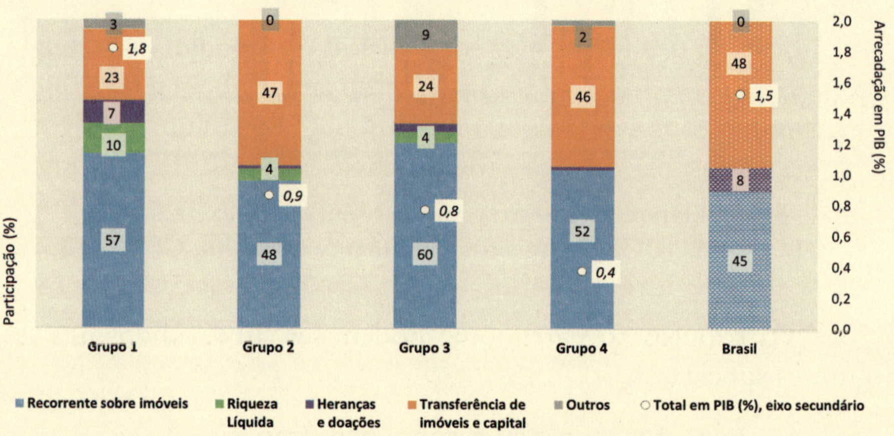

Fonte: Elaboração própria com base em dados extraídos da OECD Stats (OCDE), Government Finance Statistics, GFS (FMI).

A Figura 72 apresenta a participação das subclasses e a arrecadação total dos tributos ao patrimônio em nível individual, ou seja, por país. Comparando diretamente o desempenho do Brasil com países de alta renda (Grupo 1), a importância de 1,5% dos tributos ao patrimônio em PIB é inferior à média dos 21 países de alta renda considerados, que foi de 2,3% em 2019 (ver Figura 72a). Em relação aos demais países, considerados na Figura 72b, a arrecadação brasileira é superior à média dos 20 países incluídos neste grupo, que foi de aproximadamente 1% do PIB.

Considerando os países incluídos na Figura 72 de forma conjunta, a participação dos impostos recorrentes sobre bens imóveis no Brasil (45%) é inferior à observada em 71% dos países. Não raro, estes tributos representam mais de 70% da arrecadação dos tributos ao patrimônio, incluindo África do Sul, Canadá, Costa Rica, Filipinas, Estados Unidos, Japão, Nova Zelândia, Panamá, Polônia, Reino Unido, Rússia e Suécia.

Figura 72 – Composição dos tributos ao patrimônio no Brasil e em países selecionados (%), 2019

a) Brasil e em 20 países selecionados do Grupo 1

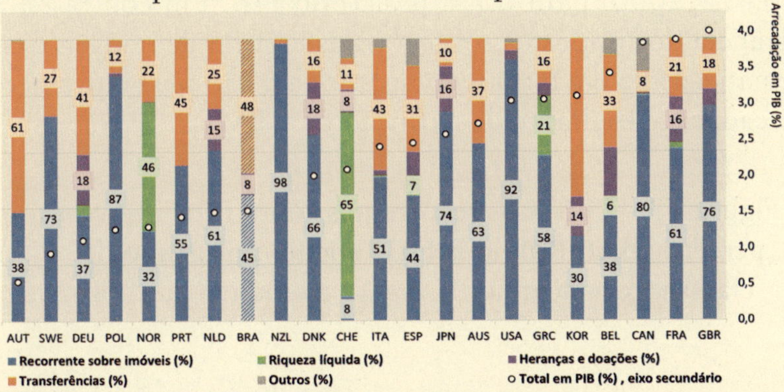

b) Brasil e em 19 países selecionados dos grupos 2, 3 e 4

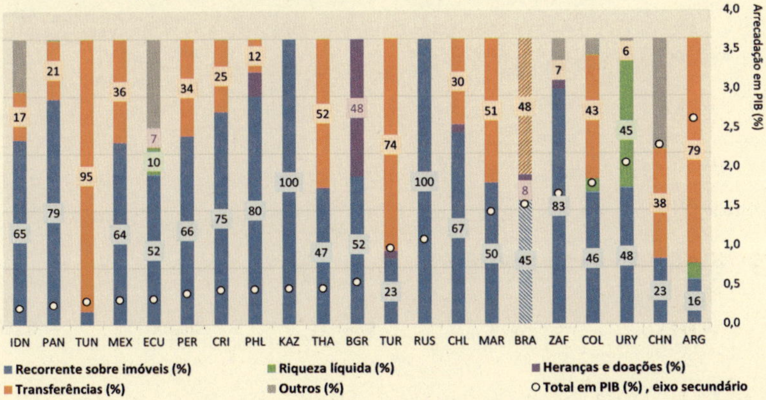

Fonte: Elaboração própria com base em dados extraídos da OECD Stats (OCDE), Government Finance Statistics, GFS (FMI).

Em complementação aos aspectos discutidos anteriormente, as figuras apresentadas na sequência demonstram que a arrecadação dos impostos recorrentes sobre bens imóveis como percentual do PIB no Brasil é bem inferior à média do Grupo 1 (ver Figura 73), embora seja superior à média do bloco de países dos demais grupos. Em contraste, a arrecadação dos impostos sobre a transferência de imóveis e capital em PIB supera a média de qualquer dos grupos de países examinados, devido à importância do IOF, e da CPMF até 2007 (ver Figura 74).

Em resumo, a importância dos impostos recorrentes sobre bens imóveis no Brasil ainda é baixa, não obstante seu crescimento de 0,4% (2000) para 0,7% (2021) do PIB. Em contraste, a importância dos impostos sobre a transferência de imóveis e capital permanece alta em termos comparativos, não obstante a perda de arrecadação resultante da extinção da CPMF.

Figura 73 – Impostos recorrentes sobre bens imóveis como percentual do PIB no Brasil e média por grupo de países classificados segundo a região e renda (%), 2000-2021

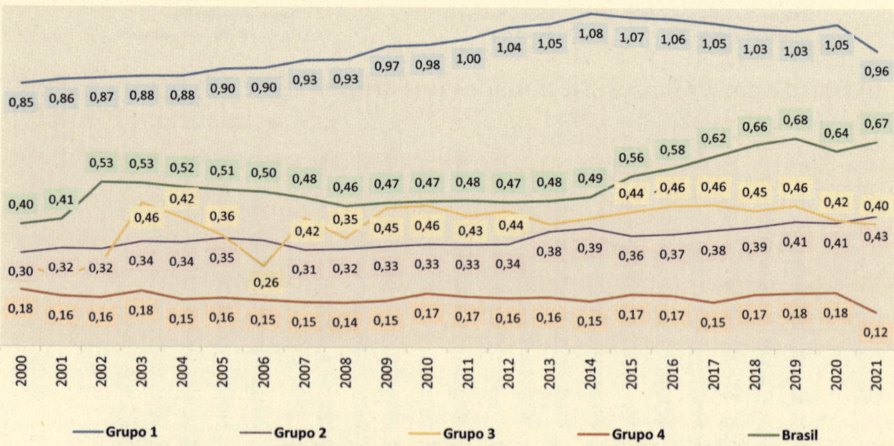

Fonte: Elaboração própria com base em dados extraídos da OECD Stats (OCDE), Government Finance Statistics, GFS (FMI).

Figura 74 – Impostos sobre a transferência de capital como percentual do PIB no Brasil e média por grupo de países classificados segundo a região e renda (%), 2000-2021

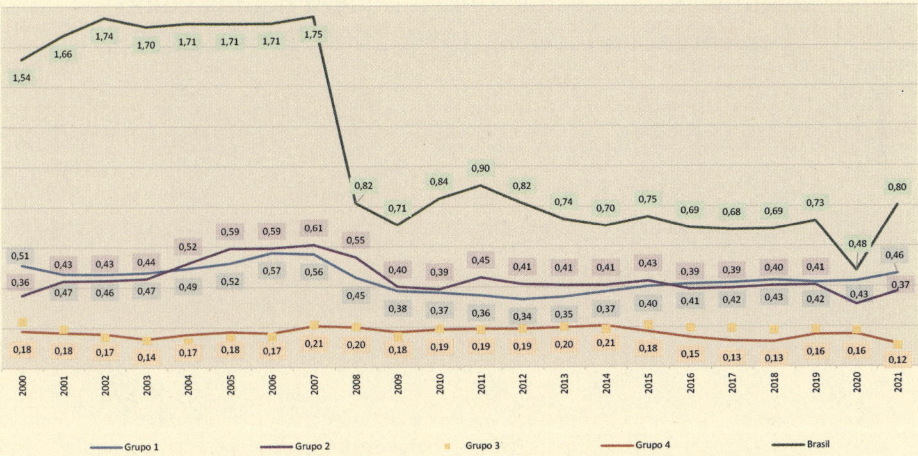

Fonte: Elaboração própria com base em dados extraídos da OECD Stats (OCDE), Government Finance Statistics, GFS (FMI).

Cabe salientar que poucos países instituíram impostos sobre a riqueza líquida. Entretanto, como ilustrado na Figura 75, este imposto arrecadou 3% do PIB em Luxemburgo,[61] 1,4% do PIB na Suíça e 0,9% do PIB no Uruguai, superando inclusive a importância do tradicional imposto recorrente sobre bens imóveis em dois destes países.[62] Cabe salientar que esta categoria de imposto ao patrimônio foi extinta por motivos políticos, quando governos de direita ganharam as eleições em países europeus, como na Áustria, Alemanha, Dinamarca, Finlândia, França, Holanda, Islândia, Itália

61 A arrecadação de Luxemburgo é atípica porque o imposto sobre riqueza incide exclusivamente sobre os ativos das empresas. A alíquota aplicada é de 0,5%.

62 A baixa arrecadação do imposto recorrente sobre imóveis na Suíça e Noruega é compensada pela receita produzida por um imposto local sobre a riqueza com baixo limite de isenção que inclui os imóveis de pessoas físicas na base tributária.

e Suécia. Como comentado na Seção 2, o IGF não foi instituído no Brasil apesar de previsto na Constituição.

Figura 75 – Impostos sobre a riqueza líquida como percentual do PIB (%), 1990, 2000, 2010 e 2019

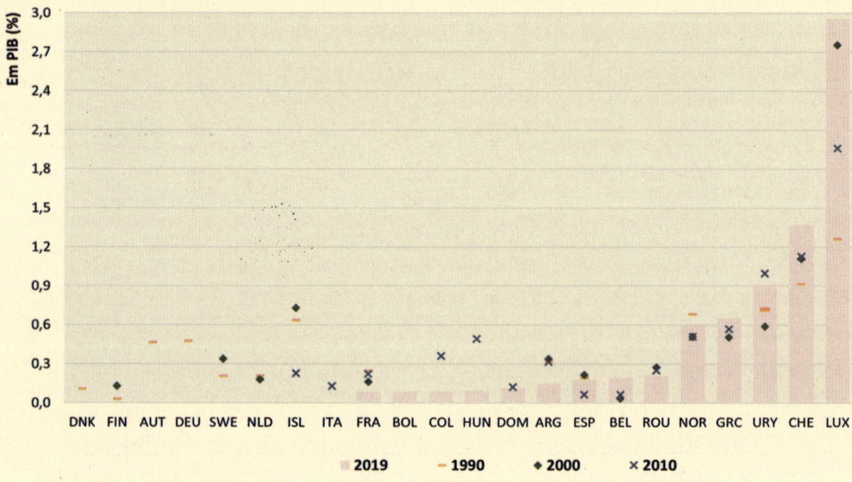

Fonte: Elaboração própria com base em dados extraídos da OECD Stats (OCDE), Government Finance Statistics, GFS (FMI).

A Figura 76 mostra que 46% da variabilidade da arrecadação dos impostos sobre heranças e doações em PIB é explicada pela alíquota máxima aplicada, com base nos dados de 33 países, independentemente do seu nível de renda. A alíquota máxima de 8% que pode ser aplicada no Brasil é inferior àquela que é aplicada em 78% dos países selecionados, explicando parcialmente a baixa arrecadação. Mesmo assim, esta alíquota não é aplicada em todos os Estados brasileiros, onde muitos optam por valores inferiores a este limite.[63] Em diversos

63 Inclusive, a alíquota máxima é de 4% em São Paulo e Paraná, e 5% em Minas Gerais. Ou seja, as alíquotas são inferiores a 8% nos três Estados que apresentam os maiores PIB na federação.

países, a alíquota máxima supera 40%, incluindo Bélgica,[64] França, Korea, Japão e Estados Unidos.[65]

Figura 76 – Impostos sobre heranças em PIB e alíquota máxima (%), 2019

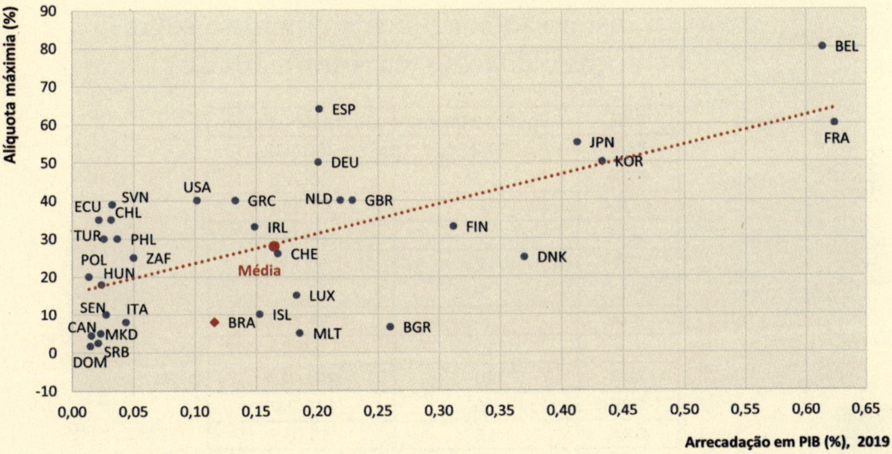

Fonte: Elaboração própria com base em OECD Statistics (OCDE), Worldwide Tax Summaries (PWC), e verificação caso a caso.

---

64 Na Bélgica, a alíquota máxima chega a 80% na Região Flamenca para transmissão sem grau de parentesco entre as partes. Porém, quando ocorre entre pais e filhos, a alíquota máxima é reduzida para 30%.

65 Os Estados Unidos possuem um histórico peculiar na tributação sobre as heranças. Até 2000, havia um sistema progressivo com várias faixas e cujas alíquotas variavam entre 18% e 55%, sem uma faixa isenta. A arrecadação média foi de 0,35% do PIB entre 1997 e 2000. Como parte da política do Governo W. Bush, as alíquotas progressivas foram substituídas por uma alíquota proporcional de 40% e foi introduzido um limite de isenção de EUA$ 675 mil em 2001 que aumentou para EUA$ 3,5 milhões em 2009. Em 2010 o imposto foi extinto, sendo, entretanto, reintroduzido em 2011. Foi mantida a alíquota proporcional de 40% e o limite de isenção passou para EUA$ 5 milhões ajustado anualmente pela inflação. Em 2018, como parte da política Governo Trump, o limite de isenção foi dobrado, atingindo EUA$ 11,2 milhões. Não obstante a alíquota de 40%, a arrecadação tem sido em torno de 0,15% do PIB devido ao fato da elevada magnitude do limite de isenção.

Outro fator que influencia a arrecadação desta classe é o limite de isenção e as alíquotas para transmitir os bens aos filhos. Observa-se uma forte variabilidade tanto nas alíquotas máximas quanto no limite de isenções (ver Tabela 14).

Tabela 14 – Alíquota máxima (%) e limite de isenção aplicados para a transmissão aos filhos no imposto sobre heranças e doações (em Int.$), 2022

País	Alíquota Máxima	Limite de Isenção
BGR	0,8	308.642
CAN	1,5	20.325
DOM	3	41.494
SEM	3	640.068
ITA	4	1.602.903
MLT	5	0
BRA	8	19.380
ISL	10	9.966
TUR	10	101.704
GRC	10	179.245
DNK	15	48.015
ECU	17,5	117.360
FIN	19	24.390
PHL	20	63.796
NLD	20	27.639
ZAF	25	502.152
CHL	25	70.796
DEU	30	555.556
BEL	30	20.000
IRL	33	458.904
ESP	37	169.492
SVN	39	8.929
USA	40	11.400.000
GBR	40	485.075
FRA	45	211.268
KOR	50	645.095
JPN	55	397.00
Mediana	**20**	**117.360**

Nota: O limite de isenção do Brasil foi estabelecido pelo valor mediano de todas as unidades da federação.

Fonte: Elaboração própria com base em OECD Statistics (OCDE), Worldwide Tax Summaries (PWC) e verificação caso a caso em *websites* oficiais de diferentes países.

A Figura 77 mostra a baixa participação dos tributos ao patrimônio na arrecadação tributária em nível subnacional no Brasil – entre 7% e 10% – em contraste a grande maioria dos países, cuja participação média foi entre 34% e 51% no período da análise. Isto é explicado pelo fato do IOF ser um imposto federal e de que foi atribuído aos governos subnacionais a competência de instituírem outros impostos mais relevantes, como o ICMS ou mesmo o ISS.

Com a extinção da CPMF, aumentou a participação subnacional na arrecadação total dos tributos ao patrimônio, que atingiu 62% em 2019. Entretanto, a participação média é bem superior a este patamar nos países do Grupo 1 e Grupo 3.

Figura 77 – Participação subnacional dos tributos ao patrimônio na tributação subnacional e na arrecadação dos tributos ao patrimônio no Brasil e média por grupo de países classificados segundo a região e renda (%), 1990, 2000, 2010 e 2019

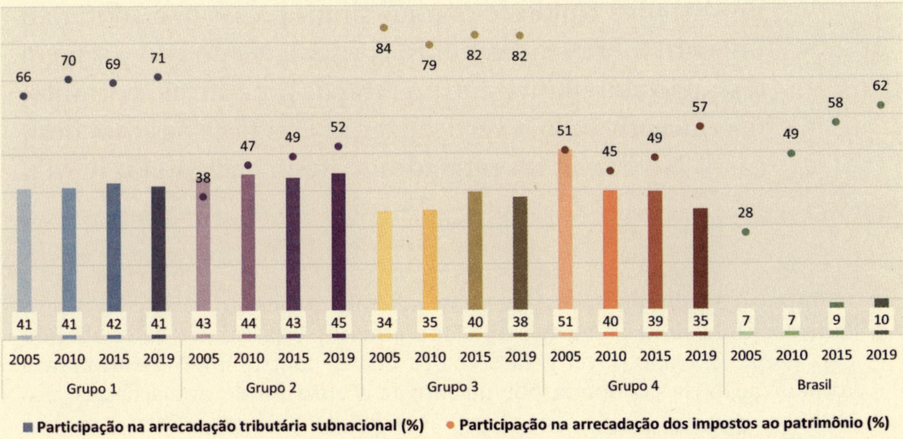

Fonte: Elaboração própria com base em dados extraídos da OECD Stats (OCDE), Government Finance Statistics, GFS (FMI).

3.10 Tributos indiretos

Instituídos na totalidade dos países no contexto internacional, os impostos indiretos incidem sobre a produção, consumo, importação ou uso de bens e serviços. Estes tributos, que tendem a ser mais relevantes nos países em desenvolvimento, podem ser agrupados em quatro subcategorias principais, quais sejam:

- Impostos gerais sobre bens e serviços

São aqueles que apresentam objetivos exclusivamente fiscais, sem fazer qualquer distinção entre os setores de produção que serão taxados. Esta categoria inclui os seguintes tributos:

i. Imposto sobre o valor adicionado (IVA): São impostos incidentes nas diferentes etapas da cadeia produtiva. Entretanto, são tributos não cumulativos na medida em que a cada fase da cadeia produtiva é deduzido o tributo que onerou o bem nas fases anteriores. Estes tributos são amplamente utilizados no contexto internacional, exceto nos Estados Unidos e pouquíssimos países que adotam o imposto sobre vendas finais. A vantagem do IVA é ser, em tese, não cumulativo entre as etapas produtivas, portanto, não incentivando a verticalização e as decisões econômicas.[66] No Brasil, foi enquadrado nesta categoria o ICMS.

---

[66] O imposto é cobrado apenas no valor adicionado gerado pelas etapas produtivas. Ou seja, o IVA pago na etapa anterior vira crédito a ser abatido pela empresa responsável pela etapa presente, contribuindo assim para a formalização da economia por incentivar a emissão de notas fiscais. No entanto, caso sejam aplicadas alíquotas reduzidas ou isenções setoriais (por exemplo, para às exportações), entre as etapas produtivas, os créditos do IVA podem se tornar maiores do que as obrigações tributárias e os governos devem ressarcir estas diferenças que podem atingir valores significativos às empresas. Quando o imposto é subnacional e não é cobrado com base no destino do consumidor final, cria-se um forte incentivo para competição tributária predatória entre os governos subnacionais como forma de atrair investimentos. Para mais detalhes, ver PESSOA, Mario *et al.* "How to

ii. Impostos sobre vendas: São impostos de caráter não cumulativo pagos apenas pelo consumidor final quando realiza a compra de bens. Em contraste ao IVA, que possui um sistema eletrônico de débito e créditos, os impostos sobre vendas tendem a ser mais propensos à evasão por intermédio de mecanismos de subdeclaração. No contexto internacional, seu uso é limitado a poucos países, incluindo Colômbia e Estados Unidos.

iii. Impostos sobre o faturamento: Estes impostos, que incidem sobre o faturamento das empresas, são de caráter cumulativo na medida em que não são deduzidos os impostos recolhidos ao longo da cadeia produtiva. Devido a esta ineficiência, tributos sobre faturamento são raramente instituídos. Exceções incluem a Argentina (*Impuesto a los Ingresos Brutos*) e o Brasil, onde permanecem vigentes o PIS, PASEP, COFINS e ISS.

Impostos seletivos sobre bens específicos

São tributos que incidem sobre bens que causam externalidades negativas, como, por exemplo, aqueles que prejudicam o meio ambiente e a saúde humana. Assim, a tributação também atua com o propósito extrafiscal de desincentivar o consumo destes bens. Além disso, as receitas arrecadadas podem ser vinculadas ao financiamento do gasto público gerado pelo impacto destas externalidades. As alíquotas podem ser *ad valorem* ou *ad rem*. No Brasil, os impostos considerados seletivos incluíram a IPI e a CIDE. Contudo, o IPI é também aplicado em bens industrializados que não geram externalidades negativas. Por outro lado, o fato do ICMS ser aplicado com alíquotas majoradas para certos bens, como, por exemplo, bebidas e cigarros, poderia justificar a

---

Manage Value-Added Tax Refunds Note 21/04". *International Monetary Fund*, Washington, 2021.

alocação desta parte da sua arrecadação na categoria de impostos seletivos. Isto, entretanto, não foi feito no presente estudo.

- Impostos sobre o comércio exterior

São impostos incidentes sobre a importação e exportação de bens. Este último é aplicado por poucos países, como por exemplo, o imposto sobre exportação de *commodities* agrícolas na Argentina.

- Impostos recorrentes sobre uso de veículos

No Brasil, o IPVA está inserido nesta categoria. Em contraste a classificação usada internacionalmente, o sistema de classificação das receitas no Brasil enquadra este imposto na categoria de tributos que incidem sobre a patrimônio. Em geral, impostos sobre o uso de veículos são administrados em nível subnacional.

Em relação aos impostos indiretos, a Figura 78 apresenta a sua participação na arrecadação tributária entre 2000 e 2021. No Brasil, estes tributos representaram entre 44% e 48% da arrecadação total no período da análise. Foi observada a tendência de leve redução na sua importância (-7%), que pode ser parcialmente atribuída ao fortalecimento gradual do IRPF e dos impostos sobre o patrimônio.

Figura 78 – Participação dos impostos indiretos na arrecadação tributária no Brasil e média por grupo de países classificados segundo a região e renda (%), 2000-2021

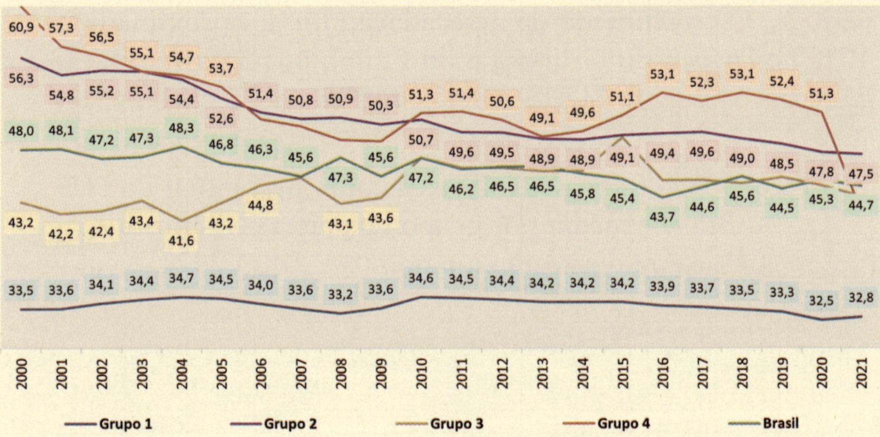

Fonte: Elaboração própria com base em dados extraídos da OECD Stats (OCDE), Government Finance Statistics, GFS (FMI).

A participação média desta categoria no Grupo 4 foi reduzida de 60,9% (2000) para 42,3% (2021), registrando, portanto, uma queda de 30% no indicador. A redução é explicada parcialmente pelo aumento da participação do IRPJ em alguns dos países deste grupo, devido principalmente ao aumento do preço das *commodities* no período. No Grupo 2, a redução foi menor (-15%). Nos países do Grupo 1, esta categoria representou, em média, um terço da arrecadação tributária no período com pequenas oscilações, ao passo que nos demais grupos o indicador variou entre 43% e 57%. Ou seja, estes impostos tendem a ser menos relevantes em termos de participação para as economias avançadas (Grupo 1) e mais relevantes para os países em países desenvolvimento (Brasil, e Grupos 2 e 4).

Utilizando a receita arrecadada como um percentual do PIB, a Figura 79 ilustra a relevância dos impostos indiretos no Brasil como fonte de receita em comparação aos grupos de países examinados. Entre 2000 e 2020, estes impostos arrecadaram aproximadamente 15% do PIB no Brasil, superando significativamente a média dos outros grupos de países.[67] Na média, os países do Grupo 1 e Grupo 2 arrecadaram entre 10% e 11,5% do PIB no período. O crescimento da arrecadação foi de aproximadamente 40% nos países do Grupo 3 e do Grupo 4, cuja arrecadação foi de respectivamente 11,5% e 8,4% do PIB em 2019.

Figura 79 – Impostos indiretos como percentual do PIB no Brasil e média por grupo de países classificados segundo a região e renda (%), 2000-2021

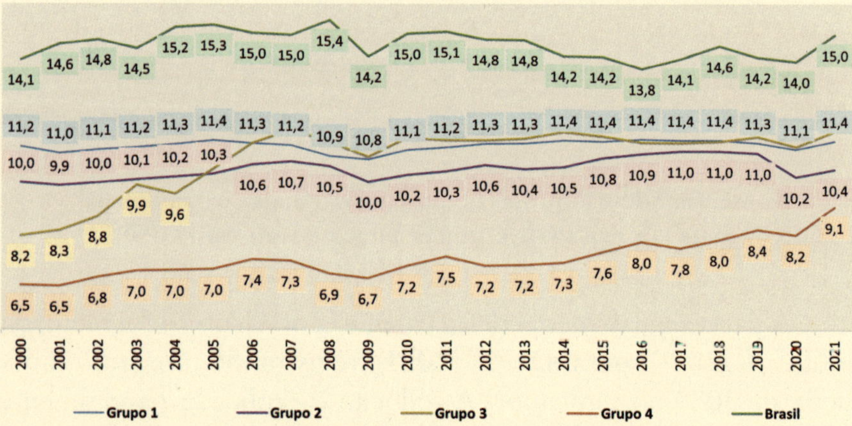

Fonte: Elaboração própria com base em dados extraídos da OECD Stats (OCDE), Government Finance Statistics, GFS (FMI).

Como explicado anteriormente, os tributos indiretos são compostos por diferentes subcategorias e espécies tributárias. A Figura 80 mostra a participação destes componentes no Brasil e

67 Cabe notar que se o indicador tomasse em conta toda a riqueza produzida no país (PIB real), ou seja, incluindo a riqueza oriunda da economia informal, a arrecadação brasileira reduziria para 9,4% do PIB em 2019 aproximando-se da média das economias avançadas (Grupo 1) estimada em 9,2% do PIB.

o comportamento médio dos grupos de países examinados, além da arrecadação total destes tributos como um percentual do PIB.

Figura 80 – Composição dos impostos indiretos e sua importância como um percentual do PIB (%), 2019

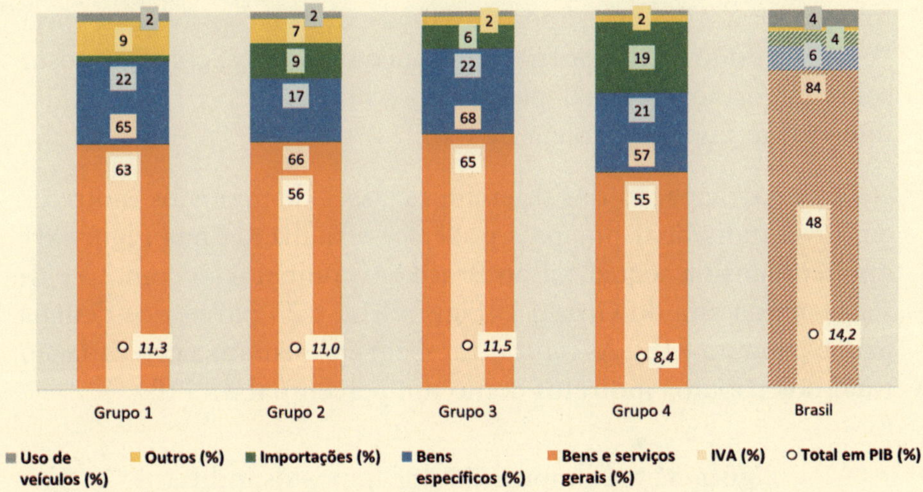

Fonte: Elaboração própria com base em dados extraídos da OECD Stats (OCDE), Government Finance Statistics, GFS (FMI).

Na classe dos impostos gerais sobre bens e serviços – que incluem o IVA, os impostos sobre vendas e os impostos sobre o faturamento – é também apresentada a participação do IVA na arrecadação total dos tributos indiretos. Nos países latino-americanos (Grupo 2), o IVA contribuiu com aproximadamente 86% da arrecadação dos impostos gerais sobre bens e serviços. Nos demais grupos, sua participação média foi entre 95% e 97%. No Brasil, entretanto, o IVA – ICMS – representou apenas 57% da arrecadação dos impostos gerais sobre bens e serviços, devido à importância dos impostos cumulativos, como PIS, PASEP, COFINS e ISS. Ou seja, os impostos gerais sobre bens e serviços contribuíram com 84% da receita proveniente de impostos indiretos no Brasil. Entretanto, a participação isolada do ICMS foi de apenas 48%.

Os impostos seletivos representaram cerca de 20% da receita produzida por impostos indiretos em todos os grupos considerados. No Brasil, sua participação, que foi de apenas 6%, considera a arrecadação da CIDE e do IPI. Por fim, o imposto sobre o uso de veículos (análogo ao IPVA no Brasil) representou 4% da arrecadação dos tributos indiretos no Brasil em 2019 e, em média, o indicador foi inferior a 2% nos grupos de países examinados. Na categoria "outros", estão incluídos tributos pouco relevantes, como imposto sobre exportações, taxas por serviços burocráticos, fiscalização, iluminação pública e coleta de lixo.

A participação das diferentes classes de impostos indiretos em nível individual por país pode ser visualizada nas Figura 81 apresentadas na sequência no Brasil em comparação com 23 países de renda alta do Grupo 1 (Figura 81a) e 23 países dos demais grupos (Figura 81b). As figuras também apresentam a arrecadação total dos tributos indiretos como um percentual do PIB.

Figura 81 – Composição dos impostos indiretos no Brasil e em países selecionados (%), 2019

a) Brasil e 23 países do Grupo 1

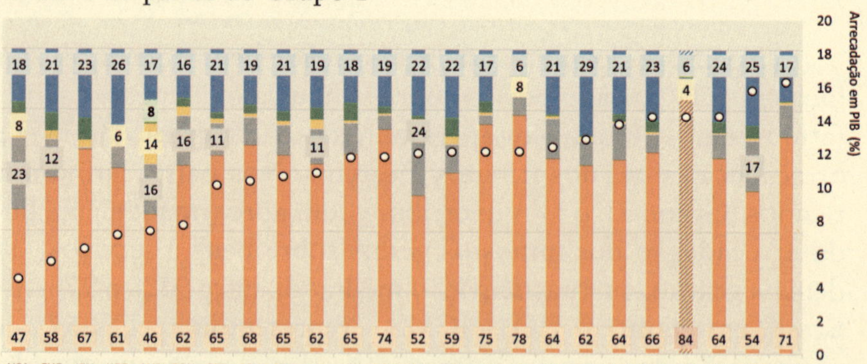

b) Brasil e 22 países dos grupos 2, 3 e 4

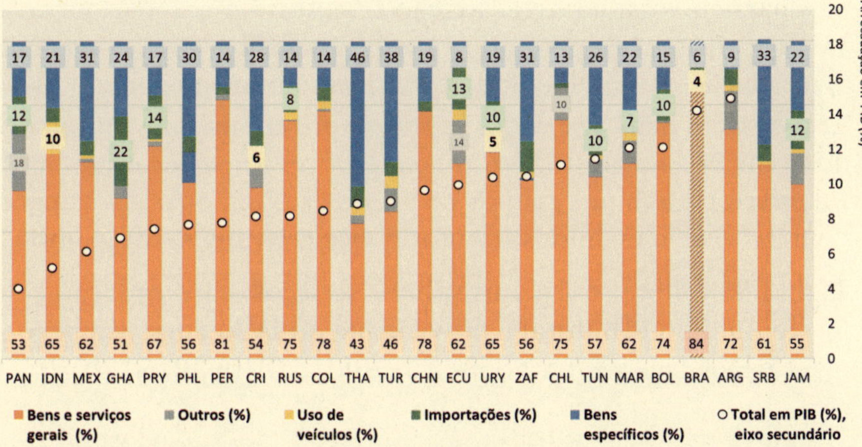

Fonte: Elaboração própria com base em dados extraídos da OECD Stats (OCDE) e Government Finance Statistics, GFS (FMI).

A arrecadação dos tributos indiretos pelo PIB – equivalente a 14,2% no Brasil em 2019 – foi superada apenas pela Grécia, Finlândia e Hungria nos países do Grupo 1, e pela Argentina, Sérvia e Jamaica nos demais grupos de países considerados na Figura 84. Em diversas economias avançadas, incluindo Austrália, Canadá, Estados Unidos e Japão, os impostos indiretos representaram menos do que 8% do PIB em 2019.

Em termos comparativos, os impostos gerais sobre bens e serviços foram mais relevantes como fonte de receita no Brasil – participação de 84% em 2019 – do que nos 46 países selecionados. Poucos países superaram a participação de 4% dos impostos sobre o uso de veículos nos impostos indiretos totais no Brasil em 2019, incluindo Indonésia (10%), Japão (7%) e Nova Zelândia (8%), onde nesses dois últimos países o imposto tem propósito ambiental. Em geral, a participação desta categoria na arrecadação é inferior a 2%.

Na sequência, são apresentados dados mais detalhados sobre a arrecadação dos impostos gerais sobre bens e serviços. A Figura

82 apresenta a sua arrecadação como percentual do PIB oficial, sua participação na arrecadação tributária e a arrecadação do IVA – principal imposto desta subcategoria – como percentual do PIB. Como ilustrado na figura, a arrecadação dos impostos gerais sobre bens e serviços representou, em média, em torno de 12% do PIB no Brasil, em torno de 5 pp. superior à média dos Grupos 1, 2 e 3.

Figura 82 – Impostos gerais sobre e serviços – arrecadação como percentual do PIB (total e proveniente do IVA) e participação na arrecadação tributária – (%), 2005, 2010, 2015 e 2019

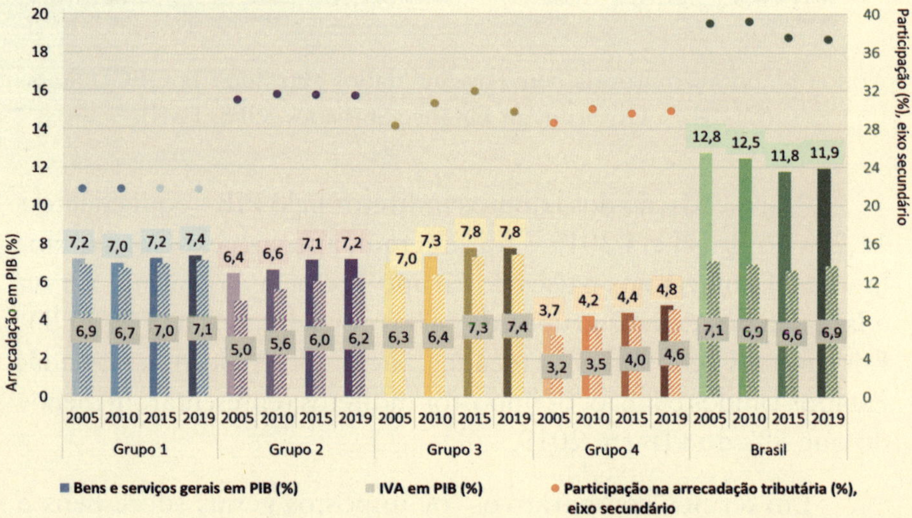

Fonte: Elaboração própria com base em dados extraídos da OECD Stats (OCDE), Government Finance Statistics, GFS (FMI).

Limitando a análise ao IVA, o Brasil apresentou nível semelhante de arrecadação da média dos diferentes grupos, com exceção daquele formado pelos países do Grupo 4. Ou seja, o IVA brasileiro (ICMS) possui um desempenho como fonte de receitas semelhante aquele apresentado por grande parte dos países. Em termos comparativos, o excesso de arrecadação de impostos gerais sobre bens e serviços é o resultado dos impostos cumulativos, como o PIS, PASEP, COFINS e ISS.

A Figura 82 (eixo secundário) mostra que a participação dos impostos gerais sobre bens e serviços variou entre aproximadamente 37% e 40% no Brasil, sendo bem superior à média das economias avançadas (Grupo 1) – que foi ligeiramente inferior a 22% – e à média dos demais grupos de países, cuja participação foi próxima a 30%. No caso do Brasil, a categoria inclui o ICMS, PIS, PASEP, COFINS e ISS.

A Figura 83 ilustra a composição dos impostos gerais sobre bens e serviços no Brasil e nos diferentes grupos de países. Como confirma a figura, o peso dos impostos cumulativos sobre a produção é alta no Brasil em comparação à média dos grupos de países examinados, onde tributos sobre o faturamento não existem, com raras exceções como a Argentina,[68] Mianmar, Bolívia, Nicarágua, Hungria e França.

68 Na Argentina, o imposto sobre o faturamento das empresas constitui a principal fonte de receitas próprias das províncias e o imposto imobiliário subnacional tem baixa arrecadação. A arrecadação dos impostos cumulativos representou 3,6% do PIB da Argentina em 2019, sendo inferior ao indicador brasileiro de 5% do PIB, oriundo da soma da receita do PIS, PASEP, COFINS e ISS.

Figura 83 – Composição dos impostos gerais sobre bens e serviços e sua importância como um percentual, do PIB (%), 2019

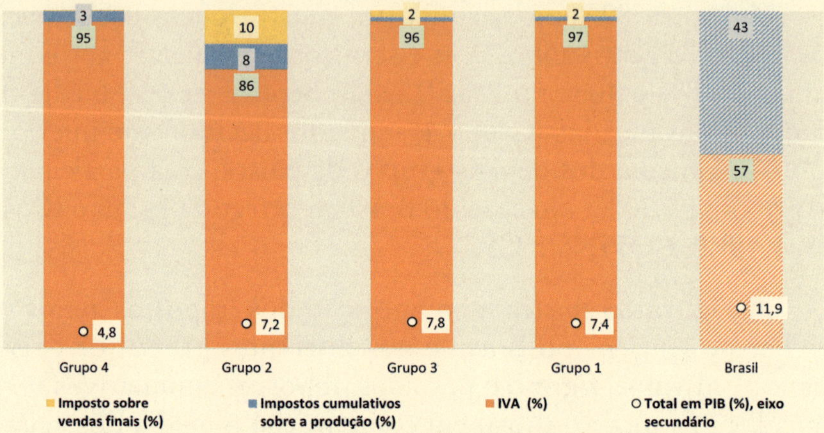

Fonte: Elaboração própria com base em dados extraídos da OECD Stats (OCDE), Government Finance Statistics, GFS (FMI).

A Figura 84 apresentada na sequência mostra os mesmos dados para uma seleção de 19 países de renda alta (Figura 84a) e 20 países dos demais grupos (Figura 84b). Observa-se que o IVA é a principal base de incidência dos impostos gerais sobre bens e serviços na maior parte dos países examinados. As exceções são os Estados Unidos e a Malásia, onde o imposto sobre vendas finais representou 100% desta subcategoria e Colômbia e China, onde a participação do imposto sobre vendas finais é um pouco superior a 10%. Por outro lado, a aplicação de impostos indiretos de natureza cumulativa segue em desuso devido ao seu impacto negativo na produtividade. Entretanto, além do Brasil onde estes tributos representam 43% da arrecadação dos impostos gerais sobre bens e serviços, sua participação é relevante na Argentina (34%) e, principalmente, em Myanmar (100%), bem como possuem certa relevância na Bolívia (20%), Hungria (16%), Nicarágua (14%) e França (10%).

Figura 84 – Composição dos impostos gerais sobre bens e serviços e sua importância como um percentual do PIB no Brasil e em países selecionados, 2019

a) Brasil e 19 países do Grupo 1

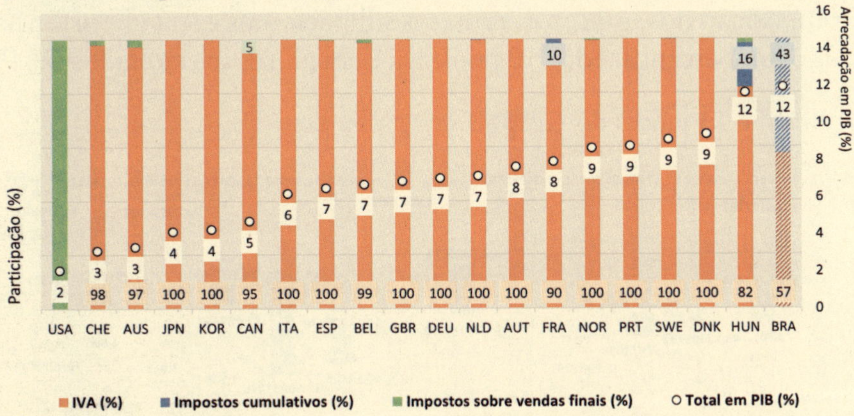

b) Brasil e 20 países dos grupos 2, 3 e 4

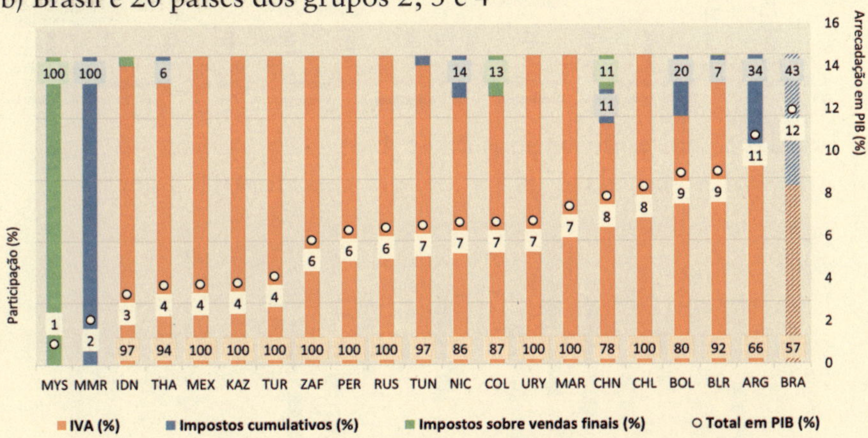

Fonte: Elaboração própria com base em dados extraídos da OECD Stats (OCDE), Government Finance Statistics, GFS (FMI).

Os impostos indiretos costumam ser uma importante fonte de receitas dos governos subnacionais em vários países. A Figura 85 a seguir mostra a participação em PIB dos impostos indiretos subnacionais e sua composição em 13 países de alta renda do Grupo 1 (Figura 85a) e 15 países dos outros grupos (Figura 85b).

Figura 85 – Impostos indiretos subnacionais em percentual do PIB e Composição dos impostos indiretos subnacionais e sua importância como um percentual do PIB no Brasil e em países selecionados, 2019

a) Brasil e 13 países do Grupo 1

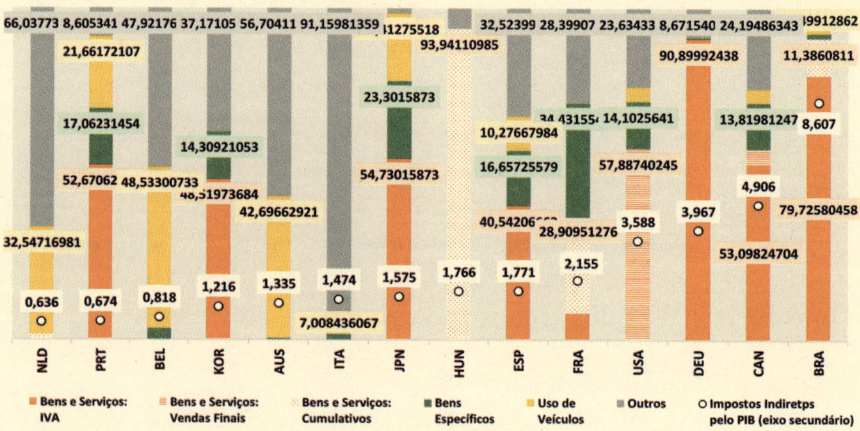

b) Brasil e 15 países dos grupos 2, 3 e 4

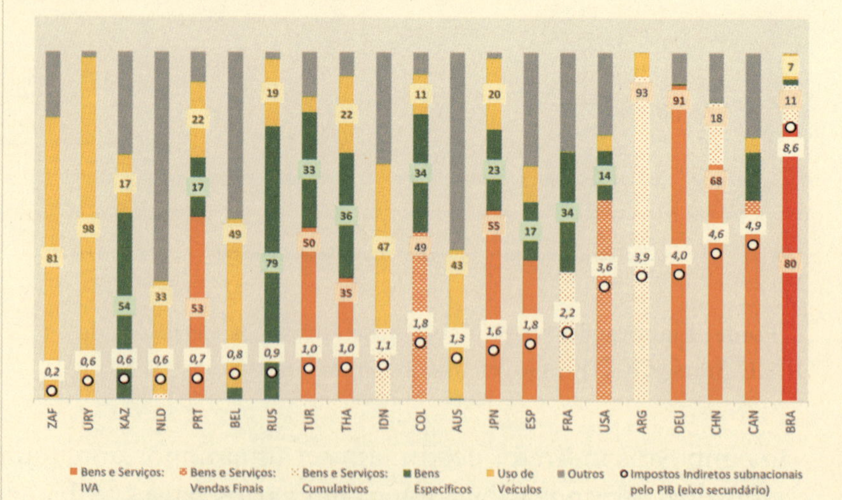

Fonte: Elaboração própria com base em dados extraídos da OECD Stats (OCDE), Government Finance Statistics, GFS (FMI).

O Brasil é o país que apresenta maior arrecadação dos tributos indiretos subnacionais em PIB em todos os países selecionados (8,6%). Em seguida, no Grupo 1, aparecem Canadá (4,9%) e Alemanha (4%), ambos países federativos. Entre países dos demais grupos, a China (4,6%) e Argentina (3,9%) apresentam participação significativa, mas ainda assim bem inferior ao Brasil. Em geral, na maioria dos países e independentemente do nível de renda, os impostos indiretos subnacionais não representaram mais de 2% do PIB. No Brasil o IVA representou 80% da arrecadação indireta subnacional, similar a Alemanha (91%) e China (68%). Em muitos países, os impostos indiretos subnacionais foram representados significativamente pelo imposto de uso de veículos, como na Holanda, Bélgica, Austrália, África do Sul, Uruguai e Indonésia.

Ao analisar o IVA em aproximadamente 90 países independentemente do nível de renda, foi verificado que a alíquota padrão explica 28% da variabilidade da sua arrecadação como um percentual do PIB. Ou seja, Brasil, tanto o desempenho do ICMS quanto a alíquota padrão comumente aplicada pelos Estados, que corresponde à 18%, são próximos a média internacional (ver Figura 86).

Figura 86 – Imposto sobre o Valor Adicionado (IVA), 2019: Alíquota padrão (%) e arrecadação como um percentual do PIB (%)

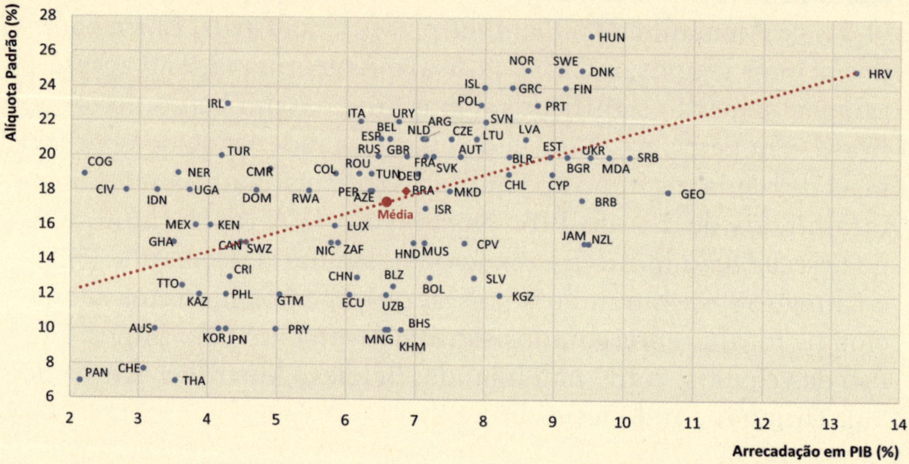

Fonte: Elaboração própria com base em dados extraídos da OECD Stats (OCDE), Government Finance Statistics, GFS (FMI).

Finalmente, a Figura 87 apresenta a participação subnacional na arrecadação dos impostos indiretos total e na receita tributária total em nível subnacional em 2010, 2015 e 2019 no Brasil e nos grupos de países classificados segundo região e renda. Foi incluído ainda um grupo formado por 13 países federativos, incluindo o Brasil.

Figura 87 – Participação subnacional dos impostos indiretos na tributação subnacional e na arrecadação dos tributos ao patrimônio (%) no Brasil e média por grupo de países classificados segundo a região e renda, 1990, 2000, 2010 e 2019

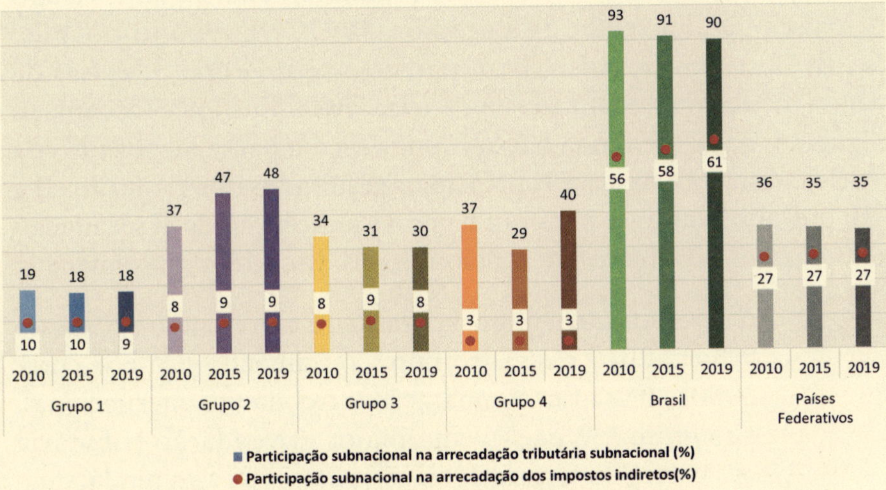

Fonte: Elaboração própria com base em dados extraídos da OECD Stats (OCDE), Government Finance Statistics, GFS (FMI). Os países federativos, incluem além do Brasil, a Alemanha, Argentina, Austrália, Áustria, Bélgica, Bósnia e Herzegovina, Canadá, Estados Unidos, Malásia, México, Rússia e Suiça.

Como ilustra a figura, aproximadamente 90% da arrecadação subnacional brasileira, incluindo Estados e municípios, foi produzida por intermédio de impostos indiretos em 2019, superando significativamente a participação média dos demais países federativos, que foi de, aproximadamente, 35%. Além disso, os Estados e municípios brasileiros arrecadaram em torno de 60% da receita produzida por todos impostos indiretos no país. Esses percentuais são muito distantes daqueles relacionados ao grupos de países examinados. Por exemplo, os impostos indiretos subnacionais representaram, em média, cerca de 20% da arrecadação tributária subnacional e 10% do total dos impostos indiretos nos países do Grupo 1.

3.11 Síntese da Parte 3

Além da comparação direta em nível individual, isto é, por país, o desempenho tributário no âmbito internacional foi analisado agrupando os países em quatro classes, quais sejam: Grupo 1, países de alta renda da Europa e da OCDE, exceto o Chile; Grupo 2, todos os países latino-americanos; Grupo 3, países de renda média alta localizados na África, Ásia, Europa e Oceania; e Grupo 4, países de renda baixa e renda média baixa localizados na África, Ásia e Oceania. Os principais resultados dos Capítulos II e III, que apresentam o panorama geral e a evolução da arrecadação tributária no contexto internacional, são discutidos na sequência:

- A arrecadação tributária brasileira representou 31,9% do PIB em 2019 e registrou um crescimento de 5,6% entre 2000 e 2020. Em comparação, no contexto internacional, oito entre dez países com maior arrecadação tributária são países do Grupo 1, ou seja, países de alta renda, cujo desempenho médio do grupo foi de 34,8% do PIB em 2019. Cabe observar que a arrecadação superou 40% do PIB na Alemanha, Bélgica, Finlândia, França, Itália e Suécia. A arrecadação tributária nestes países apresentou oscilações de baixa magnitude entre 2000 e 2020, que variaram entre -12,7% (Suécia) e +6,8% (Itália). Em geral, crescimentos atipicamente elevados no desempenho tributário estão relacionados a países com arrecadação tributária extremamente baixa.

- Considerando 123 países, o Brasil ocupou a posição 30º no ordenamento decrescente da arrecadação tributária como um percentual do PIB em 2019 e ocupou a 3ª posição em relação aos 26 países latino- americanos selecionados (Grupo 2). No contexto latino-americano, apenas Cuba e Barbados, países pequenos, apresentaram uma arrecadação tributária superior à brasileira.

- Ao classificar os países em sete estratos de arrecadação tributária como percentual do PIB referente a 2019, 44 dos 123 países examinados (35,8% dos casos) arrecadaram entre 20% e 30% do PIB; 15% dos países arrecadaram entre 30% e 35% do PIB; e a arrecadação superou 40% do PIB em 7,3% dos casos (9 países). Nos demais casos 35% dos casos (43 países), a arrecadação foi inferior 20% do PIB, sendo que seis países arrecadaram menos do que 10% do PIB.

- Embora o Brasil tenha apresentado desempenho semelhante – entre 30% e 35% do PIB – a diversas economias avançadas como, por exemplo, Islândia, Espanha, Eslováquia, Nova Zelândia, Reino Unido ou Japão, a arrecadação tributária brasileira representa uma parcela bem menor quando se considera a economia informal, do que a maioria dos países incluídos neste estrato. Por exemplo, a arrecadação na Nova Zelândia (31,3% do PIB) foi ligeiramente inferior à brasileira (31,9% do PIB) em 2019. Entretanto, ao considerar o PIB real,[69] isto é, considerando a participação do setor informal na economia, a receita tributária brasileira representou apenas 23,9% do PIB real, sendo bem inferior àquela observada na Nova Zelândia (28% do PIB real).

- Em relação a este indicador, o Brasil passou a ocupar a posição 39º considerando 123 países ranqueados segundo a arrecadação em ordem decrescente, ao invés da 30º quando a arrecadação é comparada considerando exclusivamente o valor dos bens e serviços produzidos na economia formal (PIB oficial).

- Cabe ainda salientar que a arrecadação tributária brasileira *per capita* foi de apenas 4.726 dólares internacionais

---

69 Utilizando as estimativas do Banco Mundial sobre a participação do PIB informal na economia para entre 1990 e 2018.

(Int.$)[70] em 2019. Considerando os países do estrato de arrecadação entre 30% e 35% do PIB, o Brasil, juntamente com Tunísia e Ucrânia, apresentou o pior desempenho. Por exemplo, a arrecadação tributária *per capita* em dólares internacionais foi superior a brasileira em 15 dos 18 países deste grupo (83% dos casos), sendo maior do que o dobro na maioria dos casos. Em comparação aos países do Grupo 1, a arrecadação *per capita* brasileira representou aproximadamente 28% da média de 26 países tomados como referência (Int.$ 16.686) e 17% da arrecadação da Dinamarca, país com maior arrecadação tributária *per capita* (Int.$ 26.759). O resultado pode ser atribuído ao fato do país ser muito populoso. Entretanto, a arrecadação brasileira *per capita* representou apenas entre 30% e 36% daquela registrada em outros países igualmente populosos como os Estados Unidos (330 milhões de habitantes) e o Japão (126 milhões de habitantes). A verdade é que, embora o Brasil seja a 9ª economia mundial,[71] o PIB *per capita* é baixo.

- Em termos *per capita*, na média, os países do Grupo 1 registraram um crescimento de 20% na arrecadação tributária entre 2010 e 2019. Em contraste, a arrecadação *per capita* brasileira foi praticamente estável (Int.$ 4.740, 2010; Int.$ 4.726, 2019).

- Ao comparar a arrecadação tributária *per capita* em dólares internacionais o Brasil ocupou a posição 53º em 2019

---

70 Dólares deflacionados pelo Paridade do Poder de Compra (PPC), a preços constantes.

71 VALOR ECONÔMICO. "As 10 maiores economias do mundo em 2023, segundo o FMI". *Valor Econômico*, out. 2023. Disponível em: https://valor.globo.com/brasil/noticia/2023/10/17/as-10-maiores-economias-do-mundo em-2023-segundo-o-fmi.ghtml. Acessado em: 08.11.2024.

em termos de (Int.$ 4.726),[72] inclusive com um resultado inferior à Argentina (Int.$ 6.291), ao Chile (Int.$ 5.009) e, principalmente, ao Uruguai (Int.$ 15.727).

De maneira inequívoca, o presente estudo demonstra que o Brasil não pode ser considerado como um dos países com maior carga tributária, nem mesmo utilizando como referência a arrecadação como um percentual do PIB (oficial), indicador utilizado na maioria das análises comparativas internacionais. Por outro lado, fica também clara a relevância de analisar o desempenho tributário, considerando diferentes indicadores. Enquanto a arrecadação, como um percentual do PIB, indica o quanto é tributado em relação ao valor dos bens e serviços produzidos na economia formal, é importante conhecer o quanto é tributado em relação ao real desempenho da economia, que inclui a contribuição do setor informal. O fato de que parte significativa dos bens e serviços produzidos não é tributada no Brasil produz um desequilíbrio entre disponibilidade de recursos e financiamento de políticas públicas, na medida em que os gastos públicos são de caráter universal, beneficiando a todos. Em contraste aos países desenvolvidos, o setor informal dos países em desenvolvimento representa uma parcela significativa da economia, superior a 30%. Portanto, embora a arrecadação em relação ao PIB (oficial) no Brasil seja semelhante ao desempenho observado inclusive em economias avançadas, a disponibilidade de receita para financiar o gasto público para cada cidadão é significativamente inferior. Além disto, a receita tributária gerada por habitante no Brasil escancara a sua diferença em comparação aos países desenvolvidos quanto à disponibilidade de recursos para financiar políticas públicas.

- Em comparação com os países federativos, a arrecadação tributária dos governos subnacionais no Brasil (níveis intermediários e locais de governo), que foi de 9,6% do PIB

72 Aproximadamente, R$ 12 mil ao ano a preços de 2023.

em 2019, supera a média deste grupo (7,5% do PIB), e é ligeiramente superiora àquele observado nos Estados Unidos (9%) e Rússia (9,1%). Vale destacar a autonomia tributária disfrutada em nível subnacional do Canadá, cuja arrecadação foi 16,4% do PIB em 2019. Enquanto aproximadamente 62% da arrecadação é produzida em nível subnacional no Canadá, a participação é inferior a 30% no Brasil. É importante mencionar que nem todos os países federativos gozam de autonomia tributária em nível subnacional. Por exemplo apenas 7,3% da arrecadação tributária (0,9% do PIB) foi produzida em nível subnacional em 2019 no México.

- Cabe ainda comentar que as receitas tributarias são fundamentais para o financiamento das políticas públicas no Brasil. A arrecadação tributária contribuiu com aproximadamente 80% da receita total do governo geral entre 2010 e 2020. As receitas não tributárias são, em geral, mais relevantes para aqueles países cuja economia é fortemente dependente da exploração dos recursos naturais como Arábia Saudita, Kuwait e Emirados Árabes.

A seguir, é apresentada a síntese dos Capítulos IV a VII que analisam a receita tributária por base de incidência.

3.11.1 Contribuições sociais

Parte significativa da arrecadação tributária no Brasil é proveniente de recursos recolhidos para arcar com a seguridade social. Entre 2010 e 2019, praticamente não houve variação na sua participação na receita tributária, que foi entre 23% e 27%, ligeiramente inferior à média das economias avançadas (Grupo 1). Aparentemente, a quase totalidade de países desenvolvidos reconhece a importância de garantir recursos para financiar os gastos previdenciários, assistenciais e de saúde no âmbito público. Nos países do Grupo 4, as contribuições sociais representaram, na média, 7% da arrecadação tributária (em média 1% do PIB), evidenciando a precariedade de recursos para financiar estes gastos. Novamente, de maneira inequívoca, este estudo demonstra que, embora as contribuições sociais em PIB no Brasil sejam ligeiramente inferiores aos países de renda alta, a disponibilidade de recursos *per capita* para financiar a previdência e outros gastos sociais no Brasil representou apenas em torno de 30% daqueles disponíveis nas economias avançadas. Além disso, deve-se dar uma menor importância ao valor das alíquotas das contribuições sociais que são geralmente pagas por empregadores e trabalhadores, pois o mais importante é a disponibilidade total de recursos para financiar o gasto com seguridade. Por isso, o valor dos tetos previdenciários e outros parâmetros também impactam a arrecadação. No caso do Brasil, as alíquotas dos trabalhadores são progressivas desde 2020, sendo que a máxima é de 14%, e respeitam o teto de aproximadamente seis mensais, equivalente a R$ 7.507 (Int.$ 2.905) em 2022. Em termos comparativos, o teto brasileiro é bem inferior àquele aplicado na maioria dos países. Por exemplo, a mediana foi de Int.$ 12.527 e Int.$ 6.159 respectivamente para uma seleção de 31 países do Grupo 1 e para uma seleção de 30 países dos demais grupos. Por outro lado, no Brasil, o empregador recolhe a contribuição social com base em uma alíquota única de 22%, aplicada sem a imposição de qualquer teto. Por fim, com base na relação entre alíquotas agregadas – empregador e trabalhador – e arrecadação em PIB, seria esperado que o Brasil arrecadasse aproximadamente 12,5% ao invés de 8,4% do PIB. Esse *gap* tributário é provavelmente explicado pelo baixo valor do teto previdenciário aplicado aos trabalhadores; impacto dos regimes de contribuições sociais aplicados, por exemplo, autônomos de baixa renda e microempreendedores individuais (MEI); elevada informalidade da economia; e evasão fiscal.

3.11.2 Imposto sobre a renda

Apesar do seu forte viés progressivo, a participação do IRPF na arrecadação tributária no Brasil é pouco expressiva. Contudo, sua importância tem crescido. A participação na receita tributária aumentou de 5,9% em 2002 para 9,7% em 2020, registrando um crescimento de 65%. Como um percentual do PIB, o desempenho do IRPF – entre 1,8% e 3% do PIB – segue bem inferior à média das economias avançadas (Grupo 1), que variou entre 7,6% e 8,7% do PIB. Entretanto, é próximo a média dos demais grupos de países. A arrecadação do IRPF no Brasil é parcialmente prejudicada pelo fato que o nível de renda da maior parte da população está abaixo do limite de isenção. Por exemplo, assumindo arbitrariamente um limite único de renda mensal para a isenção do IRPF de Int.$ 2 mil (dois mil dólares internacionais em paridade de poder de compra) para fins comparativos (R$ 5.060 em 2022), semelhante ao limite brasileiro vigente em 2023, observa-se que somente 17% dos adultos pagariam o imposto no Brasil. Cabe salientar que o percentual de adultos com renda acima deste limite no Grupo 1 varia entre 47% e 86% dos adultos com idade maior ou igual a 21 anos. Além disto, a renda no Brasil é extremamente concentrada, mas a parcela dos 2% dos contribuintes mais ricos tem a maior parte de sua renda composta por lucros e dividendos que estão isentos do imposto. Por exemplo, segundo os dados das declarações do IRPF de 2020, os 2% dos contribuintes mais ricos detinham um quarto da renda total declarada, cuja participação dos rendimentos isentos e dos rendimentos sujeitos à tributação exclusiva foi de, respectivamente, 39% e de 17%. Em outras palavras, a incidência tributária é extremamente baixa sobre 55% da renda dos 2% dos contribuintes mais ricos que detém um quarto da renda declarada.

Além disto, em relação ao Grupo 1, a alíquota máxima brasileira é bem inferior à média. Na maioria dos países, as alíquotas máximas estão situadas entre 30% e 50%. Em comparação aos países dos demais grupos, tanto o desempenho brasileiro, quanto a alíquota máxima aplicada, são semelhantes. Ao estudar a relação entre o limite de isenção e a arrecadação em PIB no Brasil e em 36 países dos demais grupos, o limite de isenção explica 28% da variabilidade da arrecadação. Quanto maior o limite de isenção, menor tende a ser a arrecadação. O Brasil possui um limite de isenção baixo em termos comparativos e a arrecadação é ligeiramente superior à média do grupo. Com base na tendência do grupo, seria esperada uma arrecadação maior no país, em torno de 4,5% do PIB, para o nível de isenção concedido. Além disso, em contraste ao Brasil, é verificada a competência, não necessariamente exclusiva, de instituir o IRPF em nível subnacional em 53% dos países do Grupo 1, 44% dos países do Grupo 3, e 19% dos países do Grupo 4.

Quanto ao IRPJ, a sua participação na arrecadação tributária no Brasil é próxima a média das economias avançadas (Grupo 1) e inferior à média dos países classificados nos demais grupos. Inclusive, entre 2008 e 2016, o Brasil arrecadou aproximadamente 20% a mais do que a média dos países do Grupo 1. Cabe ainda salientar que a participação do IRPJ na arrecadação tributária no Brasil aumentou de 7,2% (2000) para 11,1% (2021), registrando um crescimento total de 54%. Ainda, foram identificados 17 países nos quais o IRPJ é também administrado em nível subnacional. Cabe destaque a Rússia e Alemanha onde a arrecadação subnacional representou mais de 70% da total, ou mesmo República Checa, Canadá, China, Japão, cuja participação supera 30%.

3.11.3 Tributos sobre o patrimônio

Como o IOF e a antiga CPMF, extinta em 2008, foram enquadrados como tributos ao patrimônio, a importância desta base de incidência na arrecadação tributária foi maior no Brasil do que a média dos diferentes grupos de países até 2007. A extinção da CPMF reduziu a participação destes tributos na arrecadação tributária para aproximadamente 5%. Nos demais grupos de países, a participação média foi entre 2% e 5%. Ou seja, ainda é baixa a contribuição destes tributos para o financiamento do gasto público na maioria dos países.

Quanto à análise por espécie tributária, não obstante o crescimento da importância dos impostos recorrentes sobre bens imóveis no Brasil (IPTU e ITR), que passou de 0,4% (2000) para 0,7% (2021) do PIB, sua arrecadação é inferior à média dos países do Grupo 1, que tem se mantido próxima a 1% desde 2011. Em 71% dos países, esta categoria apresenta uma participação na arrecadação total dos tributos ao patrimônio superior à brasileira, que foi de aproximadamente 45%. Em alguns países, os impostos recorrentes sobre bens imóveis representam mais de 70% da receita gerada pelos tributos ao patrimônio, incluindo África do Sul e Canadá. Em contraste, os tributos sobre as transferências de imóveis (ITBI) e, principalmente, de capital (IOF) são mais relevantes no Brasil, participando com quase 50% da arrecadação dos tributos ao patrimônio.

A participação dos tributos sobre a herança e doações no Brasil (ITCD) é superior à média dos diferentes grupos de países. Entretanto, sua relevância em PIB é baixa, próxima a 0,12% do PIB, e quase 50% da variabilidade da sua arrecadação é explicada pela alíquota máxima aplicada. Cabe notar que a alíquota máxima de 8% permitida pela legislação brasileira, que nem sequer é aplicada em todos os Estados, é inferior à fixada em 78% dos países examinados. Em diversos países, a alíquota máxima supera 40%, incluindo Bélgica, França, Coréia e Japão.

Com relação aos impostos sobre a riqueza líquida, que não foi instituído no Brasil, sua aplicação é limitada a poucos países. Entretanto, sua arrecadação pode ser relevante, havendo representado 3% do PIB em Luxemburgo, 1,4% do PIB na Suíça e 0,9% do PIB no Uruguai em 2019.

Por fim, a participação dos tributos ao patrimônio na arrecadação tributária em nível subnacional no Brasil – entre 7% e 10% – é baixa em contraste à grande maioria dos países, cuja participação média foi entre 34% e 51% no período da análise. Isto é explicado pelo fato de que existem impostos mais relevantes de competência dos governos subnacionais, como o ICMS ou mesmo o ISS.

3.11.4 Tributos indiretos

Os tributos indiretos tendem a ser menos relevantes em termos de participação para as economias avançadas (Grupo 1) e mais relevantes nos países emdesenvolvimento, incluindo o Brasil, onde estes tributos representaram entre 45% e 48% da arrecadação total no período da análise. Foi, entretanto, observada a tendência de leve redução na sua importância (-7%), atribuída parcialmente ao fortalecimento gradual do IRPF e dos impostos sobre o patrimônio. Nos países do Grupo 1, esta categoria representou, em média, um terço da arrecadação tributária com pequenas oscilações no período examinado. Estes impostos arrecadaram aproximadamente 15% do PIB no Brasil entre 2000 e 2021, superando a média de todos os grupos de países analisados, principalmente do Grupo 4 no qual estão integrados países com menor arrecadação tributária. Entretanto, a participação isolada do IVA (ICMS), que integra a subcategoria de impostos gerais sobre bens e serviços, foi de apenas 48% na arrecadação dos tributos indiretos e 57% da arrecadação dos impostos gerais sobre bens e serviços. Nos países latino-americanos (Grupo 2), o IVA contribuiu com aproximadamente 86% da arrecadação dos impostos indiretos. Nos demais grupos, essa participação média foi entre 95% e 97%. Contudo, o ICMS apresentou um desempenho como fonte de receita em PIB semelhante àquele apresentado por grande parte dos países, assim como a alíquota padrão de 18% é próxima a média de 90 países considerados. O principal fator que explica o excesso de arrecadação no Brasil em comparação aos demais países são os impostos cumulativos, como o PIS, PASEP, COFINS e ISS, cuja aplicação segue em desuso no âmbito internacional devido ao seu impacto negativo na atividade econômica. Cabe ainda mencionar que, aproximadamente 90% da arrecadação subnacional brasileira foi produzida por intermédio de impostos indiretos em 2019, superando significativamente a participação média dos demais países federativos, que foi de, aproximadamente, 35%. Além disto, os Estados e municípios brasileiros arrecadaram em torno de 60% da receita produzida por todos os impostos indiretos no país. Esses percentuais são muito distantes daqueles relacionados ao grupos de países examinados. Por exemplo, os impostos indiretos subnacionais representaram, em média, cerca de 20% da receita tributária subnacional e 10% da arrecadação total dos tributos indiretos nos países do Grupo 1. Ou seja, os impostos indiretos são a principal forma de financiamento de políticas públicas em nível subnacional no Brasil e, em contraste ao comportamento médio dos grupos examinados.

PARTE 4

ANÁLISE COMPARATIVA INTERNACIONAL: GASTOS

CAPÍTULO IV

GASTO PÚBLICO

A série completa de dados referentes ao gasto público está disponível entre 2010 e 2019 nas estatísticas do FMI para apenas 55 países, incluindo o Brasil. Para 2019, esta base de dados cobre 60 países. Devido ao número limitado de dados, foram formados dois grupos de países: (i) Grupo 1, que inclui os países da OCDE e países da Europa de alta renda; (ii) Grupo 2, que abrange os demais países, incluindo o Brasil. O quadro a seguir identifica os países que integram cada um dos grupos.

Quadro 3 – Países classificados por grupos

GRUPO		CÓDIGO	PAÍS	CÓDIGO	PAÍS	CÓDIGO	PAÍS	CÓDIGO	PAÍS
1	OCDE e Europa (alta renda)	DEU	Alemanha	SVN	Eslovênia	IRL	Irlanda	NOR	Noruega
		AUS	Austrália	ESP	Espanha	ISL	Islândia	NZL	Nova Zelândia
		AUT	Áustria	USA	Estados Unidos	ISR	Israel	POL	Polonia
		BEL	Bélgica	EST	Estônia	ITA	Itália	PRT	Portugal
		CAN	Canadá	FIN	Finlândia	JPN	Japão	GBR	Reino Unido
		CYP	Chipre	FRA	França	LVA	Letônia	CZE	República Checa
		HRV	Croácia	GRC	Grécia	LTU	Lituânia	KOR	República da Coréia
		DNK	Dinamarca	NLD	Holanda	LUX	Luxemburgo	ROU	Romênia
		SVK	Eslovaca	HUN	Hungria	MLT	Malta	SWE	Suécia
								CHE	Suíça

2	Demais países	ZAF	África do Sul	BRA	Brasil	IDN	Indonésia	THA	Tailândia
		ALB	Albânia	KAZ	Cazaquistão	MUS	Maurícia	TUR	Turquia
		ARM	Armênia	COL	Colômbia	MMR	Mianmar	UKR	Ucrânia
		AZE	Azerbaijão	CRI	Costa Rica	MDA	Moldovia	UGA	Uganda
		BLR	Bielorrússia	SLV	El Salvador	KGZ	Quirguistão	UZB	Uzbequistão
		BGR	Bulgária	GEO	Geórgia	RUS	Rússia		

Fonte: Elaboração própria.

4.1 Gasto público total do governo geral

Como observado na Figura 88, o gasto público total do governo geral no Brasil, incluindo os juros da dívida pública, cresceu de 42,2% (2010) para 46,6% (2019) do PIB, registrando um aumento de 4,4 pontos percentuais (pp.). Este nível de gasto é semelhante à média do Grupo 1 (economias avançadas). Inclusive, o Brasil superou o gasto médio deste grupo entre 4,4 e 6,4 pp. desde 2015. Em comparação ao Grupo 2, a diferença foi ainda maior, sendo que a mínima foi de +8,9 pp. (2011) e a máxima foi de +17,6 pp. (2018). O Brasil gastou aproximadamente 41% a mais do que a média do Grupo 2.

Figura 88 – Gasto total em PIB no Brasil,
Grupo 1 e Grupo 2 (%), 2010-2019

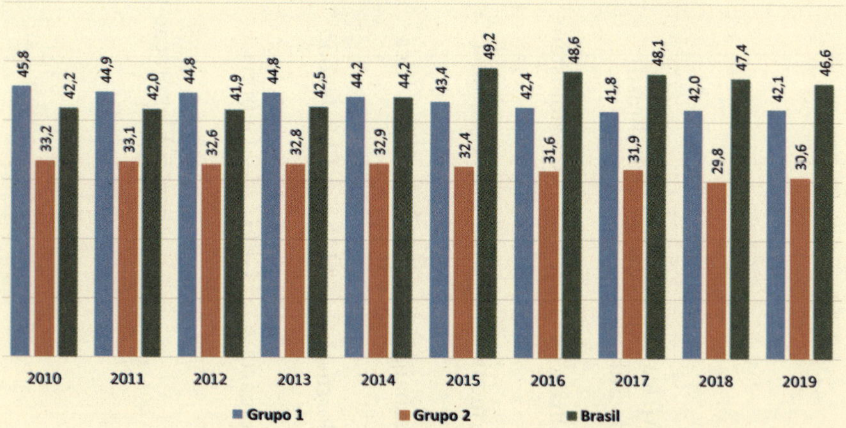

Fonte: Elaboração própria com base em dados extraídos
Government Finance Statistics, GFS (FMI).

Por outro lado, de maneira semelhante às análises referentes à receita, o gasto *per capita* no Brasil em dólares internacionais (Int.$) representou apenas entre 33% e 39% da média do Grupo 1 (ver Figura 89). Entretanto, houve crescimento até 2015, que variou de Int.$ 6.299 (2010) para Int.$ 7.442 (2015). Os anos seguintes foram marcados por reduções anuais do gasto *per capita*, sendo a mais significativa em 2016 (-5,2%). Desta forma, o gasto *per capita* foi de Int.$ 6.890 em 2019. Como observado na figura, embora o Brasil supere o gasto *per capita* médio do Grupo 2, formado fundamentalmente por países de renda média e baixa, o desempenho brasileiro em termos *per capita* é mais semelhante ao comportamento deste grupo do que do Grupo 1, integrado pelas economias avançadas.

Figura 89 – Gasto total *per capita* em dólares PPC a preços constantes (Base: 2017) no Brasil, Grupo 1 e Grupo 2, 2010-2019

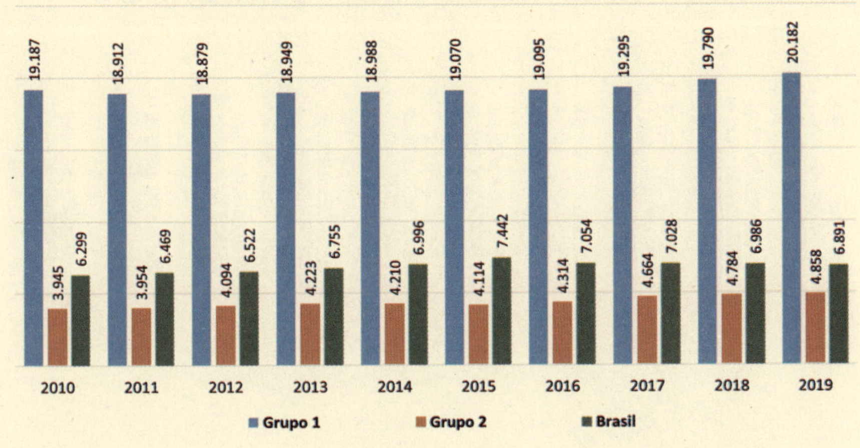

Fonte: Elaboração própria com base em dados extraídos Government Finance Statistics, GFS (FMI).

Porém, é importante salientar que os juros da dívida pública não é um tipo gasto apropriado pela sociedade. Como o nível do gasto com juros no Brasil em percentual do PIB é um dos maiores do mundo, as Figuras 90 e 91 mostram os mesmos indicadores excluindo este gasto. Neste caso, observa-se que o gasto brasileiro como um percentual do PIB representou, em média, 90% do nível de gasto dos países do Grupo 1 entre 2010 e 2019. Ou seja, ao excluir a despesa com o pagamento de juros, o gasto no Brasil passou a ser inferior ao gasto médio das economias avançadas. Com relação aos países do Grupo 2, o indicador brasileiro passou a ser aproximadamente 22% superior à média dos países considerados neste grupo, quando superava em 41% a média deste grupo ao incluir o gasto com pagamento de juros. Em termos *per capita*, o gasto brasileiro representou, em média, 30% da média do indicador dos países do Grupo 1 entre 2010 e 2019 e foi 38% maior do que a média dos países do Grupo 2 (ver Figura 91).

Figura 90 – Gasto total, excluindo-se juros da dívida pública, em PIB no Brasil, Grupo 1 e Grupo 2 (%), 2010-2019

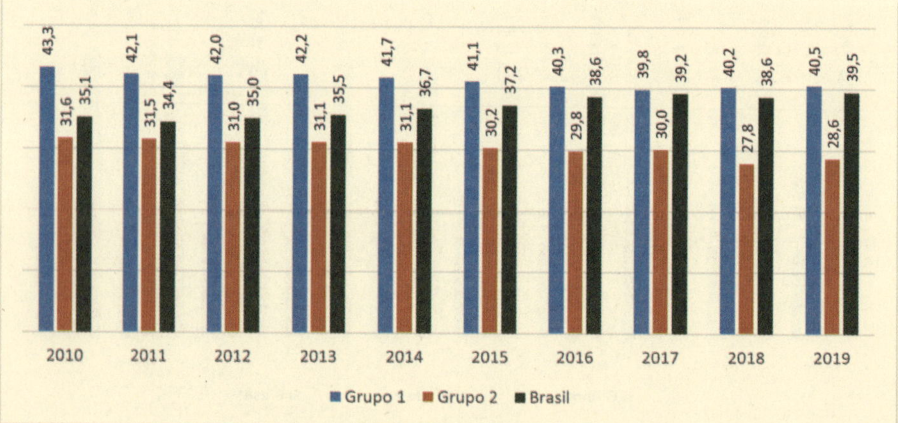

Fonte: Elaboração própria com base em dados extraídos Government Finance Statistics, GFS (FMI).

Figura 91 – Gasto total *per capita*, excluindo-se juros da dívida pública, em dólares por PPC a preços constantes (Base: 2017) no Brasil, Grupo 1 e Grupo 2 (Int.$), 2010-2019

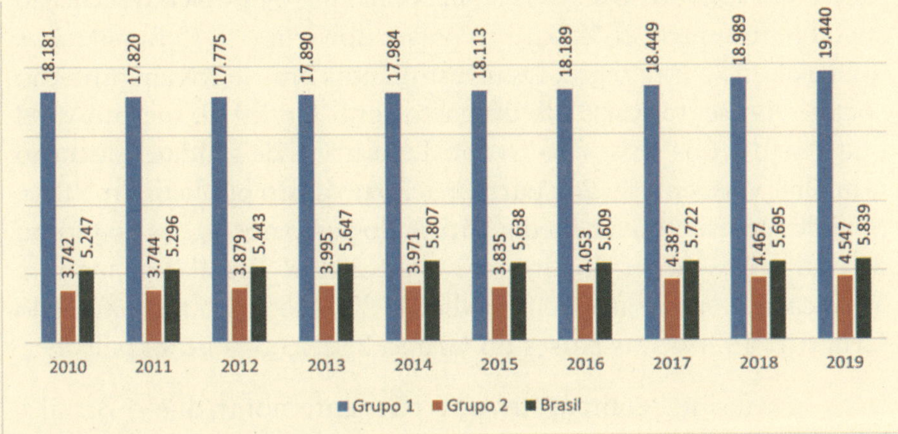

Fonte: Elaboração própria com base em dados extraídos Government Finance Statistics, GFS (FMI).

4.2 Gasto público por função

Com base na classificação internacional do FMI – COGOF: *Expenditure by function of government*, dividiu-se o gasto público em dez funções para fins comparativos, quais sejam: i) serviços públicos gerais, incluindo a subfunção de juros da dívida pública; ii) defesa; iii) segurança e justiça; iv) assuntos econômicos, incluindo cinco subfunções (agricultura e abastecimento, mineração e indústria, comunicações, transportes, e combustíveis e energia); v) meio ambiente; vi) habitação, saneamento e urbanismo; vii) saúde; viii) cultura, esporte e lazer; ix) educação; e x) proteção social. Cabe mencionar que a classificação funcional é uma das mais utilizadas para identificar em que serão gastos os recursos disponíveis na Federação Brasileira.

As Figuras 92 e 93 apresentam a participação destas funções no gasto público em 2019 para países selecionados do Grupo 1 e

Grupo 2. Com raras exceções, a maior parcela do gasto público é destinada à proteção social na totalidade dos países do Grupo 1, cuja participação média desta função no gasto total foi de 38%, exceto nos Estados Unidos (20%). Na média, o gasto com proteção social representou 26% para os países do Grupo 2. O Brasil não é uma exceção a esta regra. Os investimentos brasileiros em proteção social representaram 38% do gasto total em 2019, mesmo nível que a média dos países do Grupo 1. As áreas de saúde e educação também possuem elevada participação no gasto público. Em 2019, a saúde representou em média 15,8% do gasto nos países do Grupo 1, 10,8% nos países do Grupo 2, e 12,2% no Brasil. Por sua vez, a educação representou, em média, 11,7% do gasto nos países do Grupo 1, 14,4% nos países do Grupo 2, e 13,3% no Brasil.

Em termos comparativos, é relevante notar que o Brasil é o país que mais gasta com o pagamento de juros entre os países analisados. Em 2019, aproximadamente 15,3% do gasto público foi destinada a esta função.[73] A subfunção transportes da categoria assuntos econômicos representou, em média, 5% do gasto total em ambos os grupos em 2019. Entretanto, esta subcategoria representou apenas 1,4% no Brasil. O gasto com segurança e justiça representou 7,4% do gasto público no Brasil, enquanto o gasto com habitação, saneamento e urbanismo representou 3%. Em geral, a participação destas duas funções foi mais relevante nos países do Grupo 2 do que do Grupo 1. O fato é provavelmente explicado pela maior necessidade de investimentos nesta área nos países de renda média e baixa. As demais funções apresentaram participação média, em geral, inferior a 4% em ambos os grupos: defesa, meio ambiente, esporte, cultura e lazer.

73 Entre 2015 e 2018, a situação era ainda pior: a média do gasto com juros no Brasil foi de 20,4% neste período.

Figura 92 – Composição do gasto por função no Brasil e 23 países do Grupo 1 (%), 2019

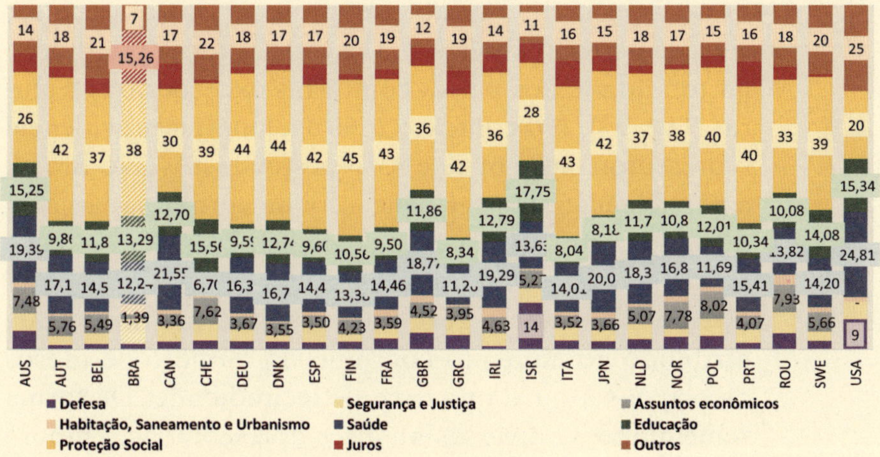

Fonte: Elaboração própria com base em dados extraídos Government Finance Statistics, GFS (FMI).

Figura 93 – Composição do gasto por função no Brasil e 17 países do Grupo 2 (%), 2019

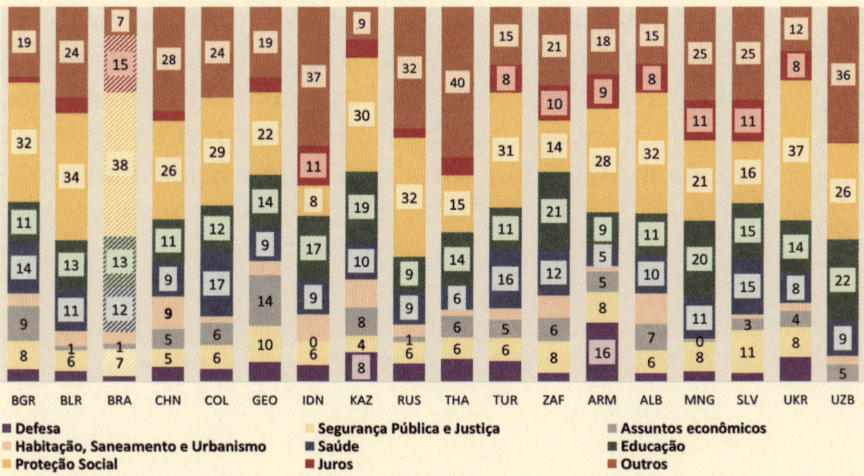

Fonte: Elaboração própria com base em dados extraídos Government Finance Statistics, GFS (FMI).

Na sequência, é examinada de forma mais detalhada os gastos por função:

- Proteção social: O gasto com proteção social pode ser considerado o mais relevante na categorização por função na totalidade dos países com raras exceções (ver Figuras 92 e 93). No contexto internacional, a previdência representou entre 60% e 95% destes gastos. No Brasil, a participação da previdência foi de aproximadamente 80% do gasto em proteção social em 2019. Em relação ao PIB, o gasto com proteção social cresceu 27% entre 2010 e 2019 (ver Figura 94). O fato é provavelmente atribuído ao aumento contínuo do número de idosos associados a queda na taxa de fecundidade. De forma semelhante às diversas análises apresentadas, embora o gasto brasileiro seja maior em relação ao PIB (18% em 2019), os recursos disponíveis por habitante representaram, em média, um terço (34%) do nível médio de gasto das economias avançadas (ver Figura 95). Contudo, na média, o Brasil alocou aproximadamente o dobro dos recursos disponíveis por habitante do que os países do Grupo 2. A Figura 96 mostra o gasto *per capita* ranqueados no país e em 39 países selecionados independentemente do nível de renda. O Brasil se situou na 33ª posição com Int.$ 2.649, abaixo de países de renda média como Turquia, Rússia e Romênia.

Figura 94 – Gasto com proteção social em PIB no Brasil, Grupo 1 e Grupo 2 (%), 2010-2019

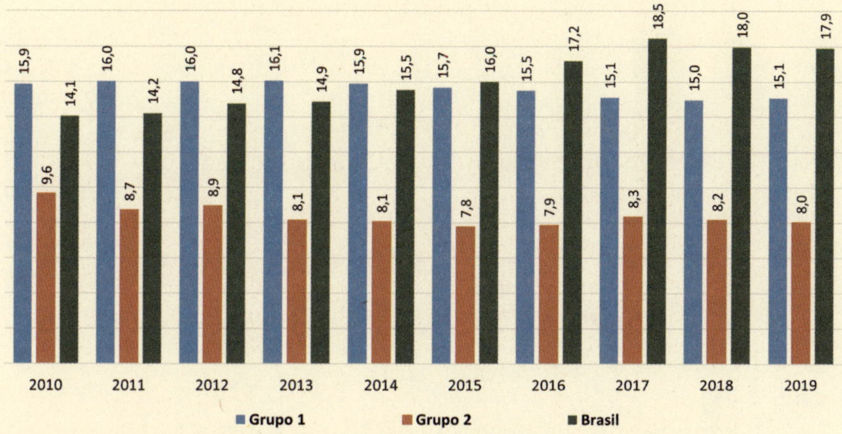

Fonte: Elaboração própria com base em dados extraídos Government Finance Statistics, GFS (FMI).

Figura 95 – Gasto com proteção social *per capita* em dólares por PPC a preços constantes (Base: 2017) no Brasil, Grupo 1 e Grupo 2 (Int.$), 2010-2019

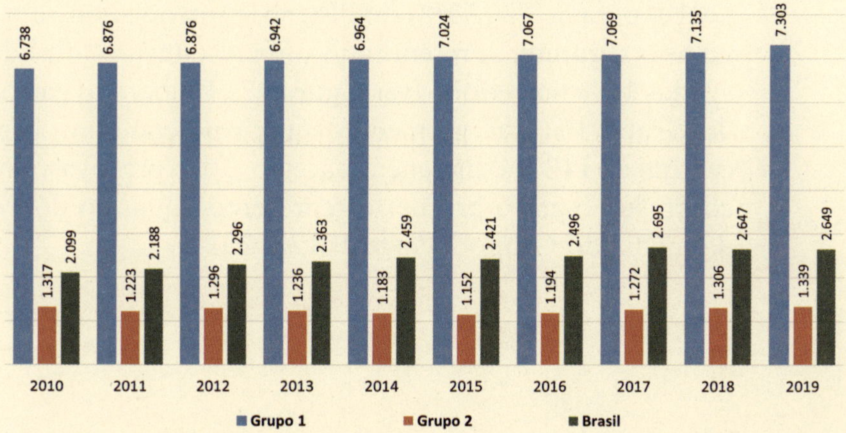

Fonte: Elaboração própria com base em dados extraídos Government Finance Statistics, GFS (FMI).

Figura 96 – Gasto com proteção social *per capita* em dólares por PPC a preços constantes (Base: 2017), no Brasil e em 39 países selecionados (Int.$), 2019

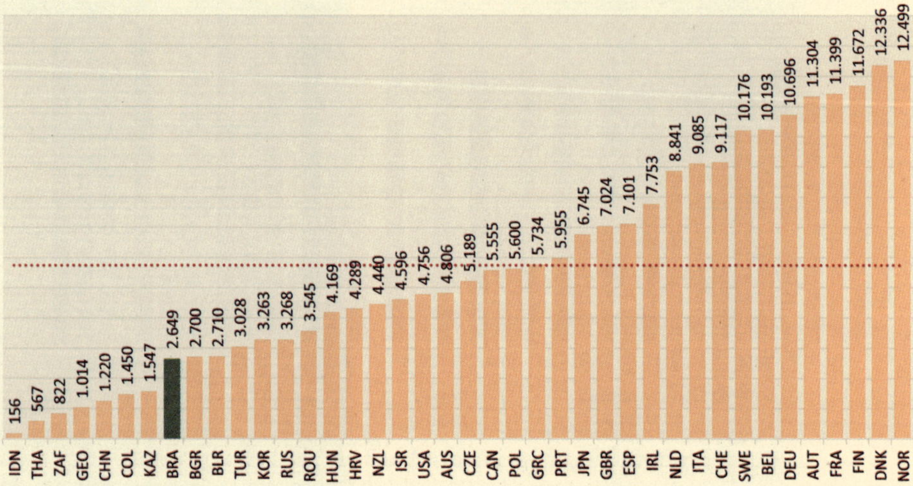

Fonte: Elaboração própria com base em dados extraídos Government Finance Statistics, GFS (FMI).

- Saúde: O gasto com saúde no Brasil aumentou de 5,1% (2010) para 5,7% (2018) do PIB, se mantendo constante no ano seguinte, apresentando um crescimento total de apenas 13% no período (ver Figura 97). Embora os gastos do Grupo 1 sejam, na média, superiores como um percentual do PIB, as diferenças não são tão expressivas. Em contraste, o gasto brasileiro representou quase o dobro da média do Grupo 2 entre 2012 e 2014.

Figura 97 – Gasto em saúde como percentual do PIB no Brasil, Grupo 1 e Grupo 2 (%), 2010-2019

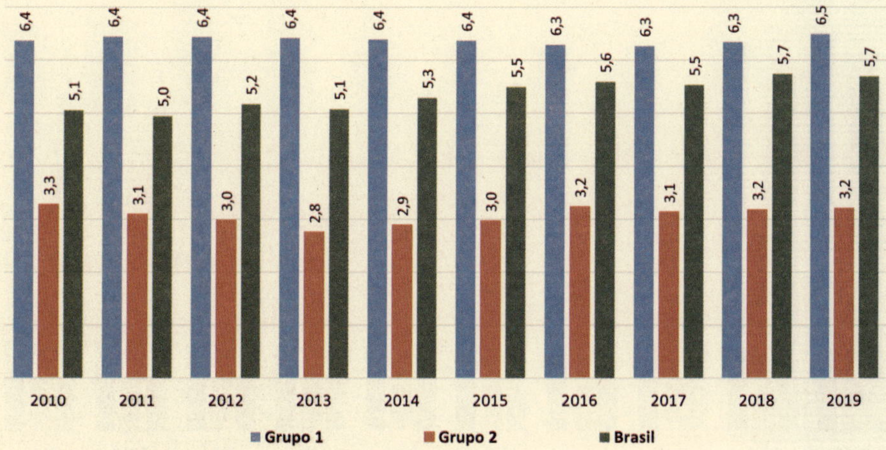

Fonte: Elaboração própria com base em dados extraídos Government Finance Statistics, GFS (FMI).

Entretanto, o gasto em saúde por habitante é baixo no Brasil em comparação com o valor médio de recursos despendidos pelos países do Grupo 1, que gastam em torno de 3,5 vezes mais (ver Figura 98). Contudo, o país ainda supera o gasto médio dos países do Grupo 2, mas verifica-se maior proximidade no comportamento do Brasil com os países do Grupo 2 do que do Grupo 1.

Figura 98 – Gasto com saúde *per capita* em dólares por PPC a preços constantes (Base: 2017) no Brasil, Grupo 1 e Grupo 2 (Int.$), 2010-2019

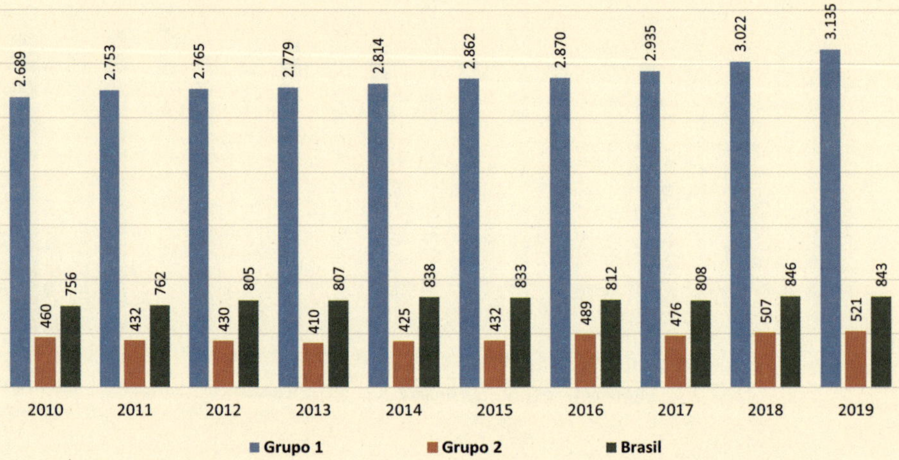

Fonte: Elaboração própria com base em dados extraídos Government Finance Statistics, GFS (FMI).

- Educação: Em PIB, o gasto com educação no Brasil superou a média dos grupos 1 e 2 (ver Figura 99). É importante notar que a distância entre o Brasil e a média do Grupo 1 aumentou progressivamente. Por exemplo, a diferença que era de 8,2% em 2010 superou 20% a partir de 2015. Em comparação aos países do Grupo 2, a diferença foi ainda maior, variando entre +36% e +44%. Entre 2010 e 2019, observou-se um aumento marginal do gasto brasileiro em educação de aproximadamente 4%. Em contraste, houve uma leve redução na média do Grupo 1 e Grupo 2 respectivamente de 5%[74] e 1,6%.

---

74 A redução do gasto em educação no grupo 1 é justificada pela mudança do padrão demográfico e envelhecimento da população, havendo por outro lado, um crescimento do gasto em saúde.

Figura 99 – Gasto em educação como percentual do PIB no Brasil, Grupo 1 e Grupo 2 (%), 2010-2019

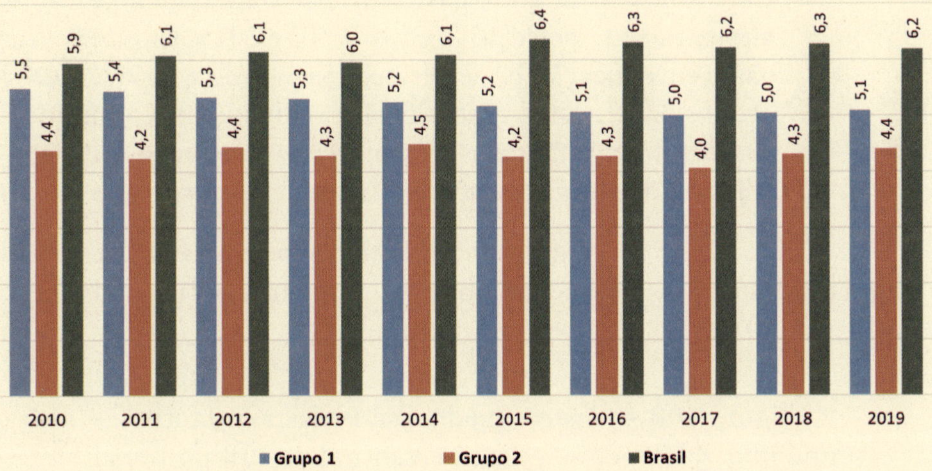

Fonte: Elaboração própria com base em dados extraídos Government Finance Statistics, GFS (FMI).

Buscando dividir o gasto em educação básica (ver Figura 100) e ensino superior (ver Figura 101), pode-se observar que:

i. O gasto brasileiro em PIB em educação básica superou progressivamente a média dos grupos de países examinados. A diferença era de 7% e 25% respectivamente em relação à média do Grupo 1 e Grupo 2, no início do período, passou a ser de 21% e 38% em 2019.

ii. Entre 2010 e 2014, o gasto brasileiro como um percentual do PIB em ensino superior foi semelhante à média do Grupo 1. A partir daí, o investimento nesta área foi aumentando. Em 2019, o gasto brasileiro em PIB superou em 34% a média do Grupo 1.

iii. A magnitude do gasto com ensino superior em PIB foi baixa nos países do Grupo 2. O gasto brasileiro superou a média deste grupo em entre 11% e 68%, sendo que as maiores diferenças ocorreram a partir de 2015.

iv. Cabe ainda notar que o gasto em ensino superior no Brasil aumentou em quase 20% entre 2010 e 2019, enquanto o gasto em educação básica cresceu menos do que 5%. Nos grupos 1 e 2, estes gastos foram reduzidos no período, principalmente aqueles destinados à educação básica, cujas perdas foram de aproximadamente entre 5% e 7%.

Como esperado, os gastos com ensino superior são inferiores àqueles destinados à educação básica (comparar a Figura 100 e a Figura 101).

Figura 100 – Gasto em educação básica (infantil, fundamental e médio) como percentual do PIB no Brasil, Grupo 1 e Grupo 2 (%), 2010-2019

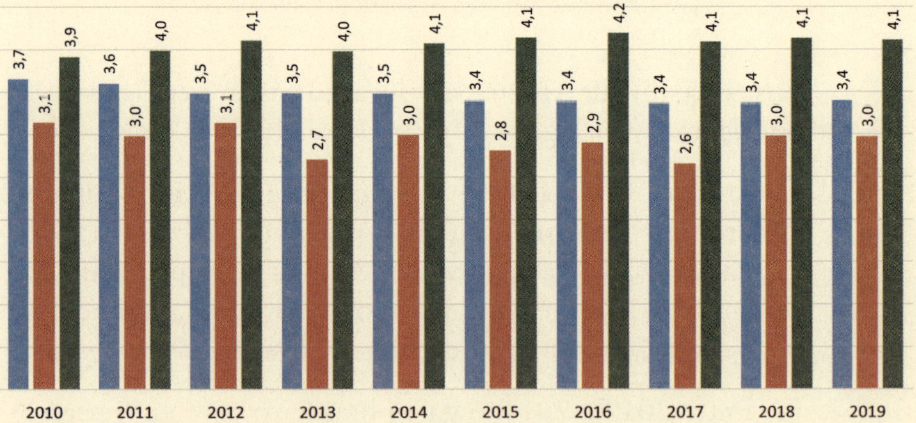

Fonte: Elaboração própria com base em dados extraídos Government Finance Statistics, GFS (FMI).

Figura 101 – Gasto em ensino superior como percentual do PIB no Brasil, Grupo 1 e Grupo 2 (%), 2010-2019

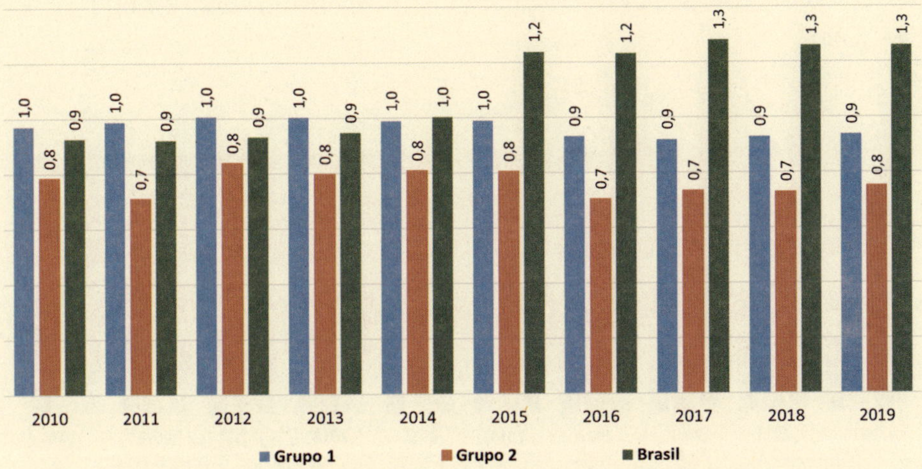

Fonte: Elaboração própria com base em dados extraídos Government Finance Statistics, GFS (FMI).

Não obstante o fato do Brasil investir mais em educação como um percentual do PIB do que a média do Grupo 1 e o Grupo 2, no que concerne ao gasto *per capita*, neste caso considerando a população em idade escolar,[75] é possível verificar a discrepância do investimento em educação entre o Brasil e o Grupo 1 (ver Figura 102). O recurso brasileiro aplicado por população em idade escolar representou em torno de 30% da média das economias avançadas. Em contraste, este indicador foi, no período, aproximadamente 40% maior que a média do Grupo 2.

---

75 Optou-se por utilizar como denominador de população em idade escolar no lugar de aluno matriculado devido ao baixo a acesso à educação em muitos países em desenvolvimento. O denominador utilizado também ajusta as diferenças no perfil demográfico dos países, que ficaria prejudicada se fosse usado o gasto por habitante.

Figura 102 – Gasto em educação por jovem (população entre 4 e 24 anos) em dólares por PPC a preços constantes (Base: 2017) no Brasil, Grupo 1 e Grupo 2 (Int.$), 2010-2019

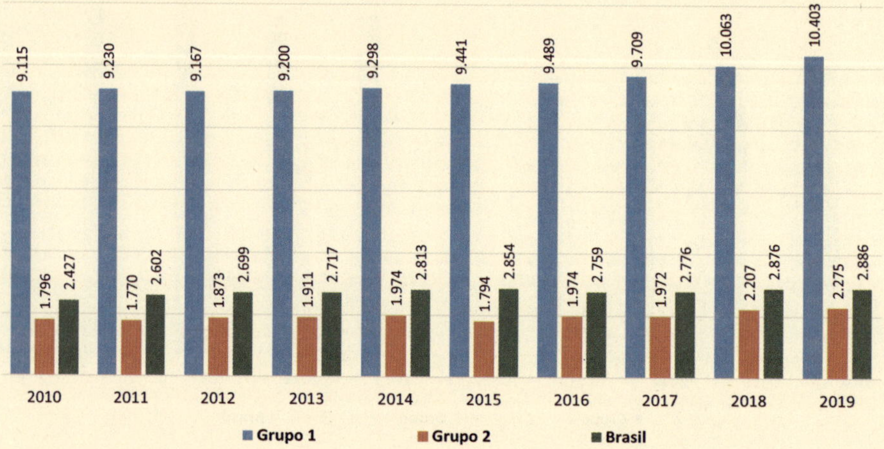

Fonte: Elaboração própria com base em dados extraídos Government Finance Statistics, GFS (FMI).

Comparando os países em nível individual, é possível confirmar que o gasto em educação por população em idade escolar é baixo no Brasil, principalmente em comparação aos países de alta renda (ver Figura 103). Em 40 países selecionados, independentemente do nível de renda, o Brasil ocupou a posição 35ª, atrás de países de renda média como África do Sul, Turquia, Cazaquistão e Rússia.

Figura 103 – Gasto em educação por jovem (população entre 4 e 24 anos) em dólares por PPC a preços constantes (Base: 2017) em 40 países selecionados (Int.$), 2019

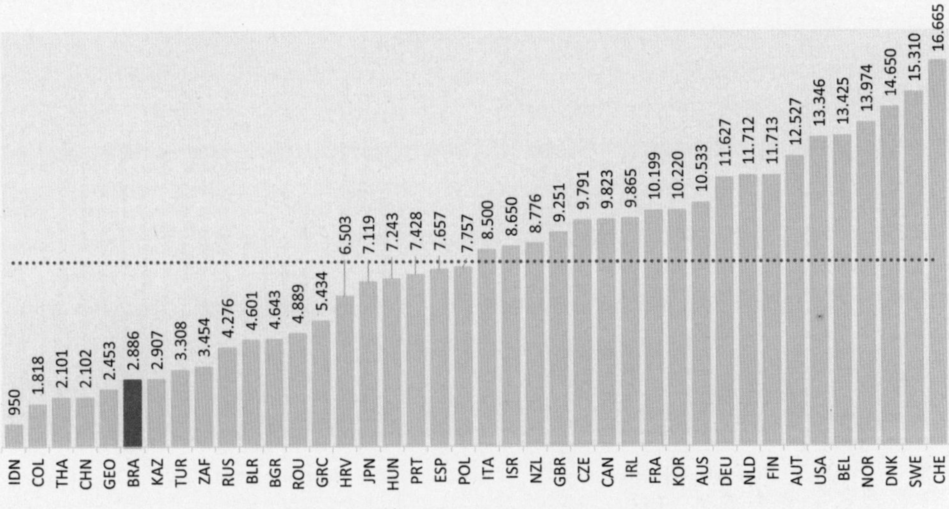

Fonte: Elaboração própria com base em dados extraídos Government Finance Statistics, GFS (FMI).

Por fim, a Figura 104 mostra o gasto em ensino superior por aluno matriculado e por população adulta jovem (idade entre 19 e 24 anos). É interessante observar que nem sempre um elevado gasto por aluno mostra o nível de investimento em educação no país. Por exemplo, o gasto por aluno na África do Sul supera inclusive o gasto da grande maioria dos países de alta renda. Entretanto, o baixo gasto por população adulta jovem indica que um pequeno percentual dos jovens frequenta o ensino superior. No caso do Brasil, o recurso destinado tanto por aluno matriculado quanto por população em idade de frequentar o ensino superior é inferior do que a grande maioria dos países. Em 44 países selecionados, o Brasil ocupou a posição 35ª, considerando o gasto com educação superior por população adulta jovem, atrás de outros países de renda média, como Turquia, Ucrânia, Bulgária e Geórgia.

Figura 104 – Gasto em ensino superior por aluno matriculado e por população adulta jovem (idades entre 19 e 24 anos) em dólares por PPC a preços constantes (Base: 2017) em 44 países selecionados (Int.$), 2018

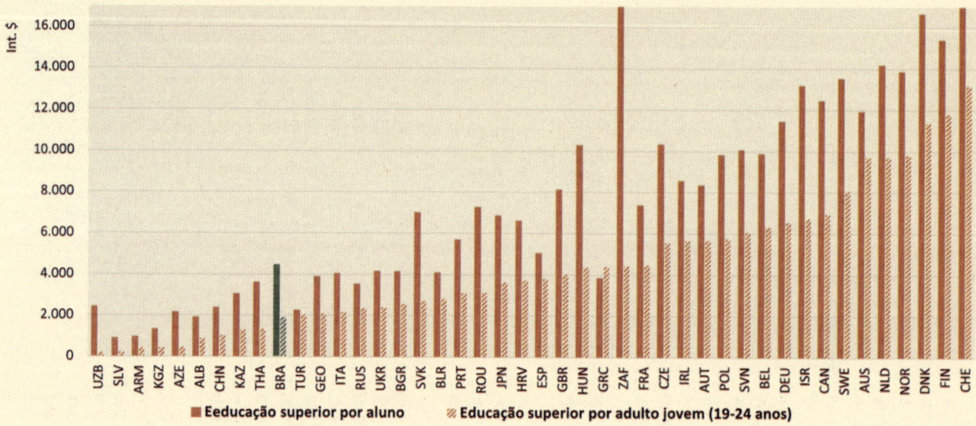

Fonte: Elaboração própria com base em dados extraídos Government Finance Statistics, GFS (FMI).

- Juros: Como discutido anteriormente, o pagamento de juros possui uma participação atipicamente elevada na composição do gasto público no Brasil. De forma semelhante a diversas análises discutidas anteriormente, a aplicação de recursos públicos para o pagamento de juros, que representou entre 6,9% (2012) e 11,9% (2015) do PIB entre 2010 e 2019, é significativamente superior ao gasto médio dos demais grupos de países analisados (ver Figura 105). Em 2019, o Brasil gastou 7,1% do PIB em pagamento de juros. Mesmo considerando os países de forma individual, o pagamento de juros no Brasil superou em 2019 o gasto da totalidade dos países examinados, independentemente do nível de renda (ver Figura 106).

Figura 105 – Gasto com juros como percentual do PIB no Brasil, Grupo 1 e Grupo 2 (%), 2010-2019

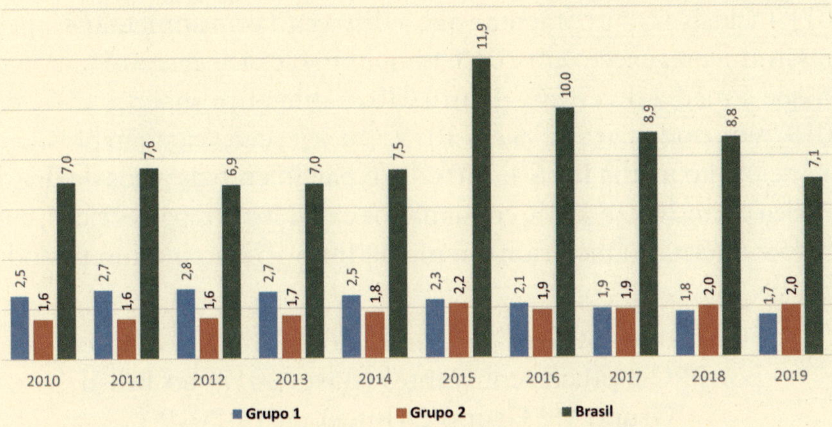

Fonte: Elaboração própria com base em dados extraídos Government Finance Statistics, GFS (FMI).

Figura 106 – Gasto com juros como percentual do PIB no Brasil e 40 países selecionados (%), 2019

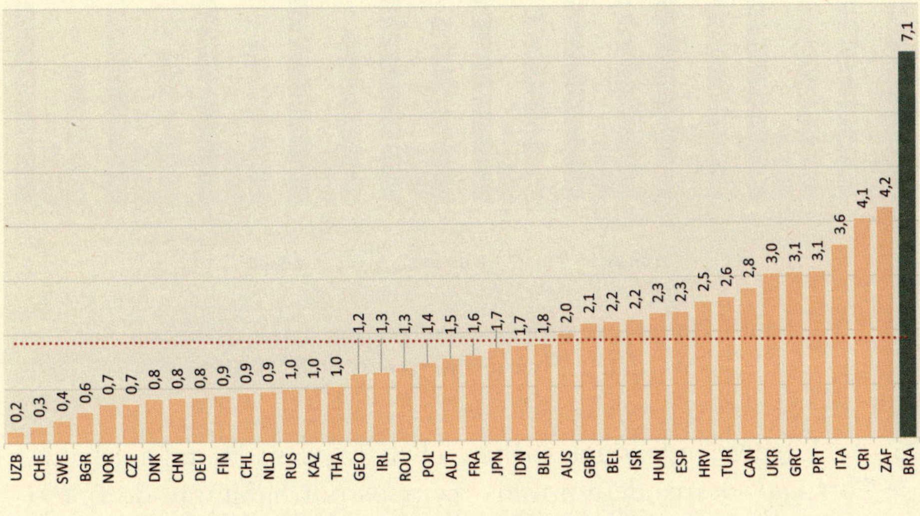

Fonte: Elaboração própria com base em dados extraídos Government Finance Statistics, GFS (FMI).

Em termos comparativos, o gasto *per capita*, em dólares internacionais, com pagamento de juros no Brasil é elevado mesmo em comparação ao gasto médio das economias avançadas (ver Figura 107). Inclusive cabe comentar que a diferença vem aumentando progressivamente, exceto em 2019. Enquanto o Brasil gastou 5% a mais do que a média do Grupo 1 em 2010, a diferença superou 60% em 2018, reduzindo para 42% em 2019. Ou seja, cada cidadão brasileiro financiou em média Int.$ 1.250 com o pagamento de juros da dívida pública entre 2010 e 2019, enquanto os cidadãos dos países ricos, cuja renda é maior, financiaram em média Int.$ 952 no mesmo período.

Figura 107 – Gasto *per capita* com juros em dólares por PPC a preços constantes (Base: 2017) no Brasil, Grupo 1 e Grupo 2 (Int.$), 2010-2019

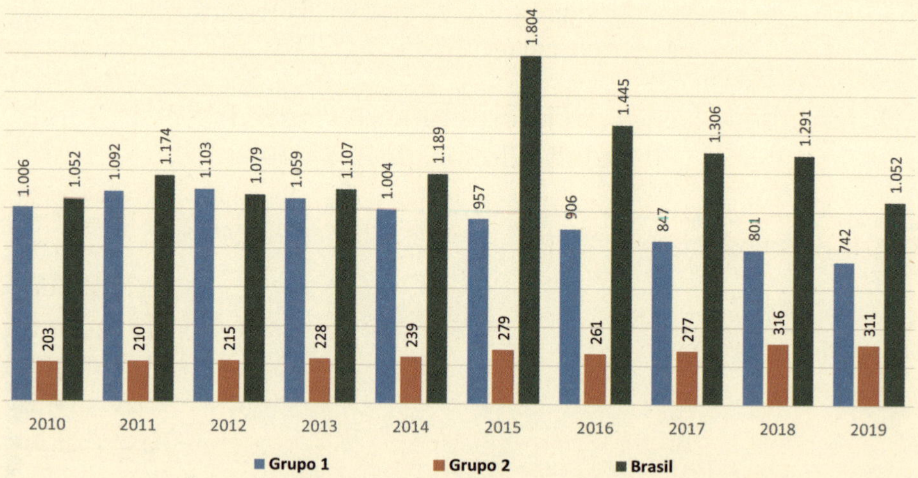

Fonte: Elaboração própria com base em dados extraídos Government Finance Statistics, GFS (FMI).

Em nível individual, apenas, a Bélgica, Canadá, Itália, Irlanda e Portugal, despenderam mais recursos por habitante do que o Brasil em pagamento de juros (ver Figura 108), porém a renda *per capita* nestes países é muito mais elevada que a brasileira.

Figura 108 – Gasto *per capita* com juros em dólares por PPC a preços constantes (Base: 2017) no Brasil e 39 países selecionados (Int.$), 2019

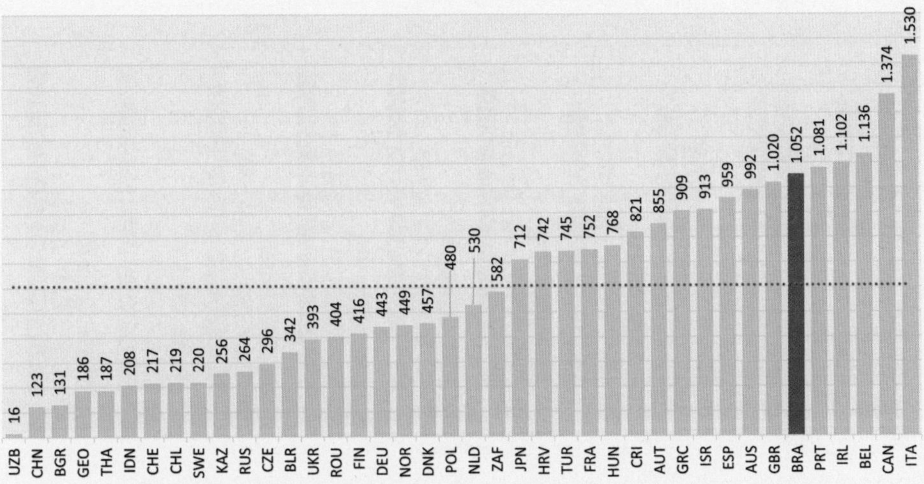

Fonte: Elaboração própria com base em dados extraídos Government Finance Statistics, GFS (FMI).

- Segurança pública e justiça:[76] A Figura 109 mostra a evolução do gasto desta categoria como um percentual do PIB. Esta classe de gasto representou quase o dobro no Brasil do que a média do Grupo 1. O gasto no Brasil foi idêntico à média do Grupo 2 no início do período. Devido à redução de 32% no gasto do Grupo 2, associada ao crescimento de 9,1% no Brasil entre 2010 e 2019, o montante despendido em segurança pública e justiça no Brasil representou 60% mais do que a média do Grupo 2 em 2019.

76 A função "segurança pública" é composta por diferentes subfunções. Esse tipo de classificação apresenta a vantagem de ser de fácil acesso para as unidades federativas, uma vez que o relato, embora resumido, dessas informações ao SICONFI é obrigatório para todos os entes, por exigência da Lei de Responsabilidade Fiscal. Como base na análise do gasto médio entre o período 2010 e 2019, os Estados brasileiros assumiram 80% do gasto com segurança pública.

Figura 109 – Gasto com segurança pública e justiça como percentual do PIB no Brasil, Grupo 1 e Grupo 2 (%), 2010-2019

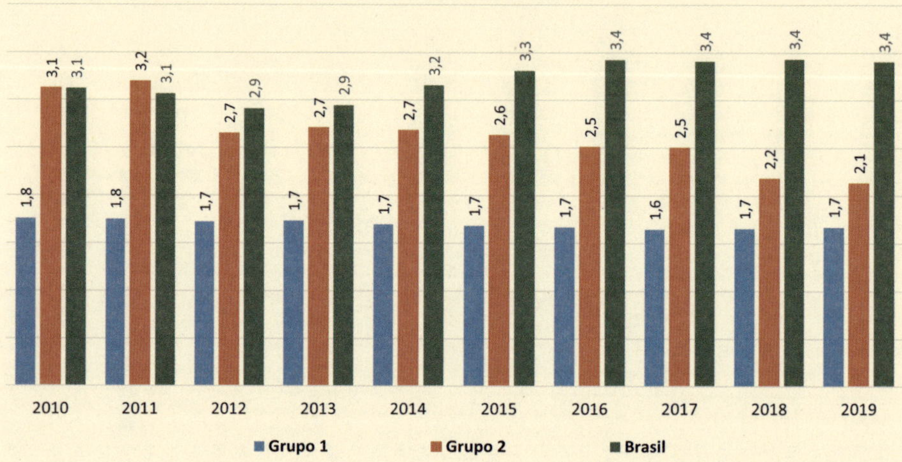

Fonte: Elaboração própria com base em dados extraídos Government Finance Statistics, GFS (FMI).

- Habitação, saneamento e urbanismo: O gasto com habitação, saneamento e urbanismo em PIB foi maior no Brasil do que a média dos outros grupos examinados (ver Figura 110). Em média, o Brasil investiu em relação ao PIB 2,4 vezes mais do que o gasto médio do Grupo 1 como uma forma de sanar déficits históricos do país nesta área, que praticamente já foram superados pelas economias avançadas no passado. Inclusive o gasto *per capita* em dólares internacionais foi semelhante à média do Grupo 1 em 2012, 2013 e 2014, período marcado por forte investimento público neste setor no Brasil, e um pouco inferior nos demais anos (ver Figura 110). A maior diferença ocorreu em 2019, quando o gasto brasileiro representou apenas 74% da média do Grupo 1. Em relação ao Grupo 2, os recursos aplicados como percentual do PIB superaram a média dos países avançados entre 25% e 52%.

Figura 110 – Gasto com habitação, saneamento e urbanismo como percentual do PIB no Brasil, Grupo 1 e Grupo 2 (%), 2010-2019

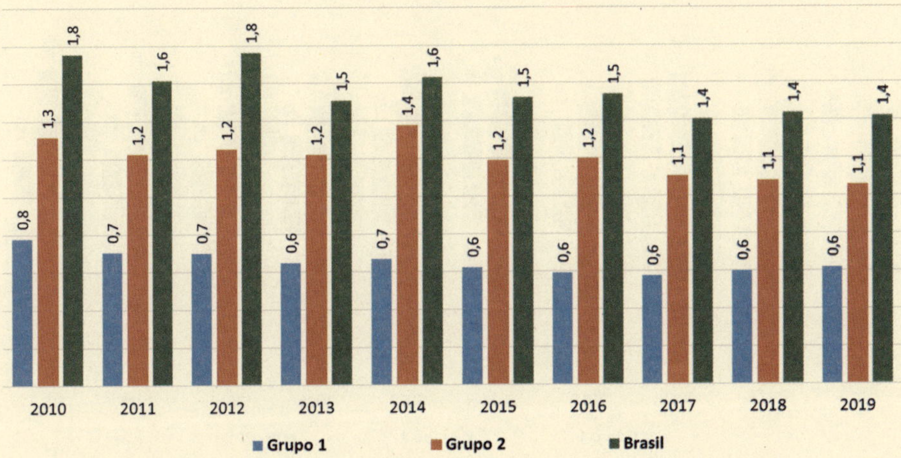

Fonte: Elaboração própria com base em dados extraídos Government Finance Statistics, GFS (FMI).

Cabe ainda observar que os recursos aplicados por habitante no Brasil reduziram em aproximadamente 20% entre 2010 e 2019 (ver Figura 111). Isso foi resultado do corte das despesas discricionárias devido à desaceleração econômica e crise fiscal que o Brasil enfrenta desde 2015.

Figura 111 – Gasto com habitação, saneamento e urbanismo *per capita* em dólares por PPC a preços contantes (Base: 2017) no Brasil, Grupo 1 e Grupo 2 (Int.$), 2010-2019

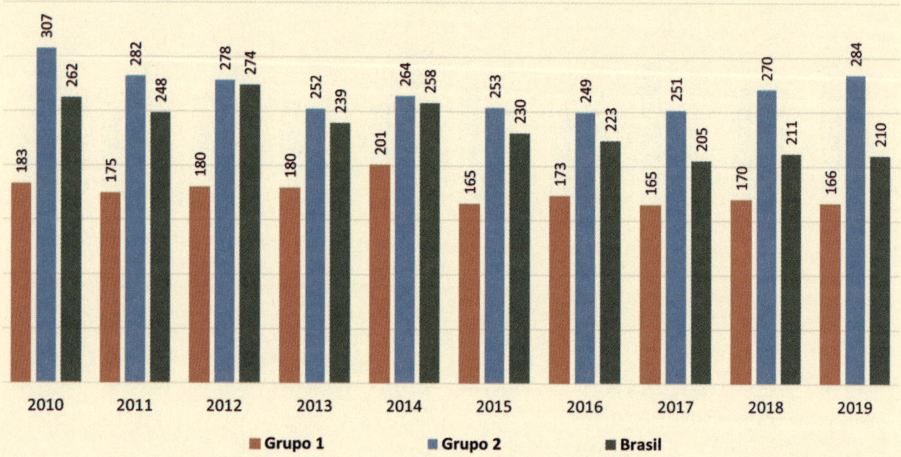

Fonte: Elaboração própria com base em dados extraídos Government Finance Statistics, GFS (FMI).

- Defesa: Como ilustra a Figura 112, o gasto com defesa no Brasil é bem inferior ao investimento médio realizado pelos dois grupos examinados. Cabe notar que, na média, os países do Grupo 2 apresentaram um gasto superior ao registrado nas economias avançadas, devido à conflitos internos e externos enfrentados em diversos países.

Figura 112 – Gasto com defesa como percentual do PIB no Brasil, Grupo 1 e Grupo 2 (%), 2010-2019

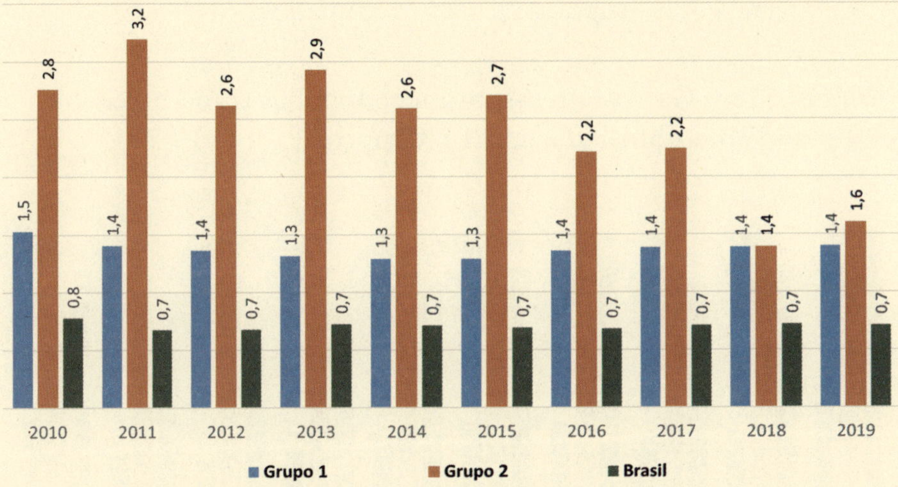

Fonte: Elaboração própria com base em dados extraídos Government Finance Statistics, GFS (FMI).

- Assuntos econômicos: Essa função é dividida em agricultura e abastecimento, mineração e indústria, comunicações, transportes, e combustíveis e energia. O gasto desta função no Brasil, em percentual PIB, além de ser bem inferior ao gasto médio dos grupos examinados, reduziu de 2,9% para 2,1% do PIB entre 2010 e 2018, com uma recuperação em 2019 (ver Figura 113). O maior responsável por esta queda foi o gasto em transportes, cuja participação na categoria declinou de 68% em 2010 para 38% em 2019. As demais subcategorias permaneceram com nível de gasto estável, destacando os setores de agricultura e abastecimento cujos gastos representaram 0,5% do PIB. O gasto com as subfunções da indústria e mineração, bem como comunicações, foi próximo de zero. A exceção ocorreu para o combustíveis e energia que recentemente aumentou de um gasto médio de 0,15% do PIB entre 2010 e 2018 para 0,6% em 2019, devido à política de subsídios para o setor. Cabe notar que também houve queda nas verbas aplicadas nesta categoria nos dois grupos de países examinados.

Figura 113 – Gasto com assuntos econômicos como percentual do PIB no Brasil, Grupo 1 e Grupo 2 (%), 2010-2019

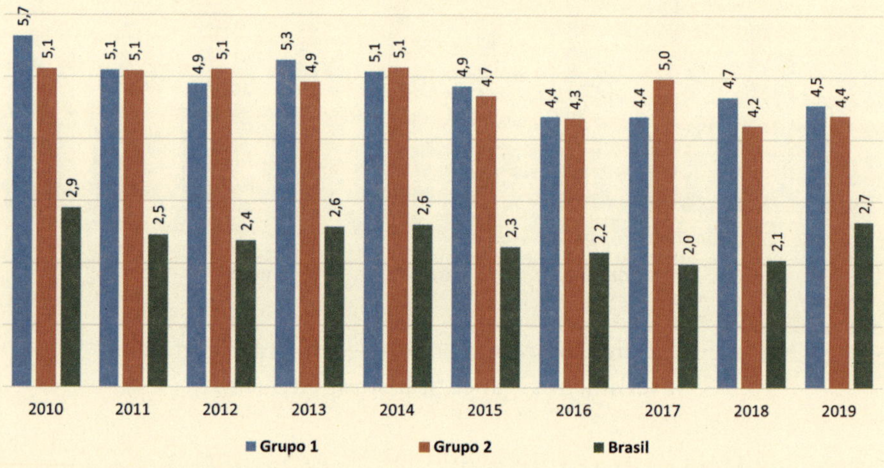

Fonte: Elaboração própria com base em dados extraídos Government Finance Statistics, GFS (FMI).

Como destacado, o transporte tende a ser uma das principais subcategorias da função assuntos econômicos na maioria dos países. Na média, a participação desta subfunção no gasto por assuntos econômicos foi de aproximadamente 41%, 51% e 33% respectivamente no Brasil, Grupo 1 e Grupo 2 entre 2010 e 2019.

Não obstante os imensos desafios enfrentados no Brasil, a verba aplicada reduziu de 1,5% para 0,6% do PIB entre 2010 e 2019 (ver Figura 114). Isso ocorreu devido à desaceleração econômica enfrentada no período que limitou a disponibilidade de recursos para investimentos em transportes, visto que esta é uma despesa discricionária, diferente dos gastos com saúde, educação e previdência, por exemplo.

Figura 114 – Gasto com transporte como percentual do PIB no Brasil, Grupo 1 e Grupo 2 (%), 2010-2019

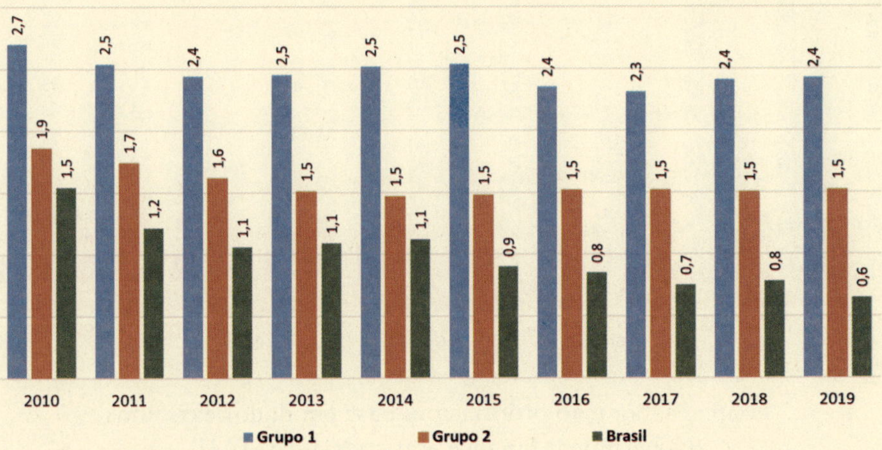

Fonte: Elaboração própria com base em dados extraídos Government Finance Statistics, GFS (FMI).

Por fim, a Figura 115 mostra a baixa magnitude dos gastos *per capita* com transporte que representaram entre 20% (2010) e 8% (2019) da média do Grupo 1. Em termos *per capita*, estes gastos reduziram 34% no período examinado, sendo inclusive inferiores à média do Grupo 2.

Figura 115 – Gasto *per capita* com transporte em dólares por PPC a preços constantes (Base: 2017) no Brasil, Grupo 1 e Grupo 2, 2010-2019

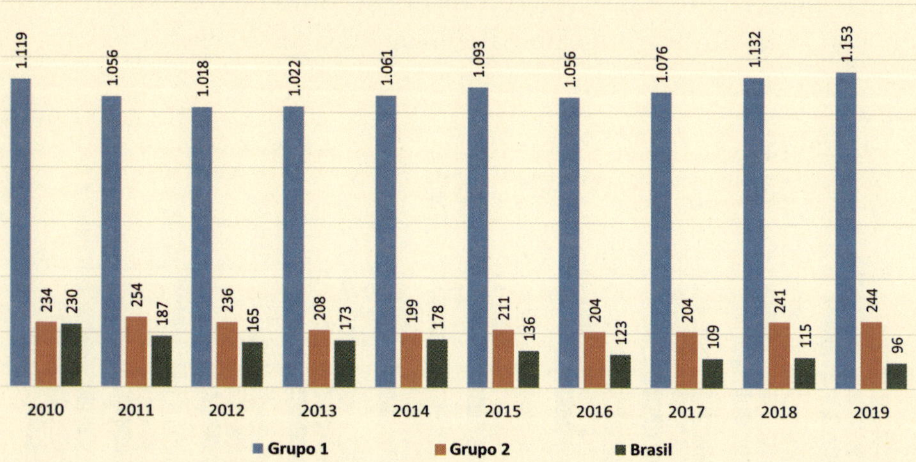

Fonte: Elaboração própria com base em dados extraídos Government Finance Statistics, GFS (FMI).

- Meio ambiente: Observa-se que o gasto com meio ambiente é mais relevante nos países do Grupo 1, que investiram entre 0,7% e 0,8% do PIB entre 2010 e 2019, representando em média 1,7% do gasto total. No Brasil, o gasto ambiental reduziu de 0,35% do PIB (2010) para apenas 0,2% (2019). Nos países do Grupo 2, a relevância também é pequena. Em média, este gasto representou apenas 0,25% do PIB ou 0,8% do gasto total entre 2010 e 2019.

- Cultura, esporte e lazer: Entre 2010 e 2019, o gasto com cultura, esporte e lazer se manteve estável nos países do Grupo 1 (1,2% do PIB e 2,8% do gasto total) e nos países do Grupo 2 (0,6% do PIB e 2% do gasto total). Os investimentos nesta área no Brasil, além de serem bem inferiores à média de ambos os grupos, apresentaram inclusive uma tendência de redução no período examinado.

Por exemplo, o gasto médio brasileiro reduziu de 0,32% do PIB entre 2010 e 2014 para 0,21% do PIB entre 2017 e 2019. Sua participação média no gasto total que era de 0,74% entre 2010 e 2014 reduziu para 0,44% em 2019.

4.3 Participação em nível subnacional

É bem variável a divisão de responsabilidades pelos gastos públicos entre os diferentes níveis de governo (ver Figura 116). Por exemplo, apenas 7% do gasto do governo geral foi de competência subnacional na Grécia em 2019. Em contraste, a descentralização dos gastos de 70% na China, 66% na Noruega, 64% na Rússia, 63% na Suíça, e 51% na Espanha, Bélgica e Suécia. No Brasil, 46% do gasto público total foi realizado em nível subnacional.

Figura 116 – Gasto total do governo geral em PIB e participação do nível subnacional em 40 países selecionados (%), 2019

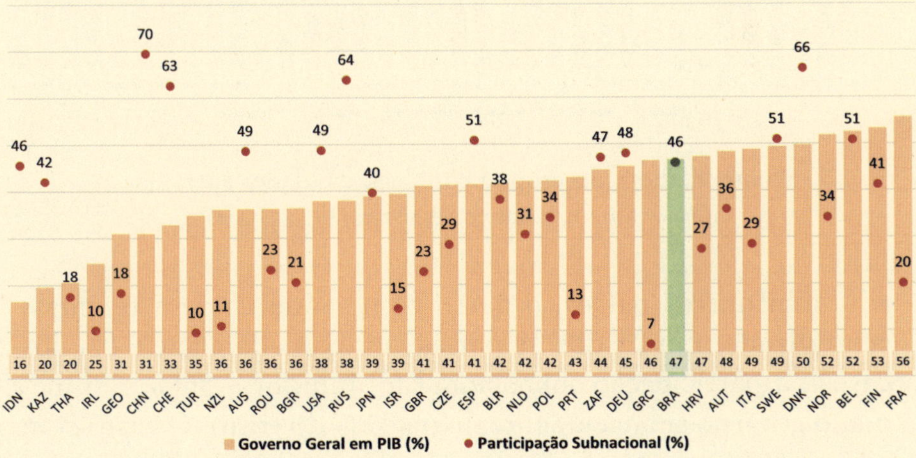

Fonte: Elaboração própria com base em dados extraídos Government Finance Statistics, GFS (FMI).

A Figura 117 mostra a participação subnacional no gasto total em 2019 considerando 39 países para as seguintes categorias: (i) saúde; (ii) educação; e (iii) habitação, saneamento e urbanismo. No Brasil, entre 2010 e 2019, o governo dos Estados e municípios foi responsável em média por 62% do gasto com educação, 64% com saúde, e 78% dos gastos com habitação, saneamento e urbanismo.

Figura 117 – Participação subnacional no gasto das categorias saúde, educação, e habitação, saneamento e urbanismo (%), 2019

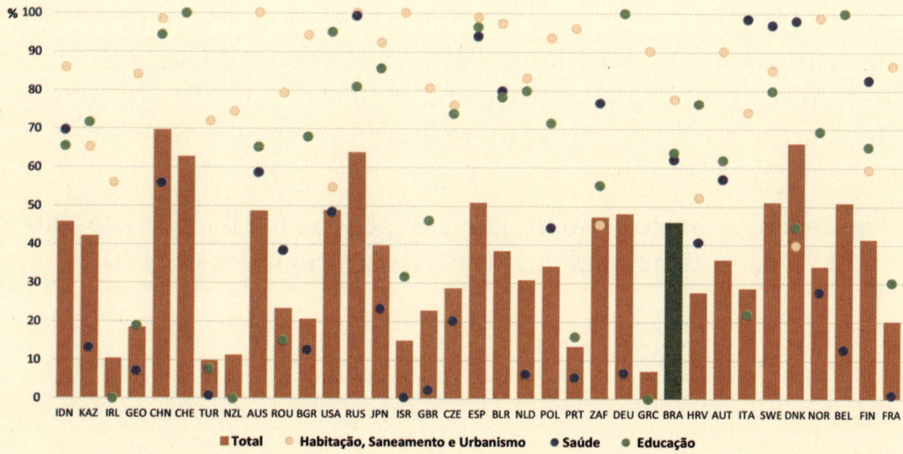

Fonte: Elaboração própria com base em dados extraídos Government Finance Statistics, GFS (FMI).

Em outros países, o gasto com saúde tende a ser mais centralizado. Em 25 dos 39 países (aproximadamente 64% dos casos), a participação subnacional foi inferior a 50%. Em média, o governo subnacional realizou 41% do gasto. O gasto com educação foi maior em nível subnacional em 23 dos 39 países (aproximadamente 59% dos casos). Em média, 63% do gasto ocorreu em nível subnacional. Finalmente, em geral, os governos subnacionais são responsáveis pela maior parte dos gastos na área de habitação, saneamento e urbanismo. O Brasil não é uma exceção a esta regra. Considerando 39 países, em média, 82% dos gastos foram realizados pelos governos subnacionais em 2019, sendo que em apenas dois países mais de 50% dos gastos desta categoria ocorreram em nível central.

4.4 BOX: participação dos entes subnacionais no gasto público brasileiro

Esse trabalho fez, para todos os níveis de governo (União, Estados e Municípios), uma compatibilização parcial entre a regra de classificação do gasto público por função no Brasil realizada pelo Tesouro Nacional e as regras de classificação internacional (COFOG), de maneira similar a metodologia aplicada pela Secretaria do Tesouro Nacional para o gasto público federal (STN, 2023). A Figura 118 mostra, para os anos de 2010, 2015 e 2019, a participação de cada entre federado no gasto público total brasileiro nas seguintes funções ou subfunções selecionadas: a) justiça e segurança pública; b) transportes; c) habitação; d) meio ambiente; e) cultura, esporte e lazer; f) saúde; g) proteção social; h) educação (gasto total); i) educação (ensino fundamental e médio); e j) educação (ensino superior). A participação de cada ente federado na despesa total por função (seguindo classificação COFOG) é mostrada na Figura 118.

Figura 118 – Participação da União, Estados e Municípios no gasto público total brasileiro por função e subfunção selecionados (%), 2010, 2015 e 2019

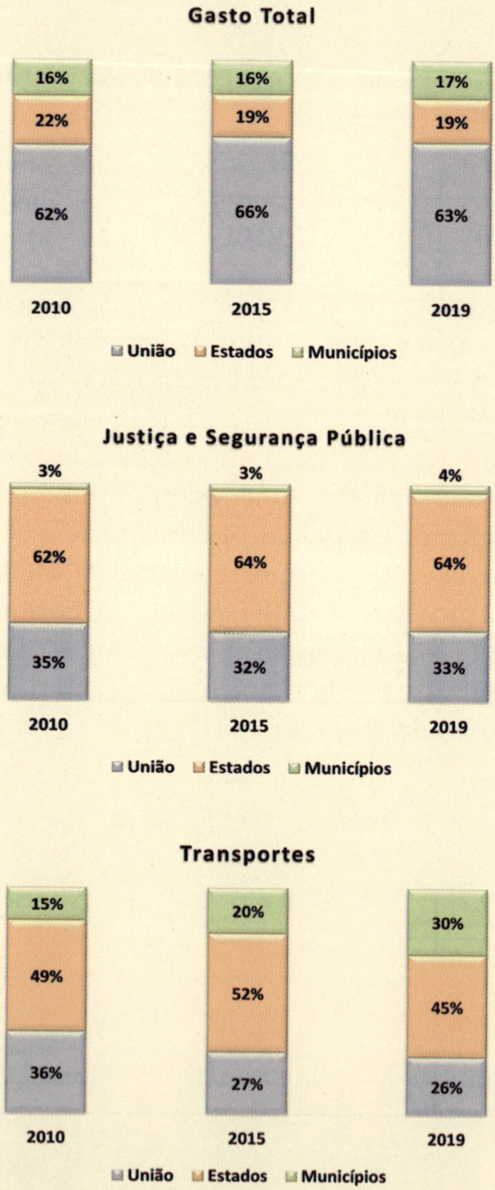

Habitação

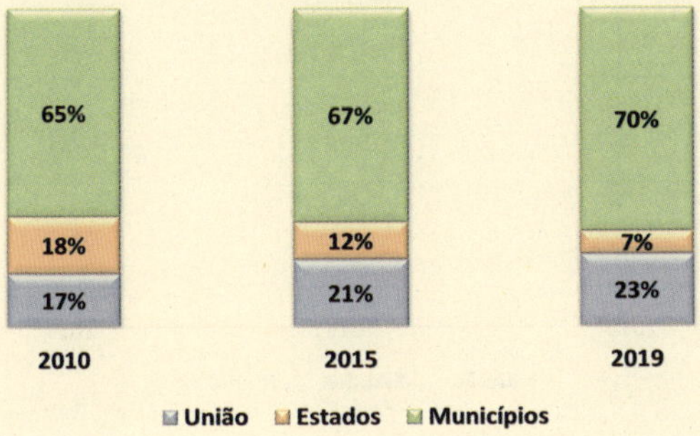

Meio Ambiente

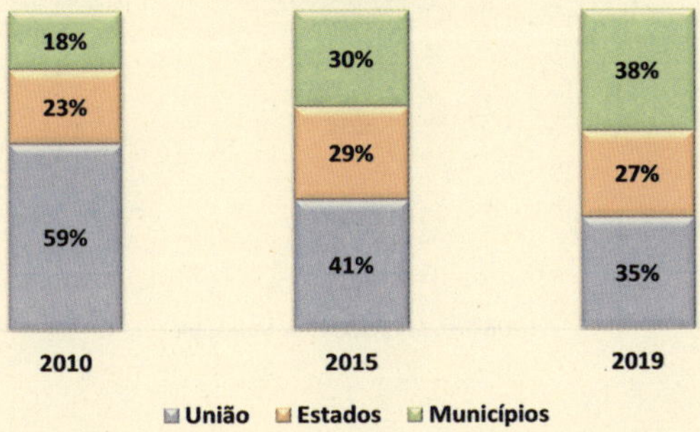

Cultura, Esporte e Lazer

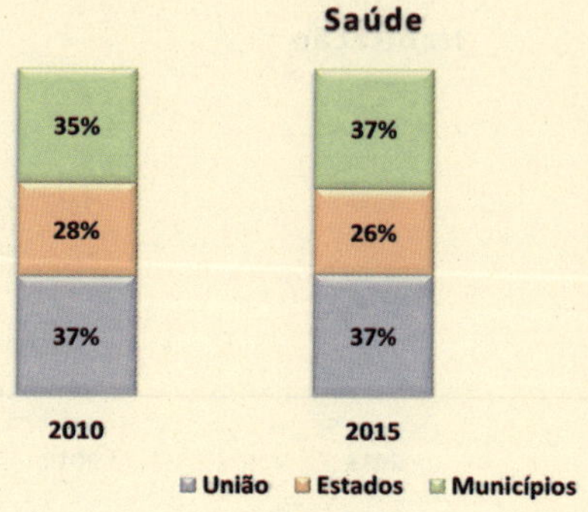
Saúde
35%
28%
37%
37%
26%
37%
38%
24%
38%
2010
2015
2019
União
Estados
Municípios

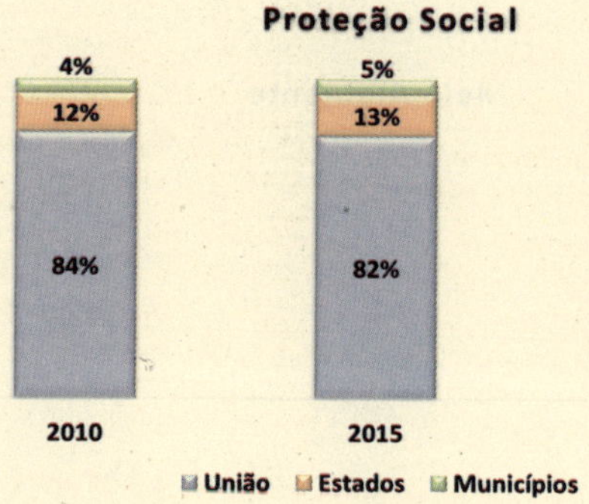
Proteção Social
4%
12%
84%
5%
13%
82%
6%
13%
81%
2010
2015
2019
União
Estados
Municípios

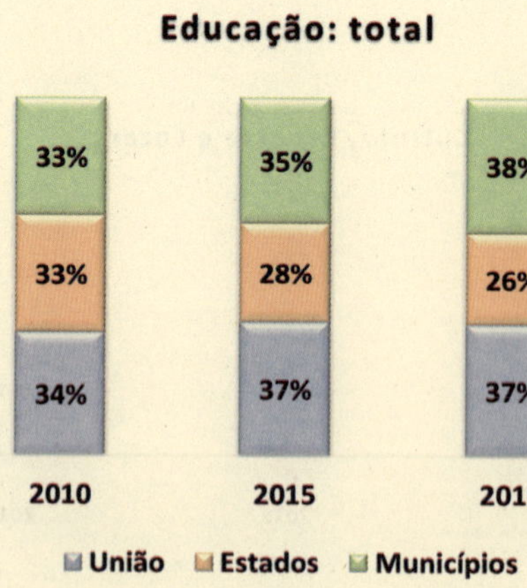
Educação: total
33%
33%
34%
35%
28%
37%
38%
26%
37%
2010
2015
2019
União
Estados
Municípios

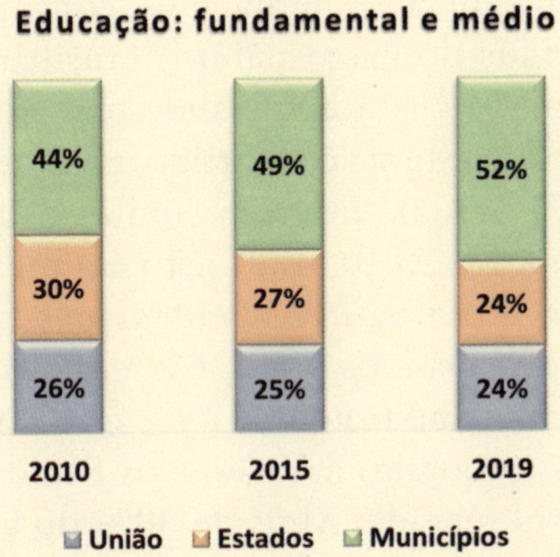

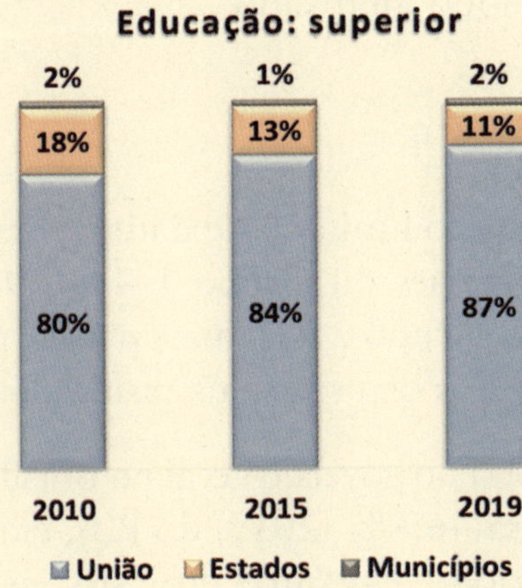

Fonte: SICONFI.

Conforme mostra a Figura 118, aproximadamente dois terços do gasto público total é provido pela União, majoritariamente na forma de proteção social (aproximadamente 80% do gasto em proteção social). Justiça e segurança pública, e transportes têm sido gastos tipicamente dos Estados, com aproximadamente dois terços e metade do gasto público brasileiro, respectivamente.

Habitação e esportes, e cultura e lazer têm sido gastos desempenhados basicamente pelos municípios, com aproximadamente dois terços e metade do gasto público brasileiro. Aproximadamente um quarto do gasto com saúde tem sido provido pelos Estados, enquanto o restante é repartido igualmente entre a união e municípios (37% cada). Situação similar ocorre com o gasto total em educação. Em 2010, este gasto era repartido quase que igualmente entre os três entes federados, mas houve uma queda da participação dos Estados para 26% em 2019. Cerca da metade do gasto com ensino fundamental e médio tem sido provido pelos municípios, enquanto a União e os Estados têm repartido igualmente a outra metade. Mais de 80% do gasto com ensino superior tem sido provido pela União, com uma tendência de aumento da participação da União e redução da participação dos Estados no período analisado.

4.5 Síntese da Parte 4

Devido ao número limitado de dados, foram formados apenas dois grupos de países: (i) Grupo 1 – OCDE e países de alta renda da Europa; (ii) Grupo 2 – Demais países, incluindo o Brasil. A seguir, são discutidos os principais resultados deste capítulo:

- O gasto total do governo geral no Brasil cresceu de 42,2% (2010) para 46,6% (2019) do PIB, em média 45,3% do PIB no período. Este nível de gasto é semelhante à média do Grupo 1 no período (43,6% do PIB), e maior que a média do Grupo 2 (32,1% do PIB). No entanto, ao excluir o gasto com juros, a média brasileira que foi de 37% do PIB é inferior à média dos países do Grupo 1 (41,3% do PIB). Embora o gasto no Brasil continue superando o gasto médio do Grupo 2 (30,3% do PIB) a diferença que era de 13,2 pp. reduziu para 5,7 pp. A exclusão dos juros busca mostrar o montante que foi efetivamente apropriado pela sociedade em políticas públicas.

- De maneira semelhante às análises referentes à receita, o gasto *per capita* no Brasil em dólares internacionais (Int.$) representou apenas entre 33% e 39% da média do Grupo 1, ou entre 29% e 32% ao desconsiderar as despesas relacionadas ao pagamento de juros. Embora tenham ocorrido oscilações anuais, a variação total da despesa *per capita* foi pequena no período (Int.$. 6.299, 2010; Int.$ 6.890, 2019). O desempenho brasileiro é mais semelhante ao comportamento do Grupo 2. O gasto *per capita* desconsiderando o pagamento de juros foi apenas 22% maior no Brasil do que a média dos países do Grupo 2 entre 2010 e 2019.

Quanto à classificação por função, os gastos foram divididos em dez funções, quais sejam: i) serviços públicos gerais, incluindo a subfunção de juros da dívida pública; ii) defesa; iii) segurança e justiça; iv) assuntos econômicos, incluindo a subfunção transportes; v) meio ambiente; vi) habitação, saneamento e urbanismo; vii) saúde; viii) cultura esporte e lazer; ix) educação; e x) proteção social.

- Com raras exceções, a maior parcela do gasto público é destinada à proteção social na totalidade dos países do Grupo 1, exceto nos Estados Unidos. Aproximadamente 38% dos recursos públicos foram destinados à proteção social no Brasil em 2019. No contexto internacional, a previdência representa entre 60% e 95% dos gastos com proteção social. No Brasil, representou aproximadamente 80% em 2019. De toda a forma, cabe notar que os gastos em proteção social, em PIB e *per capita*, cresceram no Brasil aproximadamente 27% entre 2010 e 2019.

- Saúde e educação, que representaram respectivamente em média 12% e 14% no gasto público brasileiro, também possuem elevada participação. Os gastos com saúde tendem a ser maiores nos países de alta renda e aqueles aplicados em educação tendem a ser maiores nos países em desenvolvimento, devido ao perfil demográfico dos países de cada grupo.

- Embora a soma do gasto médio em proteção social, saúde e educação no Brasil (27,7% do PIB) e nos países do Grupo 1 (27,2% do PIB) tenha sido semelhante no período 2010 a 2019, os recursos médios investidos por habitante em dólares internacionais nestas três áreas no Brasil representaram aproximadamente um terço daqueles aplicados nos países do Grupo 1.

- Por exemplo, o gasto com proteção social foi maior no Brasil como um percentual do PIB deste 2016 mesmo em relação à média do Grupo 1. Contudo, foram investidos por habitante entre 31% e 38% do que a média de recursos investidos nos países avançados. De forma semelhante, o gasto com saúde no Brasil (média de 5,4% do PIB no período), foi 1 pp. inferior à média do Grupo 1 (6,4% do PIB). Entretanto, o gasto *per capita* brasileiro representou menos do que 30% da média do Grupo 1. Por fim, o gasto com educação em PIB foi maior em todos os exercícios do que a média dos grupos de países examinados entre 2010 e 2019, superando em 20% à média do Grupo 1 desde 2015. Em comparação aos países do Grupo 2, a diferença foi positiva, em média, de 40%. Ao analisar o gasto *per capita*, neste caso considerando a população em idade escolar, é possível verificar a discrepância do investimento em educação entre o Brasil e os países do Grupo 1. O gasto brasileiro aplicado por cada jovem em idade escolar representou em torno de 30% da média das economias avançadas. Ainda assim, o gasto superou entre 27% e 60% da média do Grupo 2.

- O pagamento de juros no Brasil que representou 12% do PIB em 2014 reduziu para 7,1% do PIB em 2019. Não obstante a redução, este gasto é atipicamente elevado em termos comparativos. O Brasil é o país que mais gasta com o pagamento de juros entre os países analisados. Para uma seleção de 39 países, este gasto foi inferior a 3% do PIB em 34 países (87% dos casos).

- Entre 2015 e 2018, os juros representaram, em média, 20% do gasto público. Em 2019, aproximadamente 15% do gasto público foi destinado a esta função. Em contraste, o pagamento de juros representou, em média, apenas 5% do gasto público nos 23 países do Grupo 1 e 6% do gasto nos 17 países do Grupo 2. O gasto *per capita* com juros no Brasil em dólares internacionais é elevado mesmo em comparação aos países avançados, não obstante as oscilações observadas no período. Por exemplo, o gasto *per capita* superou a média das economias avançadas em 5%, 89% e 42% respectivamente em 2010, 2015 e 2019. Em nível individual, apenas a Bélgica, Canadá, Itália, Irlanda e Portugal, despenderam mais recursos por habitante do que o Brasil em pagamento de juros.

- A participação das demais categorias nos gastos é de menor magnitude. Por exemplo, em relação ao gasto brasileiro de 2019, o gasto com segurança e justiça representou 7,3%; habitação, saneamento e urbanismo representou 3,0%; defesa representou 1,5%; e assuntos econômicos, que inclui agricultura e abastecimento, combustíveis e energia, e transportes, representou 1,4%.

- A aplicação de recursos em segurança e justiça tende a ser de maior magnitude nos países de média e baixa renda devido aos problemas sociais. No Brasil, representou 7,3% do gasto em 2019, enquanto nos países de alta renda representou, em média, 4%. Como percentual do PIB, esta classe de gasto representou quase o dobro no Brasil (3,2% do PIB) do que a média do Grupo 1 (1,7% do PIB). Em relação aos países do Grupo 2, o gasto brasileiro, que era quase idêntico à média deste grupo entre 2010 e 2013, foi 60% superior em 2019. Houve uma redução desse gasto nos países de média e baixa renda (Grupo 2) e um crescimento de 9,1% no Brasil entre 2010 e 2019.

- Supreendentemente, o gasto com habitação, saneamento e urbanismo em PIB foi maior no Brasil do que a média dos grupos examinados. Não obstante as carências observadas no país, em média, o Brasil gastou mais 2,4 vezes em relação ao PIB do que os países do Grupo 1, provavelmente por esses países não demandarem um elevado investimento no setor. O indicador brasileiro foi de 30% superior à média dos países do Grupo 2. Além disso, o gasto *per capita* em dólares internacionais foi semelhante à média do Grupo 1 em 2012, 2013 e 2014, e um pouco inferior nos demais anos. A maior diferença ocorreu em 2019, quando o gasto no país representou 74% da média do Grupo 1. Em relação ao Grupo 2, o Brasil superou em 34% a média *per capita* destes países entre 2010 e 2019. Cabe ainda observar que houve, no período, uma redução de 20% dos recursos aplicados nesta função no Brasil, devido à desaceleração econômica e crise fiscal. Existe maior viabilidade de reduzir os investimentos nesta área por se tratar de uma despesa discricionária.

- O gasto médio com defesa no Brasil – 0,7% do PIB – é significativamente inferior ao investimento realizado pelos países do Grupo 1 (1,4% do PIB) e do Grupo 2 (2,4% do PIB). O gasto médio do Grupo 2 foi maior provavelmente devido aos conflitos internos e externos enfrentados por alguns países inclusos neste grupo.

- Quanto à função assuntos econômicos, o investimento em transportes pode ser considerado a principal subcategoria desta função na maioria dos países. Não obstante os imensos desafios enfrentados no Brasil, a verba aplicada em transportes reduziu de 1,5% para 0,6% do PIB entre 2010 e 2019, devido à crise fiscal enfrentada no país e ao fato de ser um gasto discricionário. Em 2019, o gasto brasileiro foi inferior à média dos países do Grupo 1 (2,4% do PIB) e do Grupo 2 (1,5% do PIB). Em termos *per capita*, observou-se a redução de 34% do gasto em transporte no Brasil entre 2010 e 2019, que representou entre 20% (2010) e 8% (2019) da média dos países do Grupo 1.

- O gasto com meio ambiente é bem mais relevante para os países do Grupo 1, que investiram entre 0,7% e 0,8% do PIB entre 2010 e 2019. No Brasil, estes gastos que representavam 0,35% do PIB em 2010, foram reduzidos para apenas 0,2% do PIB em 2019. Nos países do Grupo 2, em média, foram investidos apenas 0,25% do PIB em meio ambiente no período.

- Em 2019, o gasto em cultura, esporte e lazer representou em média 1,2% do PIB nos países do Grupo 1, 0,6% do PIB nos países do Grupo 2 e apenas 0,2% do PIB no Brasil. Como percentual do gasto total brasileiro, a participação média desta função que foi de 0,74% entre 2010 e 2014 reduziu para apenas 0,44% em 2019.

- A divisão de responsabilidades pelos gastos públicos entre o governo central e os governos subnacionais, que é bem heterogênea entre os países considerados. Por exemplo, em 2019, apenas 7% e 10% do gasto do governo geral foi de competência subnacional na Grécia e na Turquia, respectivamente. Em contraste, a descentralização dos gastos foi de 70% na China, 66% na Dinamarca, 64% na Rússia, 63% na Suíça, e 51% na Espanha, Bélgica e Suécia. No Brasil, 46% dos gastos foram realizados em nível subnacional.

- Por fim, cabe mencionar que a participação dos entes federados na alocação do gasto público brasileiro também varia consideravelmente. Mais de 80% do gasto público em proteção social e com ensino superior é provido pela União. Já os Estados têm responsabilidade por dois terços do gasto em justiça e segurança pública e metade dos gastos em transportes. Os municípios são responsáveis majoritariamente pelo gasto em habitação, educação básica, e cultura, esporte e lazer. O gasto com saúde e meio ambiente tem sido repartido de maneira mais igualitária entre os três níveis de governo.

Como pode ser observado neste capítulo, não obstante alguns investimentos em políticas públicas em relação ao PIB serem maiores, próximos ou ligeiramente inferior no Brasil ao percentual aplicado nas economias avançadas, o gasto *per capita* em educação, saúde, proteção social e transportes são muito inferiores àqueles despendidos nos países de economias avançadas (Grupo 1). Consequentemente, é inviável assegurar serviços com cobertura ou padrão de qualidade semelhante. Além disto, alguns investimentos em áreas nas quais o Brasil enfrenta enormes desafios foram reduzidos entre 2010 e 2019, incluindo transporte, meio ambiente, e habitação, saneamento e urbanismo, por serem despesas discricionárias que tiveram investimentos contingenciados devido à crise fiscal enfrentada no país a partir de 2015. Aparentemente, a aplicação de recursos em segurança e justiça é elevada em termos comparativos, sendo um tipo de gasto demandado devido aos problemas sociais do país. O mesmo ocorre em diversos países em desenvolvimento. O estudo demonstra, de forma inequívoca, que o pagamento de juros no país é atipicamente alto, comprometendo historicamente entre 15% e 20% dos recursos que poderiam ser aplicados em políticas públicas.

PARTE 5

CONSIDERAÇÕES FINAIS

CAPÍTULO V

RECEITA TRIBUTÁRIA, CRESCIMENTO ECONÔMICO E CONCENTRAÇÃO DE RENDA

5.1 Análise preliminar

Utilizando como referência os anos de 2010, 2015 e 2019, esta seção apresenta uma diversidade de análises exploratórias sobre a relação entre arrecadação tributária; desenvolvimento econômico considerando o setor formal e, também, a participação do setor informal (PIB e PIB real); Índice de Desenvolvimento Humano (IDH); e desigualdade, medida por intermédio do coeficiente GINI. Foram considerados aproximadamente 120 países. Entre os inúmeros gráficos produzidos, são apresentados a seguir aqueles considerados mais relevantes. Por exemplo, não são apresentados gráficos para os três anos quando as análises indicam conclusões idênticas ou semelhantes. Neste caso, optou-se por apresentar dados mais recentes de 2019. Buscou-se, também, priorizar a apresentação de análises que representem avanços no entendimento do comportamento dos indicadores analisados.

Em termos relativos, o Brasil necessita fazer um esforço fiscal, entendido pela arrecadação tributária como percentual do PIB, mais elevado do que a maioria das demais economias. Conforme a Tabela 2 do Anexo II, numa seleção de 125 países entre 2010 e 2019, apesar do Brasil ter o 27º maior indicador de arrecadação tributária como percentual do PIB, o país está na 48ª posição no indicador de arrecadação tributária *per capita* em dólares internacionais (média do período), com tendência de queda, sendo o 53º em 2019. Ao analisar a relação entre a arrecadação tributária como um percentual do PIB e a arrecadação *per capita* em dólares internacionais, observa-se que a correlação entre as variáveis é alta (ver Figura 119). A arrecadação *per capita* explica aproximadamente 71% da variabilidade do esforço fiscal em PIB. De acordo com a tendência do grupo de países estudados, seria esperado que o Brasil arrecadasse apenas 24,27% do PIB ao invés de 31,93% em função da arrecadação tributária *per capita* do país, que foi de apenas Int.$ 4.725,61 em 2019. Ou seja, o esforço fiscal brasileiro embora seja elevado, assegura um baixo nível de receita tributária por habitante. Este desvio em relação ao comportamento da maioria dos países é possivelmente relacionada ao baixo valor do PIB produzido no país em proporção a sua elevada população. Além disto, como discutido no Capítulo II, o desempenho econômico do país é prejudicado pela elevada participação do setor informal na economia, que é de aproximadamente 1/3 conforme estimativas do Banco Mundial. Contudo, esta participação não está contabilizada no valores do PIB que é oficialmente divulgado. Em suma, o esforço fiscal deve ser muito maior nos países de renda média, como o Brasil, ou de renda baixa em comparação aos países desenvolvidos para atingirem níveis semelhantes de arrecadação *per capita*.

Figura 119 – Relação entre a arrecadação tributária em PIB (%) e a arrecadação *per capita* em dólares internacionais (Int.$ em Millares), 2019

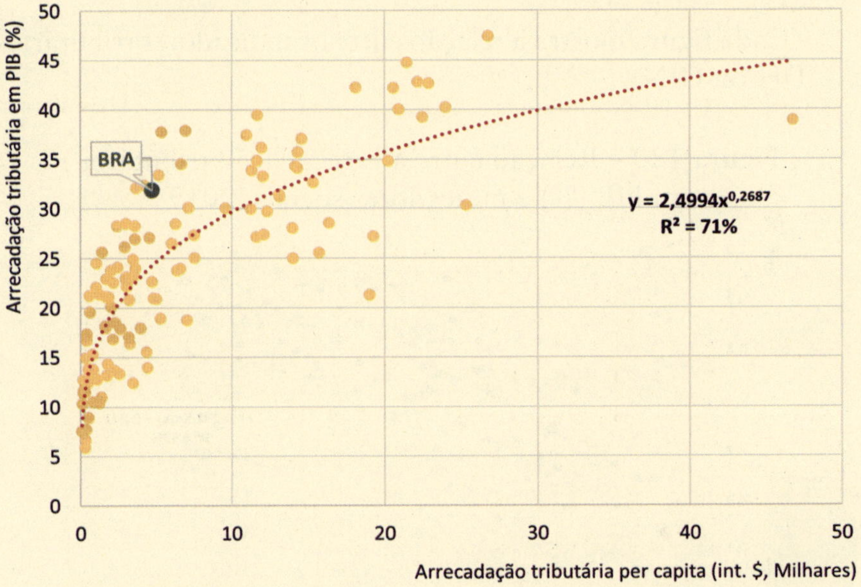

Fonte: Elaboração própria com base em dados extraídos da OECD Stats (OCDE), Government Finance Statistics, GFS (FMI).

As figuras apresentadas na sequência – Figura 120, 121 e 122 – buscam analisar os efeitos da tributação no Índice de Desenvolvimento Humano (IDH) e na concentração de renda, medida por intermédio do Coeficiente de GINI.[77] Devido à similaridade dos modelos desenvolvidos para os três anos testados, são apresentados apenas os resultados de 2019. Foram utilizados três indicadores tributários, quais sejam: (i) arrecadação tributária em PIB (%),

77 O Coeficiente de GINI mede a concentração de renda e varia entre "0" (total igualdade na distribuição de renda, situação na qual todos possuem a mesma renda) e "1" (total desigualdade na distribuição da renda, situação na qual uma só pessoa detém toda a renda).

(ii) arrecadação tributária *per capita* em dólares internacionais (Int.$); e (iii) arrecadação tributária em relação a um desempenho econômico que agrega o valor produzido na economia formal com a estimativa de contribuição do setor informal (PIB real, %).

Cada figura mostra a relação entre os indicadores tributários e o IDH ou GINI.

Figura 120 – Relação entre a arrecadação tributária em PIB (%) e indicadores sociais, 2019

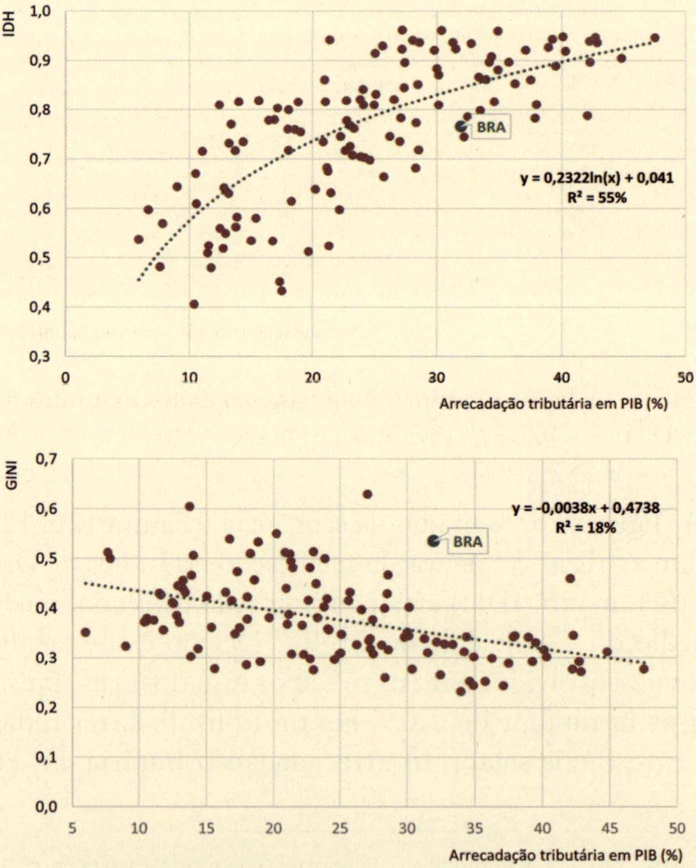

Fonte: Elaboração própria com base em dados extraídos da OECD Stats (OCDE), Government Finance Statistics, GFS (FMI).

Figura 121 – Relação entre a arrecadação tributária *per capita* em dólares internacionais e indicadores sociais, 2019*

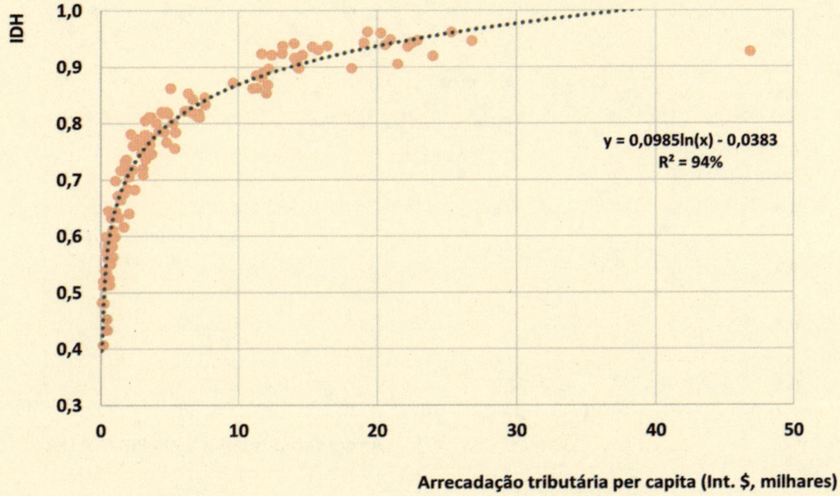

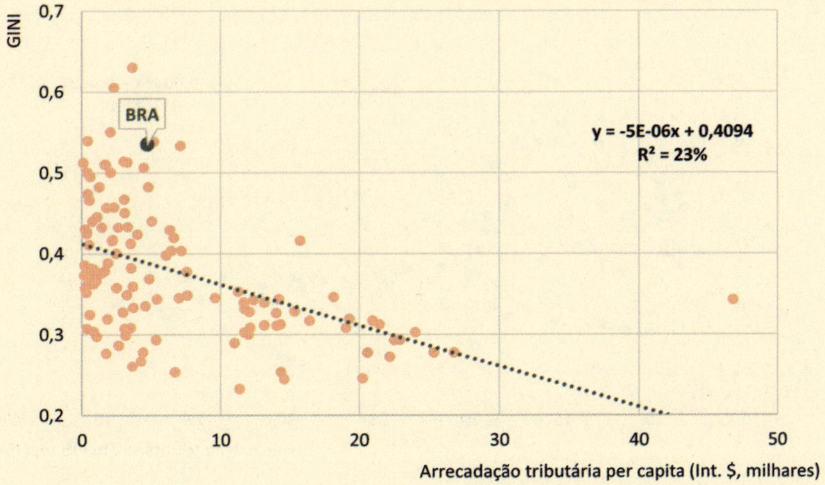

Fonte: Elaboração própria com base em dados extraídos da OECD Stats (OCDE), Government Finance Statistics, GFS (FMI). Nota: * Para melhorar a visualização do gráfico relacionado ao GINI, foi eliminado Luxemburgo por apresentar uma arrecadação tributária *per capita* muito superior àquela dos demais países.

Figura 122a, b – Relação entre a arrecadação tributária em PIB real e indicadores sociais, 2019

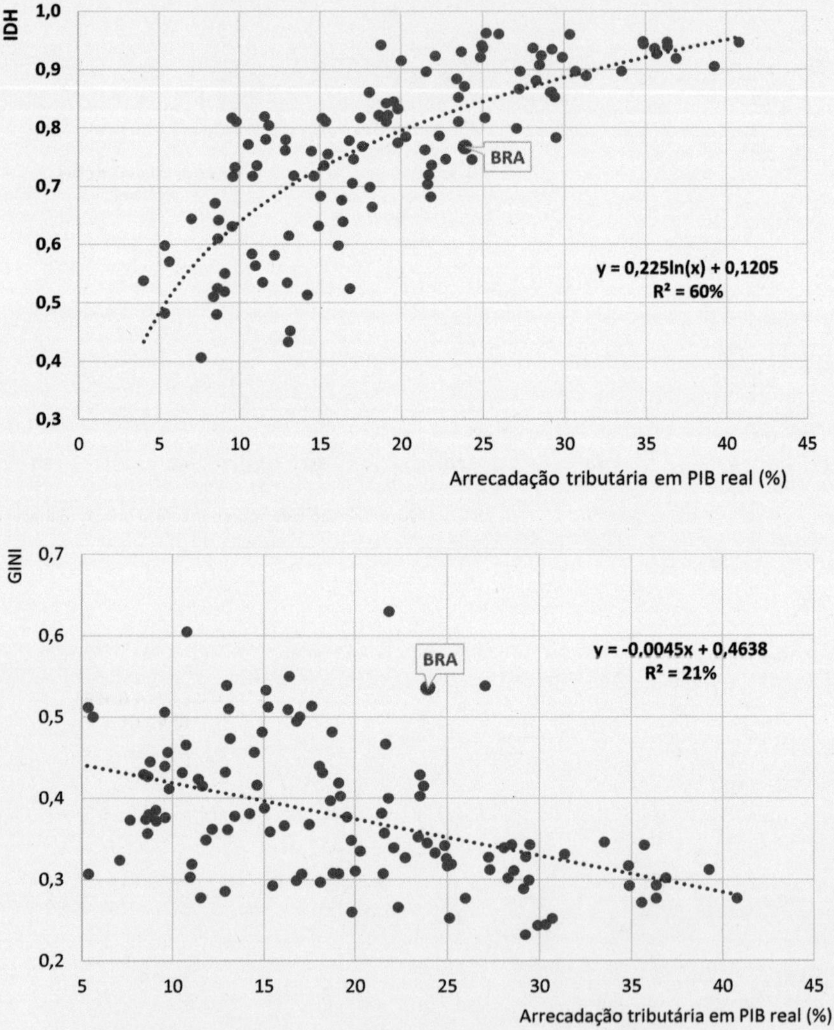

Fonte: Elaboração própria com base em dados extraídos da OECD Stats (OCDE), Government Finance Statistics, GFS (FMI).

Existe maior aderência entre os indicadores tributários e o IDH do que em relação ao Coeficiente de GINI. Isto significa que a arrecadação tributária tem um impacto maior no desenvolvimento humano do que na redução das desigualdades. O resultado é parcialmente explicado pelo fato de que parte dos sistemas tributários é de natureza regressiva, isto é, tributam mais em termos relativos os indivíduos com menor capacidade contributiva, ao invés de contribuírem para a redução das desigualdades de renda e riqueza. Além disso, o gasto público nem sempre é focalizado primordialmente nos mais pobres e seu impacto pode beneficiar particularmente os mais ricos, como, por exemplo, gastos relacionados ao pagamento de juros dos detentores da dívida; ensino superior que tende a favorecer desproporcionalmente os ricos; e certos subsídios setoriais, como, por exemplo, casa própria, carro novo, ou outros bens de alto valor.

De toda a forma, apesar da dispersão ser maior, observa-se nas três figuras a tendência de redução da desigualdade (menor GINI) com o aumento da arrecadação tributária, quer sejam como um percentual do PIB oficial, PIB real, ou montante arrecadado por habitante. De acordo com a tendência do grupo de países examinados, a Figura 120 mostra que seria esperado um menor nível de desigualdade para o nível de tributação brasileiro. Em geral, o Coeficiente de GINI tende a ser inferior a 0,40 para países que arrecadam mais de 30% do PIB. O Brasil apresenta um resultado atípico na medida em que, apesar do esforço fiscal ser elevado (31,93% do PIB), é um país com alta desigualdade (GINI = 0,53). Em relação a arrecadação tributária *per capita*, que é baixa no Brasil em termos comparativos, o GINI apresenta um desvio da estimativa segundoa curva de tendência central positivo e de grande magnitude. Entretanto, como demonstrado na Figura 121, países com baixa arrecadação *per capita* tanto podem apresentar alto quanto baixo nível de desigualdade. Ou seja, os desvios acima e abaixo da curva de tendência central da equação são elevados. Em contraste, países com alta arrecadação tributária *per capita* tendem a ser países com menor concentração de renda (GINI inferior a 0,4). Mesmo considerando a arrecadação tributária em relação ao PIB real, que considera a contribuição do setor informal, o Brasil apresenta um nível de desigualdade superior ao que seria esperado para seu nível de tributação. Os coeficientes de determinação dos modelos apresentados nas figuras são entre 18% e 23%. Ou seja, grande parte da variabilidade da variável dependente – GINI – é atribuída a outros fatores não considerados e erros de caráter aleatório.

Por outro lado, a arrecadação tributária possui um impacto muito mais forte no desenvolvimento humano, sendo que a arrecadação *per capita* explica 94% do IDH. Neste caso, seguindo a tendência do grupo de países examinados, seria esperado um IDH de aproximadamente 0,85 – IDH muito alto – para o Brasil ao invés de 0,77 – IDH alto – tanto considerando a arrecadação tributária como percentual do PIB oficial quanto o PIB real. Entretanto, usando como variável independente a arrecadação *per capita*, o IDH estimado para o Brasil é bem próximo ao observado (estimado: 0,79; observado: 0,77).

Considerando a altíssima correlação entre a arrecadação *per capita* e o IDH, é apresentado a seguir o mapa temático 4, no qual ambas as variáveis são segmentadas em três classes de valores (alto – médio – baixo). O mapa proporciona a visualização espacial da combinação entre estas três classes, incluindo, por exemplo, áreas de alta arrecadação e alto IDH; alta arrecadação e baixo IDH ou vice-versa; média arrecadação e médio IDH; etc.

Mapa 4 – Coroplético bivariado entre arrecadação *per capita* em dólares internacionais (Int.$) e IDH, 2019

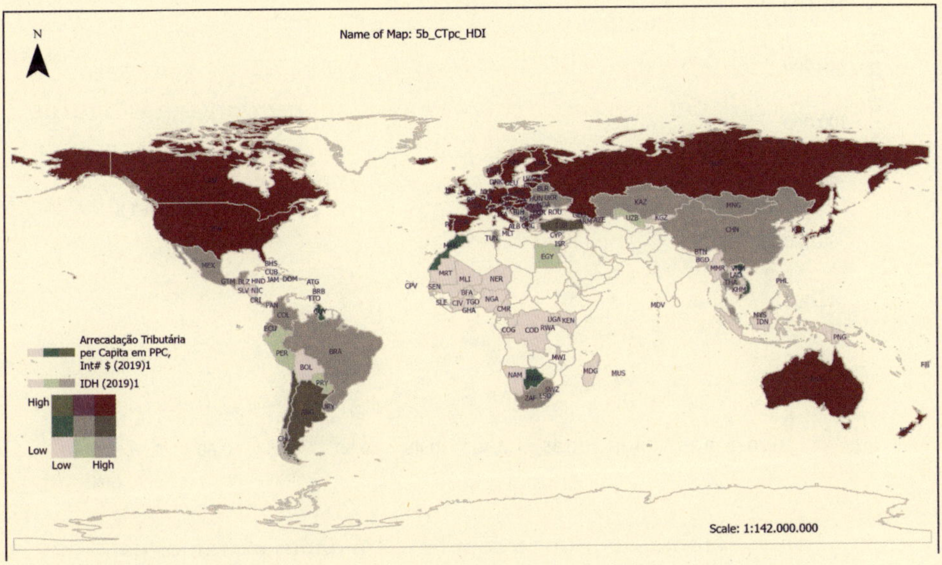

Fonte: Elaboração própria com base em dados extraídos da OECD Stats (OCDE), Government Finance Statistics, GFS (FMI).

As economias avançadas na América do Norte, Europa e Oceania apresentam alta arrecadação *per capita* e altíssimo IDH; a maioria dos países africanos apresentam baixa arrecadação *per capita* e baixo IDH; Na América do Sul, o desempenho destes indicadores é médio para a maioria dos países incluindo o Brasil, havendo, entretanto, casos de IDH médio e baixa arrecadação *per capita*, como Peru e Paraguai, e alto IDH e média arrecadação *per capita*, como Argentina e Chile. Cabe ainda notar a inexistência de casos de países com alto IDH e baixa arrecadação, bem como são observados poucos casos de baixo IDH e média arrecadação. Finalmente, a Figura 123 mostra a correlação entre índice de GINI e PIB *per capita*.

Figura 123 – Relação entre PIB *per capita* em dólares internacionais (Int.$) e Coeficiente de GINI

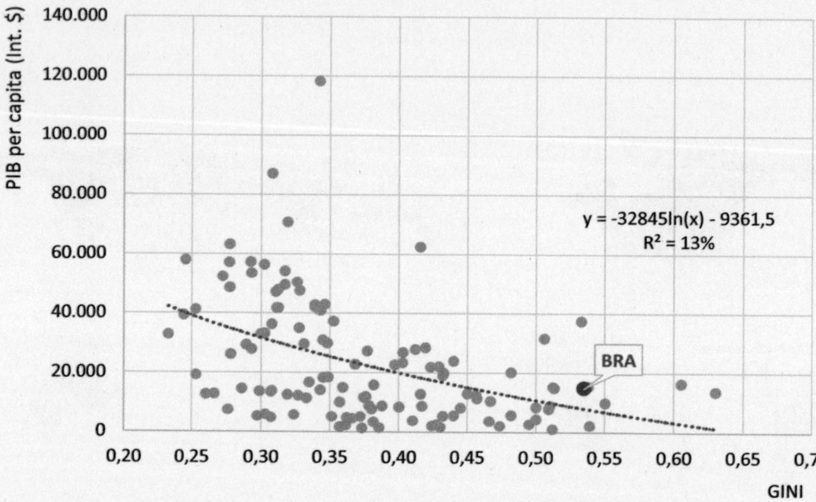

Fonte: Elaboração própria com base em dados extraídos da OECD Stats (OCDE), Government Finance Statistics, GFS (FMI).

De acordo com a Figura 123, embora seja baixa a correlação entre índice de GINI e PIB *per capita*, as variáveis são inversamente relacionadas. Observa-se a tendência de que os países com maior desigualdade apresentem um desenvolvimento econômico menor. Países com alta concentração de renda não apresentam maior desenvolvimento econômico. A maioria dos países com GINI superior a 0,45, apresentam o PIB *per capita* inferior a Int.$ 20 mil, indicando que uma política de crescimento econômico e a redução da desigualdade podem caminhar juntas. No entanto, é alta a amplitude da taxa de crescimento do PIB entre os países com menor desigualdade. Logo, a baixa concentração de renda não é necessariamente garantia de maiores taxas correntes de crescimento do PIB. Stiglitz[78] analisa com detalhes a relação entre desigualdade e crescimento econômico.

78 STIGLITZ, Joseph. *O preço da desigualdade*. Lisboa: Bertrand, 2013.

5.2 Análise temporal

O objetivo desta secção é entender a relação entre esforço fiscal,[79] crescimento econômico e concentração de renda. Para tanto, os dados foram analisados por intermédio de modelos econométricos de dados em painel abrangendo um período de 20 anos (2010-2019). Foram testadas as seguintes hipóteses:

i. o crescimento da arrecadação tributária, como percentual do PIB (incluindo as contribuições sociais), impacta negativamente o crescimento do Produto Interno Bruto (PIB).

ii. o crescimento da arrecadação tributária, como percentual do PIB (incluindo as contribuições sociais), impacta positivamente no Índice de Desenvolvimento Humano (IDH).

iii. o crescimento da arrecadação tributária, como percentual do PIB (incluindo as contribuições sociais), reduz o Coeficiente de GINI. Ou seja, testou-se a hipótese de que a redução na concentração de renda é explicada parcialmente pelo aumento da arrecadação.

Além disto, foi analisada a influência dos impostos pessoais, diretos, e de natureza mais progressiva – imposto de renda pessoa física, impostos recorrentes sobre bens imóveis, imposto sobre heranças e doações, e imposto sobre a riqueza líquida, no desenvolvimento econômico, IDH e GINI.

5.3 Aspectos metodológicos

i. Base de dados

Devido às limitações para a formação de uma série completa entre 2000 e 2019, principalmente em relação ao Coeficiente GINI,

---

79 Arrecadação em relação ao PIB, tipicamente tratada como carga tributária.

a modelagem econométrica considerou dados sobre apenas 62 países (ver Quadro 4). Mesmo assim, parte dos dados referentes ao coeficiente tiveram de ser imputados por interpolação linear para os anos faltantes. Para alguns exercícios havia também dados faltantes relacionados à arrecadação tributária.

Quadro 4 – Países considerados na análise empírica

CÓDIGO	PAÍS	CÓDIGO	PAÍS	CÓDIGO	PAÍS
ZAF	África do Sul	SVN	Eslovênia	MAR	Marrocos
ALB	Albânia	ESP	Espanha	MEX	México
DEU	Alemanha	USA	Estados Unidos	MDA	Moldovia
ARM	Armênia	EST	Estônia	MNG	Mongólia
AUS	Austrália	FIN	Finlândia	NOR	Noruega
AUT	Áustria	FRA	França	NZL	Nova Zelândia
BEL	Bélgica	GEO	Geórgia	PRY	Paraguai
BLR	Bielorrússia	GRC	Grécia	PER	Peru
BIH	Bósnia e Herzegovina	NLD	Holanda	POL	Polonia
BRA	Brasil	HND	Honduras	PRT	Portugal
BGR	Bulgária	HUN	Hungria	GBR	Reino Unido
CAN	Canadá	IRL	Irlanda	CZE	República Checa

CHL	Chile	ISL	Islândia	KOR	República da Coréia
CHN	China	ISR	Israel	ROU	Romênia
CYP	Chipre	ITA	Itália	SRB	Sérvia
COL	Colômbia	JPN	Japão	SWE	Suécia
CRI	Costa Rica	JOR	Jordânia	CHE	Suíça
HRV	Croácia	LVA	Letônia	THA	Tailândia
DNK	Dinamarca	LTU	Lituânia	TUR	Turquia
SLV	El Salvador	LUX	Luxem-burgo	UKR	Ucrânia
SVK	Eslovaca	MKD	Macedônia		

Fonte: Elaboração própria.

ii. Atributos dos modelos econométricos

O Quadro 5 resume os atributos considerados nos modelos econométricos desenvolvidos, incluindo tanto as variáveis dependentes quanto as variáveis independentes[80] testadas.

80 Também denominadas variáveis explicativas, que incluem variáveis de controle.

Quadro 5 – Variáveis consideradas na análise empírica

Código	Descrição	Tipo de variável
AT_pib	Arrecadação tributária, incluindo as contribuições sociais, como um percentual do PIB (%).	Quantitativa
AT_pc	Arrecadação tributária, incluindo as contribuições sociais em dólares por Paridade Poder de Compra (PPC) a preços constantes (Base: 2017), Int.$	Quantitativa
IDP_pib	Impostos diretos de natureza progressiva – imposto de renda pessoa física, impostos recorrentes sobre bens imóveis, imposto sobre heranças e doações, imposto sobre a riqueza líquida – como um percentual do PIB (%)	Quantitativa
PIB_var	Variação do Produto Interno Bruto (PIB) em relação ao ano anterior, expressa em percentuais (%)	Quantitativa
PIB_pc	PIB *per capita* em Paridade Poder de Compra cm dólares por Paridade Poder de Compra (PPC) a preços constantes (Base: 2017), Int.$	Quantitativa
IDH	Índice de Desenvolvimento Humano (IDH). Sua variação é de "0" (sem desenvolvimento humano) a "1" (máximo nível de desenvolvimento humano).	Quantitativa
GINI	Coeficiente de GINI que mede a concentração de renda. Sua variação é de "0" (total igualdade na distribuição de renda, situação na qual todos possuem a mesma renda) a "1" (total desigualdade na distribuição da renda, situação na qual uma só pessoa detém toda a renda).	Quantitativa
POP	Número de habitantes, expresso em milhões.	Quantitativa

Fonte: Elaboração própria.

As séries temporais testadas variaram de 17 a 20 anos (unidades de corte longitudinal) para os 62 países selecionados (unidades de corte transversal). Considerando a série máxima de 20 anos para 62 países, o número total é de 1.240 registros. Quando as séries estão completas, isto é, inexistem dados faltantes, o painel é denominado balanceado. Entretanto, cabe observar a existência de alguns dados faltantes na série em estudo. Desta forma, o número de registros variou entre 1.095 e 1.240 a depender da completude das variáveis selecionadas. Cabe ainda salientar que as variáveis relacionadas a arrecadação tributária – AT_pib, e IDP_pib – foram defasadas 1 ano em relação ao PIB, IDH e GINI, assumindo a necessidade de um período mínimo de 1 ano para viabilizar o impacto da política tributária nestes indicadores.

iii. Tipo de modelos testados

A equação geral do modelo de regressão de dados em painel é descrita na sequência:

$$y_{it} = \boldsymbol{x}_{it} \cdot Q + \varepsilon_{it} \qquad \text{(equação 1)}$$

Onde: $\boldsymbol{yit}$ é a variável dependente; $\boldsymbol{xit}$ é um vetor de dimensão 1 x K contendo as variáveis independentes e K é o número destas variáveis; Q é um vetor de dimensão K x 1 de parâmetros a serem estimados; e **sit** são os erros aleatórios; **i** é o índice de representação das unidades de corte transversal (no caso presente são os países) e varia de 1, 2, ..., n; **t** é o índice de representação do tempo, variando de 1, 2, ..., T.

Conforme Loureiro e Costa,[81] a estimativa dos parâmetros da Equação 1 utilizando o método dos mínimos quadrados ordinários (MQO) é válida apenas quando não houver heterocedasticidade

81 LOUREIRO, André Oliveira Ferreira; COSTA, Leandro Oliveira. "Uma breve discussão sobre os modelos com dados em painel". *Instituto de Pesquisa e Estratégia Econômica do Ceará*, Fortaleza, nota técnica nº 37, 2009.

e autocorrelação dentro e entre as unidades de corte transversal, sob pena das estimativas daqueles parâmetros não serem eficientes, apesar de serem não-viesadas e consistentes. Outro problema apontado por aqueles autores quanto à utilização do MQO para dados em painel é a presença de endogeneidade, que resulta da situação na qual uma variável independente é correlacionada com o erro da equação.

Alternativamente, podem ser utilizados os métodos a seguir descritos para estimar os coeficientes de modelos de dados em painel.

Modelo de Efeitos Fixos:[82] O modelo de efeitos fixos leva em consideração diferenças individuais, traduzidas em diferentes interceptos da reta de regressão para as diferentes unidades de corte transversal, que no caso deste estudo são os países. O modelo, neste caso, atribui o subscrito "i" para o termo constante $\mathbf{Q1}\boldsymbol{i}$, conforme mostrado na Equação 2. Os termos constantes calculados desta forma, que representam os interceptos para cada país, são chamados de efeitos fixos.

$$yit = \beta 1i + \beta 2ix2it + \beta 3ix3it + \cdots + \beta nix3iT + \varepsilon it \quad \text{(equação 2)}$$

Modelo de Efeitos Aleatórios:[83] Neste caso, o intercepto é considerado uma variável aleatória e não uma constante. Em outras palavras, as variações regionais são identificadas por oscilações aleatórias ($\boldsymbol{ci}$) em torno de um valor médio constante $\mathbf{Q0}$.

A escolha do método aplicado para a modelagem dos dados é descrita por intermédio do fluxograma apresentado na Figura 124.

---

82 Ver COLONESCU, C. "Panel data models". *Principles of econometrics with R*, set. 2016. Disponível em: https://bookdown.org/ccolonescu/RPoE4/panel-data-models.html. Acessado em: 12.11.2024.

83 Ver MAIA, Alexandre Gori. *Videoaula sobre modelo com efeitos aleatórios*. CE 731 – Econometria II. Disponível em: https://www4.eco.unicamp.br/docentes/gori/images/arquivos/EconometriaII/Ce731Aula14_EfeitosAleatorios.pdf.

A partir do modelo MQO foram realizados testes estatísticos para orientar a escolha mais adequada quanto a estrutura do modelo.[84]

Figura 124 – Fluxograma para escolha dos modelos a serem empregados[85]

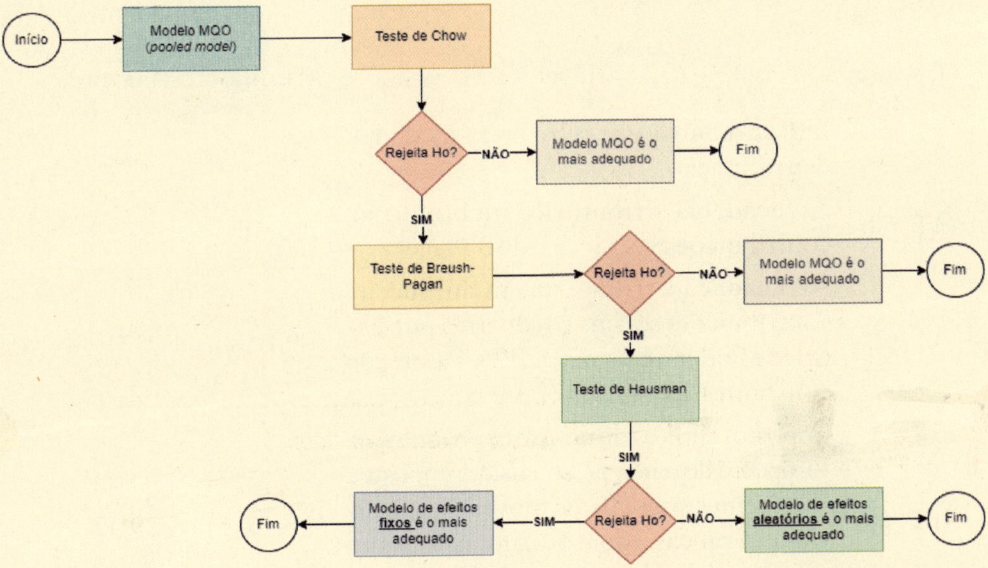

Fonte: Elaboração própria a partir de Loureiro e Costa e Carneiro.[86]

---

84 Essa abordagem pode ser seguida com a utilização do *software* Opensource Gretl (https://gretl.sourceforge.net/), pacote PLM do R (https://cran.r-project.org/web/packages/plm/vignettes/A_plmPackage.html) e *libraries* linearmodels e statmodels do Python (https://bashtage.github.io/linearmodels/ e https://www.statsmodels.org/stable/index.html). Cabe ressaltar que as estimativas de modelos foram realizadas com o Gretl, R e Python com intuito de conferência dos resultados obtidos.

85 CARNEIRO, Diego. "Como selecionar e estimar modelos de Dados em Painel no Gretl: Pooled, Efeitos Fixos ou Aleatórios". *YouTube*, dez. 2010. Disponível em: https://www.youtube.com/watch?v=yIJslJZpG2g&t=55s. Acessado em: 18.11.2024.

86 LOUREIRO, André Oliveira Ferreira; COSTA, Leandro Oliveira. "Uma breve discussão sobre os modelos com dados em painel". *Instituto de Pesquisa*

- **Análise preliminar dos dados**

A Tabela 15 mostra a amplitude – valor mínimo e valor máximo – das variáveis consideradas.

Tabela 15 – Amplitude das variáveis da amostra de dados

Código	Variável	Mínimo	Máximo
ANO	Indica o ano a que se referem os dados de tributação.	2000	2019
AT_pib	Arrecadação tributária, incluindo as contribuições sociais em PIB (%)	10,56	50,29
AT_pc	Arrecadação tributária, incluindo as contribuições sociais em dólares por Paridade Poder de Compra (PPC) a preços constantes (Base: 2017), Int.$	690,58	47.571,34
IDP_pib	Impostos diretos de natureza progressiva – imposto de renda pessoa física, impostos recorrentes sobre bens imóveis, imposto sobre heranças e doações, imposto sobre a riqueza líquida – como um percentual do PIB (%)	zero	29,42
PIB_var	Variação do Produto Interno Bruto (PIB) em relação ao ano anterior, expressa em percentuais (%)	- 15,10	24,37
PIB_pc	PIB *per capita* em Paridade Poder de Compra em dólares por Paridade Poder de Compra (PPC) a preços constantes (Base: 2017), Int.$	3.430,96	122.170,86

---

e Estratégia Econômica do Ceará, Fortaleza, nota técnica nº 37, 2009; CARNEIRO, Diego. "Dados em Painel – Aula 01 – Introdução". *YouTube*, abr. 2021. Disponível em: https://www.youtube.com/watch?v=xVTfd7V-8fWo. Acessado em: 14.11.2024.

IDH	Índice de Desenvolvimento Humano (IDH), que varia entre "0" e "1".	0,52	0,96
GINI	Coeficiente de GINI relacionado à concentração de renda, que varia que varia entre "0" e "1".	0,23	0,65
POP	Número de habitantes, expresso em milhões	0,28	1.410,08

Fonte: Elaboração própria.

A Figura 125 mostra a matriz de correlação (Correlação de Spearman) entre as variáveis quantitativas estudadas. Pode ser observado que o IDH é altamente correlacionado com a arrecadação dos impostos diretos de natureza mais progressiva em PIB (IDP_pib). Ou seja, países com maior índice de desenvolvimento humano apresentam maior arrecadação destes impostos. Foi também identificado uma boa correlação entre o IDH e a arrecadação tributária em PIB (AT_pib). Embora a relação seja negativa (inversa) entre a variação do PIB (PIB_var) e a arrecadação tributária (AT_pib), a correlação é baixíssima (-0,03), sugerindo que o aumento da arrecadação tributária não impacta no crescimento do PIB. A correlação é também negativa entre o PIB_var e a importância como um percentual do PIB dos impostos diretos de natureza mais progressiva (IDP_pib). A correlação entre o GINI e a carga tributária é relativamente alta e negativa. Neste caso, quanto maior o GINI (maior desigualdade), menor é a arrecadação tributária. Isto pode ser entendido como um efeito positivo da arrecadação tributária na redução das desigualdades. Há ainda outras variáveis que apresentam correlações relevantes. Por exemplo, a correlação é inversa entre o GINI e o IDH, indicando que quanto menor o GINI, ou seja, menor a desigualdade, maior o índice de desenvolvimento humano. A arrecadação tributária *per capita* (AT_pc) é fortemente correlacionada com o PIB *per capita* (PIB_pc) e o IDH. Contudo, deve-se reconhecer que há um efeito casuístico na relação entre AT_pc e PIB_pc, pois a primeira variável atua como um fator determinante da segunda, e vice-versa.

Figura 125 – Visualização da matriz de correlação das variáveis testadas por intermédio de um (mapa de calor)

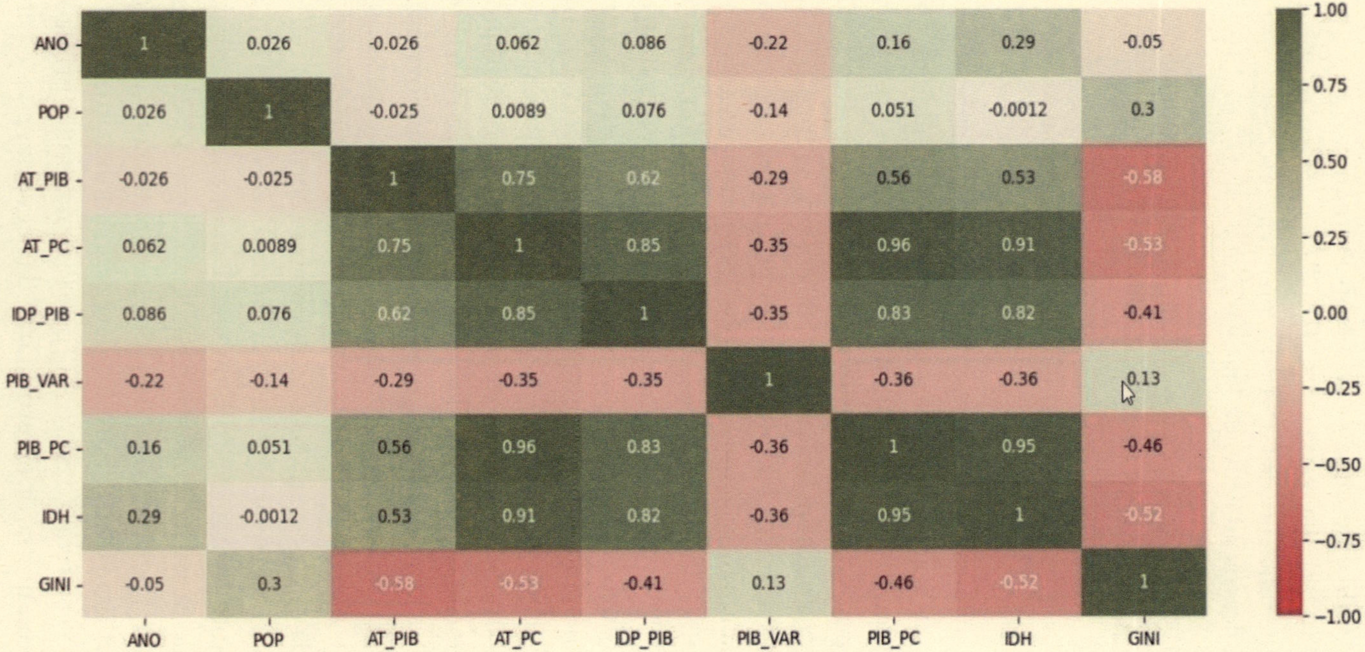

Fonte: Elaboração própria. Nota: Ver a descrição das variáveis na Tabela 15 ou Quadro 5.

- **Resultados**

A seguir, são exibidos os modelos desenvolvidos, cuja decisão sobre o tipo de método para estimar os coeficientes seguiu a rotina ilustrada no fluxograma apresentado na Figura 124. Em todos os casos, a aplicação desta metodologia resultou na seleção dos modelos de efeitos fixos. As variáveis foram mantidas na sua forma original, sempre que as transformações testadas, como, por exemplo, a forma logarítmica, não produziram ganhos relevantes no ajuste dos modelos. Como variáveis de controle (covariáveis) foi testada a população.

Como explicado anteriormente, as variáveis relacionadas a arrecadação tributária – AT_pib, IDP_perc e IDP_pib – foram defasadas 1 ano em relação ao PIB, IDH e GINI, assumindo a necessidade de um período mínimo de 1 ano para viabilizar o impacto da política tributária nestes indicadores. Em termos econométricos, a defasagem de uma variável explicativa diminui a endogeneidade daquela variável, que é a sua alta correlação com o erro do modelo. Entretanto, o fenômeno prejudica a eficiência dos estimadores e resulta em inferências inconsistentes. Todos os modelos apresentados contemplam 62 países e apresentam pequenas variações no número de registros considerados (entre 1.059 e 1.120) devido aos dados faltantes ao longo do período de 20 anos.

(i) MODELO 1: Variação do PIB (PIB_var)

Além do baixo poder de determinação do modelo, a magnitude do esforço fiscal – arrecadação tributária em PIB – não se mostrou estaticamente significativa para explicar a variabilidade no crescimento ou redução do PIB (ver Quadro 6). Desta forma, a análise confirma a hipótese de que a magnitude da receita tributária não interfere no crescimento do Produto Interno Bruto (PIB). Ou seja, não há evidências de que o aumento da arrecadação tributária prejudique o desenvolvimento econômico.

Quadro 6 – Modelo 1 de dados em painel de efeitos fixos para explicar a variação do PIB (PIB_var)

Variável dependente: PIB_var					
Variáveis independentes (x)	**Forma**	**Coeficiente**	**Erro padrão**	**t estatística**	**probabilidade**
Intercepto		4,70479	1,850750	2,542	0,0112 **
AT_pib defasado 1 ano	X	0,03850	0,052195	0,738	0,4609
POP	X	−0,06268	0,021939	-2,857	0,0044 ***
Estatísticas					
R^2 LSDV (%)	21,01	Média da variável dependente			2,91770
Erro padrão da regressão	3,12894	Desvio padrão da variável dependente			3,41405
F-estatística LSDV	4,19994	Soma do quadrado dos resíduos			9.741,29
Probabilidade do F-estatística	9,80 e -23	Critério de Akaike			5.483,28
Log da verossimilhança	-2.677,64	Critério Hannan-Quinn			5.603,72
Rô	0,31495	Critério de Schwarz			5.801,05
Durbin-Watson estatística	1,32592				
Teste conjunto nos regressores designados					
F-estatística	4,17	Probabilidade do F-estatística			0,01573
Teste para diferenciar interceptos de grupos (hipótese nula: Os grupos possuem o mesmo intercepto)					
F-estatística	2,57	Probabilidade do F-estatística			2,53129 e -09

Onde: "PIB_var" é a variação do Produto Interno Bruto (PIB), expressa em percentuais (%); "AT_pib" é a arrecadação tributária, incluindo as contribuições sociais em PIB (%), defasada em um ano em relação ao PIB; "POP" é o número de habitantes, expresso em milhões. Nota: ** representa o nível de significância inferior a 5%; e *** representa o nível de significância inferior a 1%.

Fonte: Elaboração própria com base em cálculos e estatísticas produzidas nos *software* Open Source Gretl, R e Python.

Foram também desenvolvidos modelos empregando como variável independente a participação ou a importância dos impostos diretos de natureza mais progressiva (IDP_pib) ao invés da arrecadação tributária (AT_pib). De forma semelhante aos resultados anteriores, as variáveis não se mostraram estaticamente significantes para explicar a variação do PIB. O poder de determinação destes modelos é inclusive inferior ao anterior. Desta forma, estes resultados não serão apresentados.

(ii) MODELO 2 e 3: Índice de Desenvolvimento Humano (IDH)

Utilizando como variável independente o esforço fiscal, o poder de determinação do modelo é elevado e a magnitude da arrecadação tributária se mostrou estaticamente significativa para explicar a variabilidade do IDH (ver Quadro 7). O modelo desenvolvido confirma a hipótese de que a magnitude da arrecadação tributária em PIB, incluindo as contribuições sociais, impacta positivamente no Índice de Desenvolvimento Humano (IDH). Ou seja, países com alta arrecadação tributária em PIB tendem a apresentar alto grau de desenvolvimento humano. Entretanto, o aumento do IDH em função da variação da arrecadação tributária é pequeno. Conforme o modelo desenvolvido, o aumento de um ponto percentual (pp.) na arrecadação tributária em PIB resulta em um aumento de 0,0019 no IDH do próximo ano. Por exemplo, o crescimento de 5 pp. na arrecadação em PIB resultaria no aumento de apenas 0,0095 no IDH. Contudo, o modelo indica que uma estratégia viável de desenvolvimento econômico e social de longo prazo seria promover aumentos graduais e constantes da arrecadação tributária, aliado a um crescimento sustentável do PIB visto que o aumento da arrecadação em PIB não afetou o crescimento econômico (ver Modelo 1).

Quadro 7 – Modelo 2 de dados em painel de efeitos fixos para explicar o IDH em função da arrecadação tributária em PIB (%)

Variável dependente: IDH					
Variáveis independentes (x)	**Forma**	**Coeficiente**	**Erro padrão**	**t estatística**	**probabilidade**
Intercepto		0,68995	0,0136978	50,37	<0,0001***
AT_pib defasada 1 ano	X	0,00190	0,0003863	4,91	<0,0001***
POP	X	0,00166	0,0001624	10,20	<0,0001***
Estatísticas					
R^2 LSDV (%)	93,41	Média da variável dependente			0,82885
Erro padrão da regressão	0,0232	Desvio padrão da variável dependente			0,08750
F-estatística LSDV	223,95	Soma do quadrado dos resíduos			0,53361
Probabilidade do F-estatística	0,000000	Critério de Akaike			-4.907,86
Log da verossimilhança	2.517,93	Critério Hannan-Quinn			-4.787,42
Rô	0,91658	Critério de Schwarz			-4.590,09
Durbin-Watson estatística	0,07352				
Teste conjunto nos regressores designados					
F-estatística	70,51	Probabilidade do F-estatística			2,29947e-29
Teste para diferenciar interceptos de grupos (hipótese nula: Os grupos possuem o mesmo intercepto)					
F-estatística	51,25	Probabilidade do F-estatística			5,76689e-261

Onde: "IDH" é o Índice de Desenvolvimento Humano (IDH); "AT_pib" é a arrecadação tributária, incluindo as contribuições sociais em PIB (%), defasada um ano em relação ao IDH; "POP" é o número de habitantes, expresso em milhões. Nota: *** representa o nível de significância inferior a 1%.

Fonte: Elaboração própria com base em cálculos e estatísticas produzidas nos *software* Open Source Gretl, R e Python.

Alternativamente, foi testada a influência dos impostos diretos de natureza mais progressiva no IDH. Tanto em termos de participação ou em PIB, estes tributos se mostraram estatisticamente significantes para explicar o crescimento do IDH. De forma semelhante ao modelo anterior, estes modelos explicam mais de 93% da variabilidade do IDH. O Quadro 8 descreve o modelo que usa a arrecadação dos tributos diretos de natureza progressiva em PIB como variável independente, cujo ajuste do modelo foi ligeiramente superior àquele que considera estes tributos como um percentual da arrecadação tributária. Neste caso, um aumento de 1 pp. na arrecadação destes tributos resulta em um crescimento de 0,0082 no IDH do próximo ano. Ou seja, o crescimento da arrecadação tributária de tributos mais progressivos tem maior efeito na melhoria do IDH. Neste caso, o IDH brasileiro passaria de 0,754 (alto) para 0,803 (muito alto) com o crescimento de 6 pp. na arrecadação dos impostos diretos de natureza mais progressiva em PIB. Ou seja, haveria um aumento de 0,041 no IDH. O resultado indica os benefícios da política de aumentar gradualmente a arrecadação de impostos de viés progressivo como estratégia de promover o desenvolvimento social.

Quadro 8 – Modelo 3 de dados em painel de efeitos fixos para explicar o IDH em função dos tributos diretos de natureza progressiva em PIB (%)

Variável dependente: IDH					
Variáveis independentes (x)	**Forma**	**Coeficiente**	**Erro padrão**	**t estatística**	**probabilidade**
Intercepto		0,68333	0,0231694	29,49	<0,0001***
IDP_pib defasado em 1 ano	X	0,00824	0,0021528	3,829	0,0003***
POP	X	0,00156	0,0004120	3,793	0,0003***
Estatísticas					
R^2 LSDV (%)	93,27	Média da variável dependente			0,81700
Erro padrão da regressão	0,0250	Desvio padrão da variável dependente			0,09380
Log da verossimilhança	2.707,07	Soma do quadrado dos resíduos			0,69604
Rô	0,91754	Critério de Akaike			-5.286,14
Durbin-Watson estatística	0,08052	Critério Hannan-Quinn			-5.163,76
		Critério de Schwarz			-4.961,55
Teste conjunto nos regressores designados					
F-estatística	17,55	Probabilidade do F-estatística			9,5633e-07
Teste para diferenciar interceptos de grupos (hipótese nula: Os grupos possuem o mesmo intercepto)					
F-estatística	184,26	Probabilidade do F-estatística			6,3937e-249

Onde: “IDH” é o Índice de Desenvolvimento Humano (IDH); “IDP_pib” é a arrecadação dos tributos diretos de natureza mais progressiva em PIB (%), defasada um ano em relação ao IDH; “POP” é o número de habitantes, expresso em milhões. Nota: *** representa o nível de significância inferior a 1%.

Fonte: Elaboração própria com base em cálculos e estatísticas produzidas nos *software* Open Source Gretl, R e Python.

(iii) MODELO 4: Concentração de renda (GINI)

Utilizando como variável independente a arrecadação tributária em PIB, incluindo as contribuições sociais, o modelo desenvolvido explica 90% da variabilidade do GINI (ver Quadro 9). A variável população não se mostrou significativa em nível estatística, sendo, portanto, excluída dos modelos apresentados na sequência. Além disto, o modelo global desenvolvido não é significante a 1% (ver teste conjunto nos regressores designados). A arrecadação tributária se mostrou estaticamente significante para explicar a variabilidade do GINI. As variáveis são inversamente correlacionadas. Desta maneira, quanto maior a arrecadação tributária em PIB, menor é a concentração da renda. O aumento de 1 pp. na arrecadação tributária resulta na redução de 0,0009 no índice de GINI do próximo ano. Não obstante a forte correlação entre as variáveis, o crescimento de 5 pp. na arrecadação tributária em PIB resultaria na redução de apenas 0,0046 no GINI.

Quadro 9 – Modelo 4 de dados em painel de efeitos fixos para explicar o GINI em função da arrecadação tributária em PIB (%)

Variável dependente: IDH					
Variáveis independentes (x)	**Forma**	**Coeficiente**	**Erro padrão**	**t estatística**	**probabilidade**
Intercepto		0,37959	0,013847	27,41	<0,0001***
AT_pib defasada 1 ano	X	-0,00091	0,000440	-2,062	<0,0395***
Estatísticas					
R^2 LSDV (%)	90,27	Média da variável dependente			0,35108
Erro padrão da regressão	0,026486	Desvio padrão da variável dependente			0,08237
F-estatística LSDV	148,96	Soma do quadrado dos resíduos			0,69872
Probabilidade do F-estatística	0,000000	Critério de Akaike			-4.624,37
Log da verossimilhança	2.375,18	Critério Hannan-Quinn			-4.505,81
Rô	0,46172	Critério de Schwarz			-4.311,56
Durbin-Watson estatística	0,95902				
Teste conjunto nos regressores designados					
F-estatística	4,25	Probabilidade do F-estatística			0,03945
Teste para diferenciar interceptos de grupos (hipótese nula: Os grupos possuem o mesmo intercepto)					
F-estatística	103,19	Probabilidade do F-estatística			0,00000

Onde: "GINI" mede a concentração de renda, sendo que "0" indica plena igualdade e "1" plena desigualdade da sua distribuição; "AT_pib" é a arrecadação tributária, incluindo as contribuições sociais em PIB (%), defasada um ano em relação ao GINI. Nota: *** representa o nível de significância inferior a 1%.

Fonte: Elaboração própria com base em cálculos e estatísticas produzidas nos *software* Open Source Gretl, R e Python.

Alternativamente, foi testada a influência dos impostos diretos de natureza mais progressiva no GINI. Em termos de participação ou como um percentual do PIB, estes tributos se mostraram estatisticamente significantes para explicar o GINI. De forma semelhante ao modelo anterior, estes modelos explicam mais de 90% da variabilidade do indicador. Devido à semelhança entre os modelos, é apresentado apenas o modelo que considera a importância dos tributos como um percentual do PIB (ver Quadro 10). Neste caso, um aumento de 1 pp. na arrecadação destes tributos em PIB resulta em uma redução de 0,00323 no GINI do próximo ano. Ou seja, o crescimento da arrecadação de impostos mais progressivos tem um efeito muito mais robusto (3,55 vezes superior) na melhoria do GINI do que um crescimento da arrecadação tributária geral.

Neste caso, o crescimento de 5 pp. na arrecadação em PIB desses impostos resultaria em uma redução de 0,0162 no GINI. Considerando o GINI de 0,51 para o Brasil em 2022, tal aumento na arrecadação reduziria o coeficiente para 0,49. Se o aumento fosse de 7 pontos percentuais, ou seja, de 3,8% para 10,8% do PIB (nível similar ao da Áustria e Holanda), o GINI seria reduzido para 0,4894 (nível similar ao da Costa Rica atualmente).

Quadro 10 – Modelo 5 de dados em painel de efeitos fixos para explicar o GINI em função dos tributos diretos de natureza progressiva em PIB (%)

Variável dependente: GINI					
Variáveis independentes (x)	**Forma**	**Coeficiente**	**Erro padrão**	**t estatística**	**probabilidade**
Intercepto		0,39637	0,009615	41,23	<0,0001***
IDP_pib defasado 1 ano	X	-0,00323	0,000959	-3,36	0,0013***
POP	X	-0,00036	0,000140	-2,61	0,0115**
Estatísticas					
R^2 LSDV (%)	94,73	Média da variável dependente			0,356590
Erro padrão da regressão	0,019402	Desvio padrão da variável dependente			0,082238
Log da verossimilhança	3.005,52	Soma do quadrado dos resíduos			0,419346
Rô	0,6652	Critério de Akaike			-5.883,05
Durbin-Watson estatística	0,6085	Critério Hannan-Quinn			-5.760,67
		Critério de Schwarz			-5.558,46
Teste conjunto nos regressores designados					
F-estatística	8,86	Probabilidade do F-estatística			0,000419
Teste para diferenciar interceptos de grupos (hipótese nula: Os grupos possuem o mesmo intercepto)					
F-estatística	530,88	Probabilidade do F-estatística			0,000000

Onde: "GINI" mede a concentração de renda, sendo que "0" indica plena igualdade e "1" plena desigualdade da sua distribuição; "IDP_pib" é a arrecadação dos tributos diretos de natureza mais progressiva em PIB (%), defasada um ano em relação ao GINI. Nota: ** representa o nível de significância inferior a 5%; e *** representa o nível de significância inferior a 1%.

Fonte: Elaboração própria com base em cálculos e estatísticas produzidas nos *software* Open Source Gretl, R e Python.

Em suma, os modelos desenvolvidos no período analisado indicam que: (i) o aumento da arrecadação tributária como um percentual do PIB não opera como estímulo ou empecilho ao desenvolvimento econômico; (ii) o crescimento da arrecadação tributária, incluindo as contribuições sociais, ou da arrecadação de tributos de natureza mais progressiva impactam positivamente no Índice de Desenvolvimento Humano (IDH); e (iii) o crescimento da arrecadação tributária, incluindo as contribuições sociais, ou da arrecadação de tributos de natureza mais progressiva impactam favoravelmente na redução da desigualdade.

Observa-se uma forte correlação entre a receita tributária e o IDH ou o Coeficiente de GINI. Consequentemente, países com maior arrecadação tributária tendem a apresentar índices mais elevados de desenvolvimento humano e menor desigualdade. Por outro lado, é necessário que o crescimento na arrecadação tributária como um percentual do PIB seja de grande magnitude para resultar em melhorias benéficas relevantes nestes indicadores sociais. Contudo, os efeitos serão mais fortes tanto no aumento do IDH quanto na redução do GINI se o aumento da arrecadação tributária for produzido por intermédio dos tributos de natureza mais progressiva.

CONCLUSÕES

Este estudo apresenta uma análise comparativa da arrecadação tributária e gasto público no contexto internacional, comparando o Brasil com 126 países selecionados. Os principais indicadores utilizados foram a arrecadação tributária e o gasto público como um percentual do PIB oficial e em dólares internacionais por habitante. Foi também estudada a participação dos governos subnacionais e das diferentes classes de incidência e principais espécies tributárias na arrecadação. De forma semelhante, foi analisado o gasto público desagregado por função. Além das comparações em nível individual, os países selecionados foram classificados em quatro grupos: Grupo 1 – países de economias avançadas da Europa e OCDE (exceto o Chile); Grupo 2 – todos os países latino-americanos; Grupo 3 – demais países de renda média alta; e Grupo 4 – demais países de renda média baixa e baixa.

Considerando o período entre 2000 e 2021, o Brasil teria um indicador médio de arrecadação tributária (32% do PIB oficial) similar aos países do Grupo 1 (34% do PIB oficial). No entanto, de acordo com estimativas do Banco Mundial, o Brasil possui uma participação do setor informal na economia muito mais elevada do que os países de economias avançadas, e quando se considera o PIB real, isto é, a soma do PIB oficial com a estimativa do peso do setor informal na economia, a diferença entre a arrecadação tributária média do Brasil (23% do PIB real) e do Grupo 1 (29% do PIB real) se distancia. Esse resultado serve para desmistificar que o Brasil possui uma alta arrecadação tributária em PIB, similar a dos países avançados, e que essa "alta carga tributária deve ser reduzida para tornar o indicador similar aos demais países de renda média e facilitar os investimentos".

De forma semelhante, a análise da arrecadação tributária *per capita*, isto é, o quanto o Estado tem disponível em recursos tributários para gastar com cada cidadão, também desmistifica a falácia da "alta carga tributária brasileira". Para fins comparativos, o indicador é apresentado em dólares por paridade de poder de compra a preços constantes do ano de 2017, isto é, em dólares internacionais (Int.$). Neste caso, a arrecadação média *per capita* brasileira (Int.$ 4.406) representou apenas 30% da média dos países do Grupo 1, sendo semelhante à média do Grupo 3. Os resultados incontestavelmente escancaram o enorme *gap* entre a disponibilidade de recursos por cidadão para investir em políticas públicas no Brasil e nos países de alta renda. Além da disponibilidade de recursos tributários por habitante ser baixa, seu crescimento foi de apenas 28% ente 2000 e 2020.

Por outro lado, o estudo conclui que a participação dos Estados e municípios – governo subnacional – na arrecadação tributária brasileira é superior à média dos grupos de países examinados. Por exemplo, enquanto o governo subnacional brasileiro contribui com 30% da arrecadação tributária, os entes subnacionais participam em média com 15% e 19% respectivamente nos países do Grupo 1 e Grupo 3.

Na sequência, o trabalho analisou individualmente cada uma das quatro principais bases de incidência tributária, quais sejam: (i) contribuições sociais; (ii) impostos sobre a renda das pessoas físicas e das jurídicas; (iii) impostos sobre a propriedade, que incluem os impostos recorrentes sobre bens imóveis, impostos sobre heranças e doações, impostos sobre a riqueza líquida, e impostos sobre a transferência de capital; (iv) impostos indiretos, que abrangem os impostos gerais sobre bens e serviços, impostos seletivos, impostos sobre comércio exterior, e impostos sobre uso de bens.

Com relação às contribuições sociais, as duas principais conclusões embasadas na análise dos indicadores de arrecadação e dos modelos de contribuições previdenciárias analisados de 62 países são a seguir descritas: (i) as contribuições sociais são bastante relevantes nos países do Grupo 1, principalmente os europeus, mas pouco aplicadas em países dos Grupos 2 e 4; e, (ii) o mais importante para determinar o desempenho arrecadatório das contribuições sociais é a magnitude agregada das alíquotas previdenciárias dos trabalhadores e empregadores, e o valor do teto previdenciário.

Entre 2000 e 2021, a arrecadação média das contribuições sociais no Brasil foi de 8% do PIB ou 25,1% da arrecadação total, sendo um pouco menor do que a média dos países do Grupo 1 (9,3% do PIB e 27,3% da arrecadação total). No entanto, o desempenho brasileiro foi muito superior, por exemplo, ao dos países latino-americanos (Grupo 2) que arrecadaram em média apenas 3,2% do PIB. Por outro lado, a arrecadação *per capita* média brasileira de Int.$ 1.116, que efetivamente indica a disponibilidade de recursos estatais por cidadão para prover a seguridade social – previdência social, assistência social e saúde – representou apenas um terço do indicador médio do Grupo 1. Além disso, em 2019, a arrecadação brasileira reduziu para apenas um quarto da média dos países do Grupo 1. É importante destacar o crescimento real de 42% do indicador no Brasil entre 2000 e 2020, possivelmente produzido pelo aumento do número de idosos na pirâmide populacional do país. Em 2022, a alíquota padrão agregada de aproximadamente 33%, resultante da soma de 11% aplicados até o teto previdenciário dos trabalhadores e 22% da folha salarial dos empregadores, é semelhante à média dos países do Grupo 1. No entanto, a maior diferença em relação a estes países é o baixo valor do teto previdenciário do trabalhador (R$ 7.087 ou Int.$ 2.905 em 2022), que é equivalente a um terço da média do Grupo 1. Além disso, alguns países – por exemplo, Bélgica, Finlândia, Hungria, Irlanda, Noruega, Portugal e Suíça – não possuem teto previdenciário para as contribuições dos trabalhadores, sendo a alíquota previdenciária aplicada sobre todo rendimento da pessoa física.

Seguem as principais recomendações deste estudo para melhorar o desempenho das contribuições sociais no Brasil: (i) evitar promover políticas de precarização de fontes de financiamento da previdência, como se discute a folha de pagamentos (chamadas, pelo mercado e, curiosamente, pelo governo, pelo seu efeito de favor fiscal ao setor privado: de "políticas desonerações da folha"), visto que a alíquota brasileira agregada não é discrepante em termos comparativos daquelas aplicadas nas economias avançadas; (ii) aumentar o valor do teto previdenciário (em pelo menos duas vezes) para que os indivíduos mais ricos possam contribuir para a seguridade social com base em uma parcela maior de seus rendimentos; e (iii) aumentar a base de cálculo da contribuição previdenciária dos empresários e autônomos para a renda efetivamente aferida, já que muitas vezes essas categorias optam por contribuir apenas sobre um salário mínimo, como, por exemplo, os pró-*labores*.

Com relação ao imposto de renda sobre a pessoa física (IRPF), entre 2002 e 2021, a arrecadação média brasileira que foi de 2,4% do PIB ou 7,6% da arrecadação total é equivalente a apenas 30% da média do Grupo 1 (8,1% do PIB e 23,4% da arrecadação total). Mesmo ao comparar com a arrecadação de outros países de renda, observa-se que o indicador brasileiro de 3% do PIB em 2019 está abaixo de países como África do Sul (9,3%), Turquia (3,8%), Rússia (3,5%) e México (3,4%). Claramente, existe amplo potencial de aumentar a arrecadação do IRPF que é pobremente explorado no Brasil, não obstante sua natureza progressiva. Embora o limite de isenção da tabela padrão do IRPF brasileiro em 2022 seja similar à média dos países do Grupo 1, a alíquota máxima (27,5%) e o nível de renda marginal o qual incide esta alíquota máxima – valores anuais acima de Int.$ 24.551 – foram significativamente mais baixos que a média do Grupo 1. Nestes países, a alíquota máxima média foi de 40,2%, aplicados a uma faixa média quase dez vezes superior de renda.

Além da baixa progressividade da tabela padrão, o Brasil se destaca por tributar de maneira mais reduzida os rendimentos financeiros e de ganhos de capital (15% na maioria dos casos) e de isentar completamente o rendimento de lucros e dividendos. Nos países do Grupo 1, a tributação média na fonte sobre os rendimentos de capital, incluindo juros, dividendos e ganhos de capital, foi de 23%. O estudo levantou que apenas Estônia, Letônia, Malásia e países do Oriente Médio, isentam os rendimentos de dividendos, seja porque são países pequenos, que têm uma política agressiva de atração de investimentos, ou porque são países ricos em recursos naturais que não precisam de tais receitas. Por fim coube salientar que uma parcela significativa dos países com bom desempenho na arrecadação do IRPF também o cobrava em esfera subnacional, na maioria das vezes de maneira suplementar ao IRPF central (28 países levantados pelo estudo). Por exemplo, em 2019, o IRPF subnacional representou 21% da arrecadação do IRPF total nos Estados Unidos, 24% na Bélgica, 38% na República Tcheca, 40% na China, Japão e Canadá, 44% na Dinamarca, 46% na Polônia, 52% na Noruega, 55% na Espanha, 57% na Alemanha, 67% na Finlândia e 81% na Suíça. Com isso, recomenda-se que: (i) sejam adicionadas novas alíquotas e faixas superiores na tabela padrão, viabilizando o aumento da progressividade; e, (ii) sejam tributadas mais fortemente as rendas de capital, sendo recolhido, no mínimo, 20% na fonte, de forma a extinguir a isenção para lucros e dividendos e aumentar a tributação definitiva para ganhos de capital e rendimentos financeiros.

O argumento de que a isenção do IRPF sobre os dividendos é justificada pela alta tributação da renda corporativa é extremamente falaciosa. Isso porque, 90% das empresas são optantes do Simples Nacional, e 9% optantes do regime de Lucro Presumido, ambos com tributação muito favorecida. O regime padrão só é aplicado a 1% das empresas cadastradas e a alíquota efetiva costuma ser muito aquém da alíquota legal. De qualquer maneira, uma política tributária que permita creditar o IRPJ efetivamente pago no IRPF incidente sobre dividendos atenuaria a bitributação e traria maior isonomia, embora possa demandar uma alíquota mais alta.[87]

Quanto à arrecadação do Imposto de Renda da Pessoa Jurídica (IRPJ), o desempenho brasileiro foi similar aquele observado nos diferentes grupos de países (cerca de 3% do PIB), representando um cenário abordado anteriormente pela OCDE na sua proposta multilateral de um IRPJ mínimo global para reduzir a competição tributária entre os diferentes países. O Brasil possui uma elevada alíquota de 34%, considerando o IRPJ e a CSLL agregados, mas uma arrecadação similar a outros países, sugerindo um elevado "*gap* tributário" do IRPJ que pode ser atribuído às políticas de isenções, exceções, incentivos setoriais e regionais, e regimes especiais (Simples Nacional e Lucro Presumido).

É relevante comentar que tais medidas reduzem a equidade horizontal e prejudicam os setores não beneficiados cuja tributação efetiva é maior. O estudo também levantou quc 17 países possuíam IRPJ subnacional aplicado de maneira concorrente ou suplementar ao IRPJ de competência do governo central em 2019. Por exemplo, o IRPJ subnacional representou 12% da arrecadação total do IRPJ na Coréia e Turquia; 21% na Polônia; 25% nos Estados Unidos; 32% na Finlândia; 36% na China e Japão; e 39% no Canadá.

Visando o aperfeiçoamento do IRPJ, recomenda-se: (i) reduzir a alíquota legal de 34% para 25% e os incentivos setoriais de forma

---

87 Tal sistema existe na Austrália, onde o lucro corporativo é tributado a 30% pelo IRPJ e os dividendos podem ser tributados em até 47% pela tabela progressiva do IRPF, porém a alíquota efetiva pode ser reduzida para 24,3% devido ao crédito recebido (sistema conhecido como "Imputação de Créditos"). No Canadá, o lucro corporativo é tributado em 26,2% e os dividendos em até 53,5% pela tabela progressiva do IRPF, mas a alíquota efetiva é reduzida para 39%. Para mais detalhes ver em OCDE (2024).

a aumentar a isonomia entre os setores; e, (ii) reduzir o escopo dos regimes do Lucro Presumido e do Simples Nacional. Conforme estudo de CGU e IPEA (2024), o teto de faturamento médio dos regimes especiais para pequenas empresas em uma seleção de 14 países de economias avançadas foi equivalente a apenas 9,2% do teto anual do Simples Nacional. Por sua vez, o teto do faturamento do regime de Lucro Presumido de R$ 79 milhões não encontra respaldo nos modelos tributários de qualquer outro. Deve-se perceber que esta política beneficia enormemente empresas altamente lucrativas por intermédio da fixação de margens presumidas de lucro muito reduzidas.

Os impostos sobre o patrimônio são divididos em quatro categorias, quais sejam: (i) recorrentes sobre a propriedade imobiliária; (ii) impostos sobre heranças e doações; (iii) impostos sobre a riqueza líquida; e (iv) impostos sobre transferências de capital, incluindo tanto bens imóveis como operações financeiras. Cabe ressaltar que a classificação do FMI e da OCDE, utilizada neste trabalho, considera o IPVA como imposto indireto. Excluindo os impostos sobre as transferências de capital, os demais impostos que possuem viés mais progressivo representaram apenas 0,8% do PIB no Brasil e 1,3% do PIB nos países do Grupo 1 em 2019.

Não obstante o crescimento de 70% na arrecadação do imposto recorrente sobre bens imóveis – IPTU e ITR – em PIB no Brasil, a arrecadação média que foi de 0,5% do PIB entre 2000 e 2021 é bem inferior à média dos países do Grupo 1, que é de aproximadamente 1% do PIB. Em 2021, o Brasil arrecadou 0,7% do PIB. Ainda assim, isto correspondeu a 70% da média do Grupo 1. Cabe salientar a relevância desta espécie tributária em diversos países. Por exemplo, em 2019, este imposto representou 1,4% do PIB na África do Sul, 1,9% na Nova Zelândia e Japão; 2,4% na França; 2,8% nos Estados Unidos; 3% na Inglaterra; e 3,1% no Canadá. Um dos grandes gargalos do imposto imobiliário no Brasil é o ITR apesar do grande potencial considerando a extensão territorial dos imóveis rurais no país e o dinamismo do agronegócio, que valoriza as terras rurais. Sua cobrança pode ser considerada praticamente simbólica. Além das ineficiências na sua administração, parâmetros tributários aplicados para este imposto, previstos em uma legislação ultrapassada (Lei n. 9.393/1996), produzem resultados controversos, tais como, grande número de imóveis isentos ou pagando quantias insignificantes. Com relação ao IPTU, as atualizações do valor venal dos imóveis devem ser aprovadas por lei devido à Súmula n. 160/1996 do STJ. As dificuldades políticas de atualizar a base de cálculo do IPTU tem contribuído para altos intervalos entre as avaliações, resultando em iniquidades e na subavaliação do valor estimado para a grande maioria dos imóveis. No entanto, a Emenda Constitucional (EC) n. 132/2023, que trata da reforma tributária, passou a permitir a atualização por decreto municipal.

Quanto ao imposto estadual sobre heranças e doações no Brasil (ITCD), o principal gargalo ainda existente é a limitação da alíquota máxima em apenas 8% pelo Senado Federal, que sequer é aplicada por todos os Estados. Por outro lado, a EC 132/2023 e a sua provável regulamentação pelo PLP 108/2024 resolveram um grande problema, que vinha se arrastando desde a década de 1990 – a falta de regulamentação para a tributação de heranças localizadas no exterior (seja por propriedade direta do doador ou por meio de "*trusts*"), ou cujo doador fosse residente no exterior. De fato, o presente estudo mostra que a alíquota máxima do imposto sobre heranças é altamente correlacionada com sua arrecadação efetiva. Entre 20 países do Grupo 1 que cobraram o imposto em 2019, a arrecadação média foi de 0,23% do PIB e a alíquota máxima média foi de 36%, enquanto no Brasil a arrecadação foi de 0,12% do PIB.

Por sua vez, os impostos sobre a riqueza líquida, previsto na Constituição brasileira como "Imposto sobre Grandes Fortunas (IGF)" que não foi regulamentado, são adotados em apenas 14 países, incluindo a Argentina, Espanha e Bélgica, que arrecadam aproximadamente 0,2% do PIB; Noruega e Grécia (aproximadamente

0,6% do PIB); Uruguai (0,9% do PIB); e Suíça (1,4% do PIB). Em alguns países os impostos sobre a riqueza líquida são estabelecidos em nível subnacional como uma forma de complementar a arrecadação dos impostos recorrentes sobre bens imóveis.

Por fim, cabe abordar os impostos sobre transferência de capital. Essa categoria não engloba apenas os impostos sobre transferência de imóveis, mas também uma ampla gama de tributos sobre operações financeiras. No Brasil, são incluídos nesta categoria o ITBI, a IOF e a extinta CPMF. Tais impostos são bastante deletérios às atividades econômicas por serem cumulativos e inibirem as transações financeiras. Inclusive o FMI, diferentemente da OCDE, classifica-os como tributos indiretos. Entre 2008 e 2021, a arrecadação representou em média 0,7% do PIB, sendo que 78% da arrecadação foi produzida pelo IOF que representou, em média, 43% da arrecadação dos impostos sobre o patrimônio no Brasil neste período. Em países do Grupo 1, a arrecadação média dos impostos sobre transferência de capital foi de 0,4% do PIB, a maior parte referente aos impostos sobre transferência de imóveis. Por outro lado, em países de renda média que passam por problemas fiscais e macroeconômicos, estes tributos são utilizados como uma estratégia rápida e de baixo custo administrativo para mobilizar receitas. Por exemplo, estes tributos chegaram a representar 2,1% do PIB na Argentina em 2019.

Recomenda-se que a redução da alta importância do IOF seja compensada pelo aumento do IPTU, ITR e ITCD que apresentam um viés mais progressivo. Embora dificilmente os impostos sobre a riqueza líquida sejam relevantes como fonte de receitas, seria adequado que a tributação da riqueza dos super ricos devido à altíssima concentração de renda e riqueza observada no Brasil.

Sobre os impostos indiretos, sem dúvida, esta é a categoria de impostos mais importante no Brasil, assim como em vários países do mundo. Entre 2000 e 2021, a arrecadação média no Brasil, incluindo o IPVA, foi de 14,6% do PIB, ou seja, aproximadamente 46,2%

da arrecadação total. Nas economias avançadas, sua relevância foi menor, 11,2% do PIB e 33,9% da arrecadação total. De forma semelhante ao Brasil, os impostos indiretos foram mais relevantes dos Grupos 2, 3 e 4, onde representaram aproximadamente metade da arrecadação tributária total, mostrando a dificuldade dos países de renda média e baixa de tributar a renda e o patrimônio.

Estes impostos são divididos em quatro subcategorias: (i) impostos gerais sobre bens e serviços, abrangendo o IVA, o imposto sobre vendas finais e os impostos sobre o faturamento; (ii) impostos seletivos, abrangendo impostos específicos sobre combustíveis, eletricidade, bebidas, fumo etc.; (iii) impostos sobre o comércio exterior, abrangendo as tarifas de importação e o imposto de exportação; (iv) imposto sobre o uso de bens, abrangendo, principalmente, o imposto sobre o uso de veículos.

Em 2019, os impostos gerais sobre bens e serviços representaram 84% da arrecadação dos impostos indiretos no Brasil, e 66% nos países dos Grupos 1, 2 e 3. Por outro lado, devido ao grande peso dos impostos cumulativos incidentes sobre o faturamento – PIS/PASEP, COFINS e ISS – a tributação sobre o valor adicionado (ICMS) no Brasil representou apenas 57% da arrecadação dos impostos gerais sobre bens e serviços, em oposição a 97%.

No Grupo 1, 86% no Grupo 2 e 95% nos Grupos 3 e 4. Isso demonstra o grande desuso dos impostos cumulativos nos sistemas tributários de vários países, permanecendo relevantes apenas no Brasil, Argentina, Bolívia, Mianmar e Nicarágua.

A exemplo do modelo Canadense, a Emenda Constitucional n. 132/2023 da reforma tributária busca integrar todos os impostos gerais sobre bens e serviços em um IVA federal e outro estadual. É previsto um período de transição para a plena implementação da proposta de 7 anos (2026 a 2033).

Deve-se ressaltar a importância da tributação indireta subnacional no Brasil, que representou 61% da arrecadação indireta total e 90% das receitas tributárias dos governos subnacionais em 2019. Nas economias avançadas esses indicadores foram, respectivamente, 9% e 18%, e em países federativos, respectivamente, 27% e 35%. Além disso, nas sete maiores economias mundiais com dados disponíveis – China, Estados Unidos, Japão, Alemanha, Rússia, Indonésia e Brasil (não há dados para a Índia) – a tributação indireta subnacional foi ainda mais representativa. Embora inferior ao indicador brasileiro, ela foi responsável em média por 41% do total da tributação indireta total e 47% das receitas tributárias subnacionais.

Cabe ainda abordar os impostos seletivos, os impostos sobre comércio exterior e os impostos sobre uso de bens. Os impostos seletivos no Brasil são representados neste estudo pelo IPI e CIDE, embora o ICMS, que é um imposto geral sobre bens e serviços, também possui alíquotas majoradas conforme a essencialidade e as externalidades negativas de certos bens. Em 2019, a arrecadação do IPI e CIDE representou apenas 6% dos impostos indiretos no Brasil, enquanto essa participação foi de 22% em média para os países do Grupo 1. Isso mostra que os países avançados executam políticas tributárias ligadas ao uso de combustíveis fósseis, meio ambiente e saúde de maneira mais efetiva do que o Brasil. Para melhor aproveitamento da sua extrafiscalidade, urge o fortalecimento de impostos seletivos no Brasil.

Em se tratando do imposto de importação, a sua arrecadação tem perdido a relevância em vários países devido ao maior grau de abertura econômica, a imposição de barreiras não tarifárias, e a tributação das importações pelos impostos gerais sobre bens e serviços. No Brasil, o imposto de importação representou 4,1% da arrecadação dos impostos indiretos em 2019, enquanto no Grupo 1 o indicador foi de apenas 1,7%.

Por fim, a participação do imposto sobre uso de veículos, representado no Brasil pelo IPVA, nos impostos indiretos foi de 4,5%. No Grupo 1, estes tributos representam apenas 2,3% dos impostos indiretos. Cabe salientar que o IPVA – que é cobrado de maneira associada à taxa fixa anual de licenciamento dos veículos – é altamente regressivo, onerando o orçamento das famílias mais pobres que possuem carros e motos.[88] Com o objetivo de maior justiça tributária, recomenda-se que sejam aplicadas alíquotas progressivas conforme o valor do veículo, além da inclusão das embarcações e aeronaves pessoais na sua base de incidência, como previsto na Emenda Constitucional n. 132/2023.

Adicionalmente, este trabalho apresenta uma análise abrangente do gasto público entre 2010 e 2019. Além do gasto total, foram avaliados o desempenho conforme as principais funções orçamentárias entre o Brasil e 59 países divididos em dois grupos: Grupo 1, economias avançadas da OCDE, exceto o Chile; e Grupo 2, demais países, que inclui majoritariamente países de renda média. Os principais indicadores de gasto analisados foram expressos em percentual do PIB oficial e dólares internacionais *per capita* a preços constantes (Base: 2017).

Excluindo-se o gasto com juros da dívida pública, que não é apropriado pelos cidadãos, o Brasil gastou em média no período, 37% do PIB ou Int.$ 5.594 *per capita*. Os países do Grupo 1 gastaram, em média, 41,3% do PIB e o montante despendido por habitante representou 3,3 vezes à média brasileira. Quanto aos países do Grupo 2, esses indicadores foram, em média, 30,3% do PIB e o gasto por habitante foi 27% inferior ao gasto médio brasileiro. As análises desenvolvidas mostram que o nível de gasto público no Brasil está mais próximo dos países em desenvolvimento do Grupo 2 do que das economias avançadas do Grupo 1. O fato inviabiliza que a quantidade ou qualidade de serviços públicos oferecidos no Brasil seja comparável ao padrão disponibilizado

88 CARVALHO JUNIOR, Pedro Humberto Bruno de. "A progressividade dos tributos diretos nas pesquisas de orçamentos familiares (pofs) 2008-2009 e 2017-2018". Texto para discussão 2645. *Instituto de Pesquisa Econômica Aplicada*, Rio de Janeiro, 2021.

nas economias avançadas. Se o objetivo é alcançar o padrão dos países desenvolvidos em políticas públicas, é necessário aumentar os recursos tributários por habitante.

Com base na classificação internacional do FMI , o gasto público foi dividido em dez funções orçamentárias para fins comparativos: (i) serviços públicos gerais, incluindo a subfunção de juros da dívida pública; (ii) defesa; (iii) segurança e justiça; (iv) assuntos econômicos, incluindo cinco subfunções (agricultura e abastecimento, mineração e indústria, comunicações, transportes, e combustíveis e energia); (v) meio ambiente; (vi) habitação, saneamento e urbanismo; (vii) saúde; (viii) esporte, cultura e lazer; (ix) educação; e (x) proteção social, incluindo previdência e assistência social.

A maior parcela do gasto público é alocada com a função proteção social no Brasil e nos países do Grupo 1, com indicadores médios bem similares: 36% do gasto público total e 16% do PIB entre 2010 e 2019. Por outro lado, o gasto *per capita* médio brasileiro em proteção social foi de Int.$ 2.431, equivalente a apenas 35% do nível do Grupo 1. Os indicadores do gasto em proteção social nos países do Grupo 2 foram muito menores: 8,4% do PIB, 26% do gasto total e apenas 51% do nível *per capita* brasileiro.

Na sequência, as funções mais relevantes em termos financeiros foram saúde e educação, que representaram, em média, respectivamente 12% e 14% do gasto público no Brasil (5,4% e 6,2% do PIB). Os países do Grupo 1 alocaram em média 15% do gasto à saúde, devido a maior proporção de idosos na população, e os países do Grupo 2 alocaram em média 13% do gasto à educação, devido a maior parcela de jovens na população. Os indicadores brasileiros do gasto com saúde por habitante e em educação por população em idade escolar (4 a 24 anos) representaram aproximadamente de 30% da média dos países do Grupo 1.

Quanto ao pagamento de juros da dívida pública, a análise apresentada sugere que a elevada parcela do gasto público destinada a esta função no Brasil é injustificável e atípica no contexto internacional, prejudicando sobremaneira os investimentos em políticas públicas. Exceto por 2015 e 2016, o pagamento de juros representou, em média, 7,6% do PIB brasileiro e 17% do gasto público. Nestes dois anos, o pagamento foi ainda maior (11% do PIB e 22% do gasto público total). Na realidade, o Brasil apresenta o maior gasto em juros como proporção do PIB em comparação com 39 países selecionados, seguido da África do Sul e Costa Rica cujo gasto é bem inferior à média brasileira (4,2% do PIB). Para os países do Grupo 1, esta função representou, em média, apenas 5% do gasto público (2,3% do PIB). Em termos *per capita*, o gasto do Brasil com juros é elevado mesmo em comparação aos países avançados. Em 2019, o gasto *per capita* brasileiro que foi de Int.$ 1.052 supera em 42% à média dos países do Grupo 1. É imprescindível estabelecer uma política consistente de redução da taxa básica de juros da economia pelo Banco Central no Brasil, que viabilize a equiparação do país com outras economias.

A participação das demais funções no gasto público é de menor magnitude. No Brasil, em 2019, as demais funções representaram 20,8% do gasto público total (segurança e justiça, 7,3%; habitação, saneamento e urbanismo, 3%; defesa, 1,5%; assuntos econômicos, 1,4%, incluindo o setor de transportes que representou 0,6% do gasto; esporte, cultura e lazer, 0,5%; e meio ambiente, 0,4%). Não obstante os *déficits* em transporte enfrentados no país, os investimentos públicos no setor inclusive reduziram entre 2010 e 2019. Observa-se, também, uma discrepância entre o gasto brasileiro com o meio ambiente e a importância desta área para as economias avançadas. Enquanto o Brasil investiu 0,25 do PIB em 2019, a média do Grupo 1 foi de 0,7% do PIB. Recomenda-se que investimentos em transportes e meio ambiente recebam maior prioridade.

A parte final deste trabalho investiga o impacto das tributação no crescimento econômico, melhoria do Índice de Desenvolvimento Humano (IDH) e na redução da desigualdade, medida pelo Coeficiente de GINI, por intermédio de cinco modelos econométricos de dados em painel abrangendo um período de 20 anos (2010-2019). Alguns modelos incluíram a população como variável de controle, quando seu coeficiente se mostrou significativo estatisticamente.

O primeiro modelo relacionou o percentual de crescimento do PIB de cada país (variável dependente) com a arrecadação tributária em PIB e mostrou que o aumento da arrecadação tributária em PIB não prejudica o desenvolvimento econômico. Ou seja, não houve relação estatisticamente significativa entre crescimento econômico e arrecadação tributária, mostrando que o seu aumento não é incompatível com políticas de desenvolvimento econômico.

O segundo modelo examina a relação entre o IDH de cada país (variável dependente) e a arrecadação tributária em PIB. Seus resultados indicam que o aumento geral da arrecadação tributária resulta em um pequeno aumento do IDH, ou seja, melhora o desenvolvimento humano. Por exemplo, de acordo com o modelo, um aumento de 7 pontos percentuais na atual carga tributária brasileira, de 33,6% (em 2022) para 40,6%, aumentaria o IDH de 0,754 para 0,767. Apesar do impacto ser pequeno, o modelo indica que uma estratégia viável de desenvolvimento econômico e social de longo prazo seria promover aumentos graduais e constantes da arrecadação tributária, aliado a um crescimento sustentável do PIB visto que o aumento da arrecadação em PIB não afetou o crescimento econômico.

O terceiro modelo explicou a variabilidade do IDH em função da arrecadação tributária dos impostos de viés progressivo – IRPF, imposto recorrente sobre bens imóveis, imposto sobre heranças e doações, e imposto sobre a riqueza líquida – indica que estes tributos produzem um impacto muito maior no IDH. Neste caso, o aumento de 1 pp. na arrecadação destes tributos resulta em um crescimento de 0,0082 no IDH do próximo ano. Neste caso, o IDH brasileiro passaria de 0,754 (alto) para 0,803 (muito alto) com o crescimento de 6 pp. na arrecadação dos impostos diretos de natureza mais progressiva em PIB. Isso implicaria no aumento da atual arrecadação destes impostos no Brasil, de 3,8% PIB (2019) para 9,8% do PIB, nível similar a países como Espanha e Grécia, por exemplo. O resultado indica os benefícios da política de aumentar gradualmente a arrecadação de impostos de viés progressivo como estratégia de promover o desenvolvimento social.

O quarto modelo relacionou o Coeficiente de GINI de cada país (variável dependente) com sua arrecadação tributária em PIB. Constatou-se uma relação inversa, mas modesta, entre o aumento geral da arrecadação e a redução da desigualdade. Por exemplo, um aumento de 7 pontos percentuais na atual carga tributária brasileira reduziria o GINIdos atuais 0,512 para 0,505. Ou seja, o Brasil permaneceria sendo um dos países com a maior concentração de renda do mundo. Por fim, o quinto modelo ao explicar o Coeficiente de GINI em função da arrecadação em PIB dos tributos de viés progressivo, o impacto é significativamente maior. Se o Brasil aumentasse a arrecadação destes impostos em 7 pontos percentuais, ou seja, de 3,8% para 10,8% do PIB (nível similar ao da Áustria e Holanda), o GINI seria reduzido para 0,4894 (nível similar ao da Costa Rica atualmente).

A forte correlação entre a receita tributária e o IDH ou o Coeficiente de GINI mostram que os países com maior arrecadação tributária tendem a apresentar índices mais elevados de desenvolvimento humano e menor desigualdade. Os resultados mostram a relevância de políticas de fortalecimento tributário de natureza mais progressiva tanto para reduzir as desigualdades de renda quanto para promover o desenvolvimento social. Cabe lembrar que, como discutido anteriormente, que se observa ampla margem de melhoria para o fortalecimento de todos estes tributos.

Cabe ainda notar que, em termos relativos, o Brasil necessita fazer um esforço fiscal, entendido pela arrecadação tributária como percentual do PIB, mais elevado do que a maioria das demais economias. Ao analisar a relação entre a arrecadação tributária como um percentual do PIB e a arrecadação *per capita* em dólares internacionais, observa-se que a arrecadação *per capita* explica aproximadamente 71% da variabilidade do esforço fiscal em PIB. De acordo com a tendência do grupo de países estudados, seria esperada que o Brasil arrecadasse apenas 24,3% do PIB ao invés de 31,9% em função da arrecadação tributária *per capita* do país, que foi de apenas Int.$ 4.725 em 2019. Ou seja, o esforço fiscal brasileiro embora possa ser considerado elevado, assegura um baixo nível de receita tributária por habitante. Esta ineficiência é possivelmente relacionada ao baixo valor do PIB oficial produzido no país em proporção a sua elevada população. Além disto, o desempenho econômico do país é prejudicado pela elevada participação do setor informal na economia, que é de aproximadamente 1/3 do PIB oficial conforme estimativas do Banco Mundial. Em suma, o esforço fiscal deve ser muito maior nos países de renda média ou baixa, como o Brasil, em comparação aos países desenvolvidos para atingirem níveis semelhantes de arrecadação *per capita*. É importante aperfeiçoar as políticas de redução da informalidade para melhorar o aproveitamento do potencial tributário do país, que contribuirá para promover o desenvolvimento socioeconômico. Conclusivamente, este estudo desmistificou a falácia de que a "carga tributária" é uma das maiores do mundo e que este é o "principal entrave ao crescimento econômico e aos investimentos".

REFERÊNCIAS BIBLIOGRÁFICAS

BAIOCCHI, Giovanni; DISTASO, Walter. "GRETL: Econometric software for the GNU generation". *Journal of Applied Econometrics*, vol. 18, nº 1, 2023.

BARREIX, Alberto *et al.* "El estado actual del impuesto al patrimonio en América Latina". *Banco Interamericano de Desarrollo* (BID), 2023.

BENEDEK, Dora; BENÍTEZ, Juan Carlos; VELLUTINI, Charles. "Progress of the personal income tax in emerging and developing countries". *IMF Working Paper*, jan. 2022.

BRACCI, Alberto; NADINI, Matthieu *et al.* "The Covid-19 online shadow economy". *arXiv*, ago. 2020.

BRASIL. Constituição da República Federativa do Brasil. *Lei Complementar n. 101*, 4 de maio de 2000. Lei de Responsabilidade Fiscal, LRF. Disponível em: https://legis.senado.leg.br/norma/572856#:~:text=Estabelece%20normas%20de%20finan%C3%A7as%20p%C3%BAblicas,fiscal%20e%20d%C3%A1%20outras%20provid%C3%AAncias.&text=AUTOR%3A%20EXECUTIVO%20%2D%20PLC%204%20DE,EFICACIA%20DE%20DISPOSITIVOS%20DESTA%20LEI. Acessado em: 14.11.2024.

______. *Lei n. 5. 172*, 25 de outubro de 1966. Disponível em: https://www.planalto.gov.br/ccivil_03/leis/l5172compilado.htm#:~:text=LEI%20N%C2%BA%205.172%2C%20DE%2025%20

DE%20OUTUBRO%20DE%201966.&text=Disp%C3%B5e%20sobre%20o%20Sistema%20Tribut%C3%A1rio,%C3%A0%20Uni%C3%A3o%2C%20Estados%20e%20Munic%C3%ADpios. Acessado em: 14.11.2024.

______. Ministério da Previdência Social. *Regime Previdenciário dos Entes Federativos*. Disponível em: https://www.gov.br/previdencia/pt-br/assuntos/estatisticas-da-previdencia/painel-estatistico-da-previdencia/regimes-proprios-de-previdencia-social-1/regime-previdenciario-dos-entes-federativos. Acessado em: 06.01.2025.

BRYS, Bert; PERRET, Sarah; THOMAS, Alastair; O'REILLY, Pierce. *Tax design for inclusive economic growth*. Paris: OECD Publishing, 2016. (E-book).

BUSATO, Francesco; CHIARINI, Bruno. "Market and underground activities in a two-sector dynamic equilibrium model". *Economic Theory*, vol. 23, mai. 2004.

CANAL RURAL. "Brasil possui mais de 6 milhões de imóveis rurais". *Canal Rural*, fev. 2022. Disponível em: https://www.canalrural.com.br/agricultura/agropocket/brasil-possui-mais-de-6-milhoes-de-imoveis-rurais/. Acessado em: 06.11.2024.

CARNEIRO, Diego. "Como selecionar e estimar modelos de Dados em Painel no Gretl: Pooled, Efeitos Fixos ou Aleatórios". *YouTube*, dez. 2010. Disponível em: https://www.youtube.com/watch?v=yIJslJZpG2g&t=55s. Acessado em: 18.11.2024.

______. "Dados em Painel – Aula 01 – Introdução". *YouTube*, abr. 2021. Disponível em: https://www.youtube.com/watch?v=xVTfd7V8fWo. Acessado em: 14.11.2024.

CARVALHO JUNIOR, Pedro Humberto Bruno de. "A progressividade dos tributos diretos nas pesquisas de orçamentos familiares (pofs) 2008-2009 e 2017-2018". Texto para discussão 2645. *Instituto de Pesquisa Econômica Aplicada*, Rio de Janeiro, 2021.

______. "O sistema tributário dos países da OCDE e as principais recomendações da entidade: Fornecendo parâmetros para a reforma tributária no Brasil". *Instituto de Pesquisa Econômica Aplicada*, Rio de Janeiro Nota Técnica nº 54, 2022.

CNDL. "DLI 2023 ocorre amanhã, 25/5, em todo o Brasil". *Varejo S.A.*, 2023. Disponível em: https://www.infomoney.com.br/colunistas/

jogo-das-regras/ipva-um-dos-piores-impostos-do-brasil. Acessado em: 13.01.2025.

COLE, Alan. "Estate and inheritance taxes around the world". *Tax Foundation*, mar. 2015. Disponível em: https://taxfoundation.org/research/all/federal/estate-and-inheritance-taxes-around-world/. Acessado em: 14.11.2024.

COLONESCU, C. "Panel data models". *Principles of econometrics with R*, set. 2016. Disponível em: https://bookdown.org/ccolonescu/RPoE4/panel-data-models.html. Acessado em: 12.11.2024.

COMISIÓN ECONÓMICA PARA AMÉRICA LATINA Y EL CARIBE (CEPAL). "Panorama social de América Latina y el Caribe, La transformación de la educación como base para el desarrollo sostenible". *Comisión Económica para América Latina y el Caribe*, Santiago, 2021.

CONTROLADORIA GERAL DA UNIÃO (CGU); INSTITUTO DE PESQUISA ECONÔMICA APLICADA (IPEA). *Relatório de Avaliação*: Ministério do Empreendedorismo, da Microempresa e da Empresa de Pequeno Porte. fev. 2024.

CREDIT SUISSE RESEARCH INSTITUTE. "Global wealth report 2021". *Credit Suisse Research Institute*, 2021.

______. "Global wealth databook 2022: Leading perspectives to navigate the future". *Credit Suisse Research Institute*, 2022.

______. "Global wealth report 2019". *Credit Suisse Research Institute*, 2019.

DE CESARE, Cláudia M. *Sistemas del impuesto predial en América Latina y el Caribe*. 1ª ed. Cambridge: Lincoln Institute of Land Policy, 2016.

ELIAS, Juliana. "Imposto sobre grandes fortunas já tem 37 projetos parados no Congresso". *CNN Brasil*, jul. 2017. Disponível em: https://www.cnnbrasil.com.br/economia/imposto-sobre-grandes-fortunas-ja-tem-37-projetos-parados-no-congresso/. Acessado em: 06.11.2024.

EXAME. "Brasil é um dos países que mais gastam com servidores públicos". *Exame*, mai. 2021. Disponível em: https://exame.com/economia/brasil-e-um-dos-paises-quemais-gastam-com-servidores-publicos/. Acessado em: 05.11.2024.

FAGNANI, Eduardo. *A reforma tributária necessária*: diagnóstico e premissas. 1ª ed. São Paulo: ANFIP/Brasília: FENAFISCO, 2018.

FIESC. "Despesa com servidor no Brasil está entre as mais elevadas entre mais de 70 países, aponta CNI". *FIEC*. Disponível em: https://fiesc.com.br/pt-br/imprensa/despesa-com-servidor-no-brasil-esta-entre-mais-elevadas-entre-mais-de-70-paises-aponta-cni#:~:text=pa%C3%ADses%2C%20aponta%20CNI-,Despesa%20com%20servidor%20no%20Brasil%20est%C3%A1%20entre%20as%20mais%20elevadas,de%2070%20pa%C3%ADses%2C%20aponta%20CNI&text=As%20despesas%20com%20servidores%20p%C3%BAblicos,Produto%20Interno%20Bruto%20(PIB). Acessado em: 05.11.2024.

FRENTE NACIONAL DOS PREFEITOS. "Anuário Multicidades ano 18/2022". *Finanças dos Municípios do Brasil*, 2023. Disponíel em: https://multimidia.fnp.org.br/biblioteca/documentos/item/1009-multicidades-ano-18-2023. Acessado em: 12.11.2024.

G1 NOTÍCIAS. "Coisa de Terceiro Mundo". *Jornal da Globo*, fev. 2003. https://g1.globo.com/jornaldaglobo/0,,MUL900638-16021,00-COISA+DE+TERCEIRO+MUNDO.html. Acessado em: 05.11.2024.

GUILHERME, Bianca. "As 10 maiores economias do mundo em 2024, segundo ranking do FMI". *Valor Econômico*, jun. 2024. Disponível em: https://valor.globo.com/brasil/noticia/2024/06/06/as-10-maiores-economias-do-mundo-em-2024-segundo-ranking-atualizado-do-fmi.ghtml. Acessado em: 12.11.2024.

HARDING, Michelle; MARTEN, Melanie. "Statutory tax rates on dividends, interest and capital gains: The debt equity bias at the personal level". *OECD Publishing*, Paris, nº 34, 2018.

IG NOTÍCIAS. "Haddad critica sistema tributário brasileiro: 'um dos piores do mundo'". *Ig Notícias*, jun. 2023. Disponível em: https://economia.ig.com.br/2023-06-01/haddad-sistema-tributario-brasileiro-piores-do-mundo.html. Acessado em: 05.11.2024.

INTERNATIONAL MONETARY FUND. "Government Finance Statistics: Manual 2014". *International Monetary Fund*, Washington, 2014.

JENKS, G. F. "The Data model concept in statistical mapping". *International yearbook of cartography*, vol. 7, 1967.

JIMÉNEZ, Juan Pablo; LORENZO, Fernando *et al*. "Hacia el fortalecimiento integral de la imposición sobre la riqueza y la propiedad en América Latina: nuevas oportunidades y viejos desafíos". *Laboratorio y Fiscal Tributario*, Montevideo, ago. 2021.

LOUREIRO, André Oliveira Ferreira; COSTA, Leandro Oliveira. "Uma breve discussão sobre os modelos com dados em painel". *Instituto de Pesquisa e Estratégia Econômica do Ceará*, Fortaleza, nota técnica nº 37, 2009.

MAIA, Alexandre Gori. *Videoaula sobre modelo com efeitos aleatórios*. CE 731 – Econometria II. Disponível em: https://www4.eco.unicamp.br/docentes/gori/images/arquivos/EconometriaII/Ce731Aula14_EfeitosAleatorios.pdf.

MAIS RETORNO. "Dia Livre de Impostos: saiba o que é e como funciona". *Mais Retorno*, abr. 2022. Disponível em: https://maisretorno.com/portal/termos/d/dia-livre-de-impostos-saiba-o-que-e-e-como-funciona. Acessado em: 05.11.2024.

MARTINS DE SÁ NETO, Floriano; ALCANTARA, Charles. "Apresentação". *In*: FAGNANI, Eduardo. *A reforma tributária necessária*: diagnóstico e premissas. 1ª ed. São Paulo: ANFIP/Brasília: FENAFISCO, 2018.

McMASTER, Robert. "In Memoriam: George F. Jenks (1916-1996)". *Cartography and geographic information science*, 1997. Disponível em: https://www.tandfonline.com/doi/abs/10.1559/152304097782438764. Acessado em: 08.11.2024.

MONTE, Karolina. "Brasileiro paga muito imposto? Entenda como funciona a tributação no país". *Guia do Estudante*, mai. 2023. Disponível em: https://guiadoestudante.abril.com.br/atualidades/brasileiro-paga-muito-imposto-entenda-como-funciona-a-tributacao-no-pais. Acessado em: 05.11.2024.

NAÇÕES UNIDAS. "Social panorama of Latin America and the Caribbean 2022: Transforming education as a basis for sustainable development". *Economic Commission for Latin America and the Caribbean* (ECLAC), Santiago, 2022.

OLIST. "O que é carga tributária e como evitar o pagamento indevido de impostos". *Olist*, mar. 2023. Disponível em: https://olist.com/blog/pt/gestao-empresarial/gestao-financeira/o-que-e-carga-tributaria/. Acessado em: 05.11.2024.

OLIVEIRA, Fabrício Augusto. "As reformas tributárias no plano internacional: a marcha da insensatez". *In*: FAGNANI, Eduardo (Coord.). *A Reforma Tributária Necessária*: diagnóstico e premissas. Brasília: ANFIP; FENAFISCO; São Paulo: Plataforma Política Social,

2018. Disponível em: http://plataformapoliticasocial.com.br/a-reforma-tributaria-necessaria/. Acessado em: 06.01.2025.

ORGANIZATION FOR ECONOMIC COOPERATION AND DEVELOPMENT. "Taxing wages 2023: Indexation of labour taxation and benefits in OECD countries". *OECD Publishing*, Paris, 2023.

______. "Housing taxation in OECD countries". *OECD Publishing*, Paris, 2022.

______. "Inheritance taxation in OECD countries". *OECD Publishing*, nº 28, Paris, 2021.

______. "Tax policy reform and economic growth". *OECD Publishing*, nº 20, Paris, 2010.

______. "Tax policy reforms in low-and middle-income countries: Policy brief". *OECD Publishing*, Paris, 2022.

______. United Nations Economic Commission for Latin America and the Caribbean, UNECLAC; Inter-American Center of Tax Administrations, CIAT; Inter-American Development Bank (IDB). Revenue statistics in Latin America and the Caribbean. Paris: OECD Publishing, 2023.

PACHECO, Alexandre. "IPVA – um dos piores impostos do Brasil". *InfoMoney*, jan. 2018. Disponível em: https://www.infomoney.com.br/colunistas/jogo-das-regras/ipva-um-dos-piores-impostos-do-brasil. Acessado em: 05.11.2024.

PESSOA, Mario *et al*. "How to Manage Value-Added Tax Refunds Note 21/04". *International Monetary Fund*, Washington, 2021.

PIKETTY, Thomas. *O capital no século XXI*. Trad. Monica Baumgarten de Bolle. Rio de Janeiro: Intrínseca, 2014.

PIRES, Mario (Coord.). *et al*. "Progressividade tributária e crescimento econômico. Observatório de Política Fiscal". *Fundação Getúlio Vargas*, 2022.

PODER 360. "Imposto no Brasil é até 5 vezes o valor cobrado em países vizinhos". *Poder 360*, nov. 2021. Disponível em: https://www.poder360.com.br/conteudo-patrocinado/imposto-nobrasileate5vezesovalor-cobrado-em-paises-vizinhos/. Acessado em: 05.11.2024.

PORTAL DA INDUSTRIA. "O sistema tributário brasileiro é complexo, burocrático e repleto de distorções". *Portal da Industria*. Disponível em: https://www.portaldaindustria.com.br/cni/canais/reforma-tributaria/entenda/problemas-do-sistema-tributario/. Acessado em: 13.01.2025.

REZENDE, Fernando; CIALDINI, Alexandre; MOTTA, Bernardo. *The forum of federations handbook of fiscal federalism*. Ottawa: Palgrave MacMillan, 2023. (E-book).

SANTOS DO PEREIRA, Dão Real. “Um Dia Sem Estado”. *Falando em Justiça Fiscal*, jan. 2012. Disponível em: https://justicafiscal.wordpress.com/2012/01/13/um-dia-sem-estado/. Acessado em: 05.11.2024.

SCHNEIDER, Friedrich; ENSTE, Dominik H. “Shadow economies: Size, causes, and consequences”. *IMF Working Paper*, vol. 38, nº 1, fev. 2000.

SECRETARIA DO TESOURO NACIONAL. *Despesas por Função do Governo Central*: Classificação COFOG 2022. Brasília, jun. 2023.

______. *Estimativa da Carga Tributária Bruta do Governo Geral*. Brasília, 2021.

SOLIS-GARCIA, Mario; XIE, Yingtong. “Measuring the size of the shadow economy using a dynamic general equilibrium model with trends”. *Journal of Macroeconomics*, vol. 56, jun. 2018.

STIGLITZ, Joseph. *O preço da desigualdade*. Lisboa: Bertrand, 2013.

TREMBLAY, Jean-François. *The Forum of Federations handbook of fiscal federalism*. Cham: Palgrave Macmillan, 2023. (E-book).

UNITED NATIONS. “Classifications of expenditure according to purpose”. *UN Department of Economic and Social Affairs*, nº 84, Nova York, 2000.

USB. *Global wealth databook 2023*: Leading perspectives to navigate the future, 2023.

UOL NOTÍCIAS. “Alckmin critica sistema tributário do Brasil: ‘Ilógico, mais caro do mundo’”. *Uol Notícias*, abr. 2023. Disponível em: https://economia.uol.com.br/noticias/redacao/2023/04/12/geraldo-alckmin-critica-sistema-tributario.htm. Acessado em: 05.11.2024.

VALOR ECONÔMICO. “As 10 maiores economias do mundo em 2023, segundo o FMI”. *Valor Econômico*, out. 2023. Disponível em: https://valor.globo.com/brasil/noticia/2023/10/17/as-10-maiores-economias-do-mundo em-2023-segundo-o-fmi.ghtml. Acessado em: 08.11.2024.

VAN DENDER, Kurt. “Taxing vehicles, fuels, and road use: Opportunities for improving transport tax practice”. *OECD Taxation Working Papers*, nº 44, Paris, 2019.

WESTIN, Ricardo. "Por que a fórmula de cobrança de impostos do Brasil piora a desigualdade social". *Agência Senado*, mai. 2021. Disponível em: https://www12.senado.leg.br/noticias/infomaterias/2021/05/por-que-a-formula-de-cobranca-de-impostos-do-brasil-piora-a-desigualdade-social. Acessado em: 13.01.2025.

WORLD BANK. "World Bank analytical classifications". *The World Bank*, 2023.

______. *Correcting course*: Poverty and shared prosperity 2022. Washington: The World Bank, 2022.

WORLD ECONOMIC LAB. "World inequality report 2018". *World Economic Lab*, 2018.

YOUNG FERRAZ, Victor Augusto. "O Brasil tem a maior carga tributária do mundo?" *Blog Unicamp*, mai. 2022. Disponível em: https://www.blogs.unicamp.br/sobreeconomia/2022/05/02/o-brasil-tem-a-maior-carga-tributaria-do-mundo/. Acessado em: 05.11.2024.

ANEXO I

DADOS SOBRE ARRECADAÇÃO, BRASIL

Tabela 1 – Arrecadação tributária em valores correntes por ente federativo

Nível de governo	R$ Milhões (valores correntes)			
	Central	Estadual	Municipal	Geral
2000	248.004	94.216	16.195	358.414
2001	281.300	108.066	18.302	407.668
2002	330.497	124.004	23.225	477.726
2003	369.822	142.281	27.127	539.230
2004	435.191	166.016	32.185	633.391
2005	506.033	186.121	35.791	727.944
2006	555.023	205.968	41.046	802.036
2007	640.262	227.860	46.988	915.110
2008	722.749	265.380	53.765	1.041.894
2009	739.215	270.670	58.831	1.068.717
2010	868.547	318.472	65.190	1.252.208
2011	1.013.421	354.346	75.756	1.443.523

2012	1.095.698	391.359	85.805	1.572.862
2013	1.198.933	434.680	95.112	1.728.725
2014	1.261.297	464.654	106.315	1.832.266
2015	1.316.267	485.559	114.826	1.916.652
2016	1.381.816	509.637	119.091	2.010.544
2017	1.446.795	544.189	127.853	2.118.837
2018	1.546.216	586.136	142.693	2.275.045
2019	1.616.754	624.919	159.046	2.400.719
2020	1.564.488	638.133	162.414	2.365.035
2021	1.950.896	794.328	195.928	2.941.152
2022	2.258.551	851.408	232.134	3.342.093

Fonte: Elaboração própria com base em dados compilados pela Receita Federal, Ministério da Fazenda, extraídos dos seguintes arquivos: Base_CTB_GG_valores.xlsx para dados entre 2010-22; Tabelas – Carga Tributária no Brasil 2021 para dados entre 2002- 2019; Carga Tributária no Brasil 2005 para 2001; e Carga Tributária no Brasil 2004 para 2000.[89]

89 Com base no Sistema Integrado de Administração Financeira (SIAFI), Receita Federal do Brasil (RFB), Demonstrativo de Contas Anuais do Sistema de Informações Contábeis e Fiscais do Setor Público Brasileiro (SICONFI).

Tabela 2 – Indicadores gerais usados nas análises apresentadas no Capítulo I

Ano	PIB			População	IDH	GINI Renda	Índice CM IPCA Dez 2022	Taxa de câmbio, 31 Dez	
	Oficial (R$ milhões)	Informal (%)	Real (R$ milhões)					R$ -> $ EUA	$ EUA -> R$
2000	1.101.255	36,02	1.497.878,32	169.799.170	0,679	0,608	3,85	0,511	1,955
2001	1.198.736	35,91	1.629.163,64	172.210.388	0,686	0,584	3,57	0,431	2,320
2002	1.488.787	36,03	2.025.243,06	174.590.878	0,692	0,581	3,17	0,282	3,541
2003	1.717.950	36,02	2.336.816,04	176.915.653	0,688	0,576	2,90	0,346	2,889
2004	1.957.751	36,23	2.666.968,67	179.170.514	0,692	0,565	2,70	0,377	2,654
2005	2.170.585	36,28	2.958.068,81	181.342.804	0,698	0,563	2,55	0,427	2,341
2006	2.409.450	36,21	3.281.893,61	183.422.944	0,700	0,556	2,48	0,468	2,138
2007	2.720.263	36,00	3.699.674,34	185.404.375	0,704	0,549	2,37	0,565	1,771
2008	3.109.803	35,74	4.221.332,77	187.284.325	0,715	0,540	2,24	0,428	2,337
2009	3.333.039	35,42	4.513.655,36	189.065.767	0,717	0,537	2,15	0,574	1,741
2010	3.885.847	35,14	5.251.441,67	190.755.799	0,723	0,590	2,03	0,600	1,665
2011	4.376.382	34,81	5.900.014,83	192.526.173	0,728	0,529	1,90	0,533	1,875
2012	4.814.760	34,47	6.474.604,91	194.205.428	0,732	0,534	1,80	0,490	2,043
2013	5.331.619	34,14	7.152.011,05	195.803.986	0,750	0,527	1,70	0,427	2,343

2014	5.778.953	33,95	7.741.023,32	197.330.979	0,754	0,520	1,59	0,376	2,656
2015	5.995.787	33,74	8.018.700,68	198.794.895	0,753	0,519	1,44	0,256	3,905
2016	6.269.328	33,47	8.367.647,29	200.204.147	0,755	0,533	1,36	0,307	3,259
2017	6.585.479	33,37	8.782.996,75	201.564.910	0,759	0,533	1,32	0,302	3,308
2018	7.004.141	33,37	9.341.400,07	202.881.638	0,764	0,539	1,27	0,258	3,875
2019	7.389.131			204.156.867	0,766	0,544	1,22	0,248	4,031
2020	7.609.597			205.392.973	0,758	0,524	1,16	0,192	5,196
2021	8.898.727			206.591.078	0,754	0,529	1,06	0,179	5,580
2022	9.915.317			207.750.291		0,518	1,00	0,192	5,217

Onde: IDH é o índice de desenvolvimento humano; GINI Renda é o coeficiente GINI para medir a concentração da renda; Índice CM-IPCA Dez 2022 é o índice de correção monetária utilizado para transformar a receita arrecadada a preços constantes de dezembro de 2022 baseado no Índice de Preços ao Consumidor Amplo (IPCA).

Fonte: Elaboração própria com base em dados compilados nas seguintes fontes. PIB oficial: Receita Federal, Ministério da Fazenda, extraídos dos seguintes arquivos: Base_CTB_GG_valores.xlsx para dados entre 2010-22; Tabelas – Carga Tributária no Brasil 2021 para dados entre 2002-2019; Carga Tributária no Brasil 2005 para 2001; e Carga Tributária no Brasil 2004 para 2000. PIB informal: Informal economy database do World Bank. População: Dados do Censo, ajustados para o anos intercensitários com base nas projeções da população do Instituto Brasileiro de Geografia e Estatística (IBGE). IDH: Dados extraídos da série histórica All composite indices and components time series (1990-2021) da United Nations Development Programme (UNDP). GINI Renda: Estimativas do IBGE – Censo e Pesquisa Nacional por Amostra de Domicílios (PNAD) Contínua – para 2000, 2010, 2019, 2020 e 2022; e estimativas extraídas do World Bank Open Data, Banco Mundial, para os demais anos. Índice CM-IPCA Dez 2022: Calculadora do cidadão do Banco Central do Brasil (BCB); Taxa de câmbio: Conversor de moedas do Banco Central do Brasil (BCB).

Tabela 3 – Contribuições sociais e a arrecadação tributária em PIB (%), 2010-22

Ano	Em PIB (%)			Participação da CS (%)	Variação anual (%)		
	Contribuições sociais (CS)	Arrecadação tributária			Contribuições sociais (CS)	Arrecadação tributária	
		Total	Excluindo as CS			Total	Excluindo as CS
2010	8,41	32,22	23,81	26,10	-	-	-
2011	8,61	32,98	24,38	26,10	2,34	2,36	2,36
2012	8,74	32,67	23,93	26,75	1,52	(0,96)	(1,84)
2013	8,66	32,42	23,76	26,71	(0,92)	(0,75)	(0,68)
2014	8,66	31,71	23,04	27,32	0,03	(2,21)	(3,03)
2015	8,67	31,97	23,30	27,12	0,09	0,82	1,10
2016	8,71	32,07	23,36	27,17	0,48	0,32	0,26
2017	8,75	32,17	23,42	27,20	0,46	0,33	0,28
2018	8,52	32,48	23,96	26,24	(2,60)	0,95	2,28
2019	8,55	32,49	23,94	26,31	0,27	0,03	(0,06)
2020	8,27	31,08	22,81	26,62	(3,22)	(4,34)	(4,74)

2021	8,08	33,05	24,97	24,45	(2,32)	6,34	9,49
2022	8,25	33,71	25,45	24,48	2,12	1,98	1,94
Média	8,53	32,39	23,86	26,35	(0,14)	0,41	0,61
Mediana	8,61	32,42	23,81	26,62	0,18	0,32	0,27
Desvio padrão	0,21	0,66	0,74	0,94	1,81	2,61	3,53
COV(%)	2,50	2,02	3,11	3,55	(1.250,72)	642,04	576,16
Valor mínimo	8,08	31,08	22,81	24,45	(3,22)	(4,34)	(4,74)
Valor máximo	8,75	33,71	25,45	27,32	2,34	6,34	9,49
Variação total (%)	(1,90)	4,60	6,89	(6,21)	-	-	-

Fonte: Elaboração própria com base em dados compilados pela Receita Federal, Ministério da Fazenda, extraídos dos seguintes arquivos: Base_CTB_GG_valores.xlsx.[90]

90 Com base no Sistema Integrado de Administração Financeira (SIAFI), Receita Federal do Brasil (RFB), Demonstrativo de Contas Anuais do Sistema de Informações Contábeis e Fiscais do Setor Público Brasileiro (SICONFI).

Tabela 4 – Arrecadação por espécie tributária em valores correntes, 2010-2022

Ano	Renda, lucros e ganhos de capital	Folha de pagamento e a mão de obra	Propriedade	Bens e serviços	Comércio e transações internacionais	Contribuições sociais	Outros impostos	Carga Tributária Bruta
2010	258.480,23	22.455,98	49.078,89	574.057,71	21.082,99	326.868,09	184,39	1.252.208,28
2011	313.997,84	26.702,74	56.030,21	643.069,61	26.653,03	376.744,46	324,77	1.443.522,65
2012	324.935,30	30.244,16	62.714,66	703.537,23	31.128,94	420.782,23	- 480,32	1.572.862,19
2013	360.759,97	34.076,52	70.172,66	764.481,34	36.978,39	461.676,60	579,19	1.728.724,67
2014	382.152,96	37.603,76	77.441,73	797.757,49	36.773,04	500.578,23	- 40,99	1.832.266,23
2015	401.121,47	39.740,41	86.572,52	830.884,82	38.969,36	519.853,69	- 490,40	1.916.651,86
2016	453.196,67	40.618,05	92.682,57	846.415,26	31.447,61	546.183,37	0,93	2.010.544,47
2017	458.681,45	41.807,55	98.757,77	910.888,17	32.350,16	576.351,57	0,00	2.118.836,67
2018	490.739,86	44.225,41	108.101,46	994.191,76	40.704,10	597.082,31	0,38	2.275.045,28
2019	535.577,12	44.787,81	117.845,06	1.027.979,35	42.932,79	631.596,63	0,05	2.400.718,81
2020	526.575,94	42.239,41	121.722,22	999.255,93	45.721,90	629.527,98	- 7,99	2.365.035,39
2021	696.006,99	49.324,50	143.403,81	1.271.298,68	62.036,13	719.081,83	0,27	2.941.152,22
2022	910.262,70	57.061,25	165.373,81	1.332.123,68	59.034,28	818.236,36	0,43	3.342.092,52

Fonte: Elaboração própria com base em dados compilados pela Receita Federal, Ministério da Fazenda, extraídos do seguinte arquivo: Base_CTB_GG_valores.xlsx para dados entre 2010-2022.

Tabela 5 – Arrecadação por espécie tributária a preços de dezembro de 2022 (R$ milhões), 2010-2022

Ano	Renda, lucros e ganhos de capital	Folha de pagamento e a mão de obra	Propriedade	Bens e serviços	Comércio e transações internacionais	Contribuições sociais	Outros impostos	Carga Tributária Bruta
2010	523.617,30	45.490,29	99.421,75	1.162.899,59	42.708,95	662.154,28	373,52	2.536.665,68
2011	597.242,95	50.790,22	106.572,86	1.223.157,43	50.695,67	716.590,83	617,73	2.745.667,70
2012	583.952,21	54.352,80	112.706,63	1.264.350,54	55.942,86	756.201,96	- 863,20	2.826.643,81
2013	612.150,82	57.822,30	119.071,55	1.297.200,15	62.746,30	783.389,89	982,79	2.933.363,82
2014	609.403,05	59.965,11	123.493,02	1.272.149,89	58.640,40	798.250,78	- 65,36	2.921.836,90
2015	577.962,48	57.260,63	124.739,44	1.197.194,10	56.149,64	749.039,77	- 706,60	2.761.639,46
2016	614.364,33	55.062,80	125.642,73	1.147.420,93	42.631,14	740.419,34	1,26	2.725.542,53
2017	603.997,69	55.052,72	130.045,52	1.199.469,39	42.599,11	758.947,25	0,00	2.790.111,67
2018	622.882,71	56.134,11	137.210,23	1.261.900,46	51.664,60	757.860,27	0,48	2.887.652,86
2019	651.729,66	54.501,10	143.402,54	1.250.920,94	52.243,78	768.573,27	0,06	2.921.371,34
2020	613.081,36	49.178,46	141.718,63	1.163.412,79	53.233,05	732.946,27	- 9,30	2.753.561,27
2021	736.269,88	52.177,85	151.699,49	1.344.841,28	65.624,82	760.679,56	0,29	3.111.293,17
2022	910.262,70	57.061,25	165.373,81	1.332.123,68	59.034,28	818.236,36	0,43	3.342.092,52
Média	635.147,47	54.219,20	129.315,25	1.239.772,40	53.378,05	754.099,22	25,55	2.865.957,13
Mediana	612.150,82	55.052,72	125.642,73	1.250.920,94	53.233,05	757.860,27	0,29	2.826.643,81
Desvio padrão	95.388,29	3.937,26	18.430,90	63.975,79	7.464,60	38.445,50	476,73	198.228,42
COV(%)	15,02	7,26	14,25	5,16	13,98	5,10	1.866,11	6,92
Valor mínimo	523.617,30	45.490,29	99.421,75	1.147.420,93	42.599,11	662.154,28	- 863,20	2.536.665,68
Valor máximo	910.262,70	59.965,11	165.373,81	1.344.841,28	65.624,82	818.236,36	982,79	3.342.092,52
Variação total (%)	73,84	25,44	66,34	14,55	38,22	23,57	- 99,88	31,75

Fonte: Elaboração própria com base em dados compilados pela Receita Federal, Ministério da Fazenda, extraídos do seguinte arquivo: Base_CTB_GG_valores.xlsx para dados entre 2010-2022.

Tabela 6 – Receitas agrupadas por espécie tributária em PIB (%), 2010-2022

Ano	Renda, lucros e ganhos de capital	Folha de pagamento e a mão de obra	Propriedade	Bens e serviços	Comércio e transações internacionais	Contribuiçõe ssociais	Outros impostos	Carga Tributária Bruta
2010	6,65	0,58	1,26	14,77	0,54	8,41	0,00	32,22
2011	7,17	0,61	1,28	14,69	0,61	8,61	0,01	32,98
2012	6,75	0,63	1,30	14,61	0,65	8,74	- 0,01	32,67
2013	6,77	0,64	1,32	14,34	0,69	8,66	0,01	32,42
2014	6,61	0,65	1,34	13,80	0,64	8,66	- 0,00	31,71
2015	6,69	0,66	1,44	13,86	0,65	8,67	- 0,01	31,97
2016	7,23	0,65	1,48	13,50	0,50	8,71	0,00	32,07
2017	6,97	0,63	1,50	13,83	0,49	8,75	0,00	32,17
2018	7,01	0,63	1,54	14,19	0,58	8,52	0,00	32,48
2019	7,25	0,61	1,59	13,91	0,58	8,55	0,00	32,49
2020	6,92	0,56	1,60	13,13	0,60	8,27	- 0,00	31,08
2021	7,82	0,55	1,61	14,29	0,70	8,08	0,00	33,05
2022	9,18	0,58	1,67	13,44	0,60	8,25	0,00	33,71
Média	**7,15**	**0,61**	**1,46**	**14,03**	**0,60**	**8,53**	**0,00**	**32,39**
Mediana	**6,97**	**0,63**	**1,48**	**13,91**	**0,60**	**8,61**	**0,00**	**32,42**
Desvio padrão	**0,69**	**0,04**	**0,14**	**0,51**	**0,06**	**0,21**	**0,01**	**0,66**
COV(%)	**9,68**	**6,02**	**9,78**	**3,62**	**10,69**	**2,50**	**1.744,61**	**2,02**
Valor mínimo	**6,61**	**0,55**	**1,26**	**13,13**	**0,49**	**8,08**	**- 0,01**	**31,08**
Valor máximo	**9,18**	**0,66**	**1,67**	**14,77**	**0,70**	**8,75**	**0,01**	**33,71**
Variação total (%)	**38,01**	**- 0,42**	**32,05**	**- 9,06**	**9,74**	**- 1,90**	**- 99,91**	**4,60**

Fonte: Elaboração própria com base em dados compilados pela Receita Federal, Ministério da Fazenda, extraídos dos seguintes arquivos: Base_CTB_GG_valores.xlsx.[91]

91 Com base no Sistema Integrado de Administração Financeira (SIAFI), Receita Federal do Brasil (RFB), Demonstrativo de Contas Anuais do Sistema de Informações Contábeis e Fiscais do Setor Público Brasileiro (SICONFI).

Tabela 7 – Arrecadação de impostos selecionados em PIB (%), 2000-2022

Tipo de imposto	2000	2001	2002	2003	2004	2005	2006	2007	2008	2009	2010	2011	2012	2013	2014	2015	2016	2017	2018	2019	2020	2021	2022	Média	Variação total 2010-22 (%)
ICMS	7,47	7,86	7,00	6,92	7,05	7,09	7,06	6,88	7,14	6,66	6,90	6,80	6,78	6,81	6,66	6,62	6,60	6,74	6,84	6,88	6,87	7,39	6,98	6,96	- 6,57
IRRF	3,62	4,18	3,22	3,24	3,03	3,21	3,15	2,99	3,23	3,00	2,94	3,19	3,15	3,10	3,20	3,50	3,62	3,70	3,76	3,93	3,77	3,59	4,21	3,41	16,49
IRPJ	1,51	1,36	2,12	1,79	1,80	2,19	2,16	2,42	2,53	2,32	2,13	2,21	1,95	2,05	1,89	1,75	2,09	1,73	1,70	1,72	1,61	2,36	2,84	2,01	87,28
CSLL	0,79	0,75	0,83	0,91	0,99	1,15	1,11	1,22	1,34	1,30	1,46	1,41	1,30	1,11	1,16	1,18	1,21	1,22	1,10	1,52	2,05	1,26	1,57	1,22	98,13
ISS	0,55	0,57	0,61	0,60	0,64	0,68	0,74	0,76	0,80	0,82	0,83	0,86	0,91	0,89	0,92	0,93	0,88	0,88	0,91	0,97	0,94	1,00	1,11	0,82	99,83
IPTU	0,41	0,44	0,52	0,52	0,50	0,50	0,49	0,47	0,44	0,46	0,49	0,49	0,49	0,50	0,50	0,54	0,56	0,60	0,63	0,65	0,63	0,63	0,65	0,53	58,10
IPVA	0,48	0,52	0,47	0,45	0,45	0,48	0,51	0,54	0,55	0,60	0,55	0,55	0,56	0,55	0,56	0,60	0,62	0,61	0,62	0,63	0,63	0,58	0,64	0,55	34,12
Comércio e transações internacionais	0,77	0,76	0,53	0,47	0,47	0,41	0,41	0,45	0,55	0,48	0,54	0,61	0,65	0,69	0,64	0,65	0,50	0,49	0,58	0,58	0,60	0,70	0,60	0,57	- 22,36
IOF	0,28	0,30	0,27	0,26	0,27	0,27	0,28	0,29	0,65	0,58	0,68	0,73	0,65	0,55	0,51	0,58	0,54	0,53	0,52	0,55	0,29	0,55	0,59	0,47	111,62
IPI	1,70	1,61	1,24	1,03	1,08	1,11	1,11	1,15	1,18	0,83	0,96	0,94	0,90	0,81	0,85	0,80	0,67	0,71	0,77	0,71	0,73	0,79	0,59	0,97	- 64,99
IRPF	0,31	0,31	0,27	0,28	0,30	0,32	0,33	0,47	0,45	0,41	0,42	0,47	0,47	0,45	0,45	0,45	0,45	0,46	0,46	0,51	0,52	0,60	0,56	0,42	79,54
ITBI	0,09	0,09	0,11	0,10	0,10	0,10	0,11	0,12	0,14	0,13	0,14	0,16	0,17	0,18	0,18	0,17	0,16	0,16	0,16	0,17	0,19	0,23	0,21	0,15	148,55
ITCD	0,03	0,03	0,03	0,05	0,04	0,04	0,04	0,04	0,05	0,05	0,06	0,06	0,07	0,08	0,08	0,11	0,12	0,11	0,10	0,12	0,11	0,14	0,13	0,07	334,62
ITR	0,02	0,02	0,01	0,01	0,01	0,01	0,01	0,01	0,01	0,01	0,01	0,01	0,01	0,01	0,02	0,02	0,02	0,02	0,02	0,02	0,02	0,02	0,03	0,02	23,12

Tabela 8 – Participação de impostos selecionados na arrecadação (%), 2000-2022

Tipo de imposto	2000	2001	2002	2003	2004	2005	2006	2007	2008	2009	2010	2011	2012	2013	2014	2015	2016	2017	2018	2019	2020	2021	2022	Média	Variação total 2010-22 (%)
ICMS	22,96	23,12	21,81	22,05	21,79	21,15	21,20	20,46	21,31	20,78	21,41	20,61	20,74	21,00	21,00	20,71	20,58	20,94	21,07	21,17	22,12	22,37	20,71	21,35	- 9,79
IRRF	11,11	12,29	10,03	10,32	9,37	9,58	9,46	8,88	9,64	9,36	9,12	9,68	9,65	9,57	10,08	10,95	11,29	11,50	11,58	12,09	12,13	10,87	12,50	10,48	12,48
IRPJ	4,65	3,99	6,60	5,71	5,56	6,52	6,48	7,19	7,55	7,24	6,60	6,69	5,96	6,31	5,95	5,47	6,52	5,37	5,23	5,30	5,19	7,14	8,42	6,16	80,84
CSLL	2,44	2,21	2,60	2,91	3,05	3,43	3,32	3,64	4,01	4,06	4,52	4,28	3,98	3,42	3,64	3,69	3,77	3,79	3,40	4,68	6,60	3,82	4,67	3,74	91,31
ISS	1,70	1,68	1,89	1,91	1,98	2,04	2,23	2,26	2,40	2,56	2,58	2,62	2,79	2,75	2,91	2,92	2,74	2,74	2,81	2,99	3,04	3,02	3,29	2,51	92,95
IPTU	1,26	1,28	1,61	1,64	1,56	1,48	1,47	1,40	1,32	1,42	1,51	1,48	1,49	1,53	1,59	1,69	1,75	1,85	1,95	2,01	2,04	1,90	1,92	1,62	52,66
IPVA	1,48	1,54	1,46	1,42	1,39	1,43	1,53	1,60	1,64	1,88	1,71	1,67	1,72	1,69	1,77	1,89	1,94	1,91	1,90	1,92	2,03	1,76	1,91	1,70	29,50
Comércio e transações internacionais	2,36	2,23	1,67	1,51	1,46	1,23	1,23	1,34	1,64	1,49	1,68	1,85	1,98	2,14	2,01	2,03	1,56	1,53	1,79	1,79	1,93	2,11	1,77	1,75	- 25,03
IOF	0,86	0,87	0,84	0,82	0,83	0,82	0,84	0,85	1,94	1,80	2,12	2,21	1,98	1,70	1,62	1,81	1,67	1,64	1,61	1,71	0,93	1,67	1,77	1,43	104,33
IPI	5,22	4,74	3,87	3,30	3,33	3,31	3,35	3,42	3,53	2,59	2,98	2,85	2,75	2,50	2,69	2,51	2,08	2,22	2,37	2,18	2,36	2,39	1,76	2,97	- 66,19
IRPF	0,95	0,92	0,85	0,88	0,91	0,95	0,99	1,39	1,34	1,27	1,30	1,42	1,43	1,40	1,41	1,42	1,41	1,44	1,43	1,57	1,68	1,83	1,65	1,30	73,36
ITBI	0,27	0,26	0,35	0,33	0,30	0,30	0,33	0,37	0,41	0,41	0,45	0,48	0,51	0,55	0,55	0,53	0,49	0,49	0,50	0,53	0,62	0,71	0,64	0,45	140,00
ITCD	0,09	0,08	0,11	0,16	0,12	0,11	0,12	0,13	0,14	0,16	0,20	0,19	0,22	0,24	0,26	0,34	0,37	0,34	0,32	0,36	0,36	0,42	0,39	0,23	319,65
ITR	0,07	0,05	0,04	0,04	0,04	0,04	0,04	0,03	0,04	0,04	0,04	0,04	0,04	0,04	0,05	0,06	0,06	0,06	0,06	0,07	0,07	0,07	0,08	0,05	18,88

Fonte: Elaboração própria com base em dados compilados pela Receita Federal, Ministério da Fazenda, extraídos do seguinte arquivo: Base CTB GG valores.xlsx para dados entre 2010-2022; Tabelas – Carga Tributária no Brasil 2021 para dados entre 2002-2019; Carga Tributária no Brasil 2005 para 2001; e Carga Tributária no Brasil 2004 para 2000.

Tabela 9 – Participação das contribuições sociais na arrecadação tributária a preços de dezembro de 2022, 2010-2022

Nível de governo	R$ Milhões (valores correntes)				Contribuições Sociais				Participação das CS (%)			
	Central	Estadual	Municipal	Geral	Central	Estadual	Municipal	Geral	Central	Estadual	Municipal	Geral
2010	868.547	318.472	65.190	1.252.208	304.906	16.980	4.983	326.868	35,11	5,33	7,64	26,10
2011	1.013.421	354.346	75.756	1.443.523	351.613	19.299	5.833	376.744	34,70	5,45	7,70	26,10
2012	1.095.698	391.359	85.805	1.572.862	392.070	21.943	6.769	420.782	35,78	5,61	7,89	26,75
2013	1.198.933	434.680	95.112	1.728.725	430.475	23.861	7.341	461.677	35,90	5,49	7,72	26,71
2014	1.261.297	464.654	106.315	1.832.266	464.828	27.142	8.608	500.578	36,85	5,84	8,10	27,32
2015	1.316.267	485.559	114.826	1.916.652	480.910	29.216	9.728	519.854	36,54	6,02	8,47	27,12
2016	1.381.816	509.637	119.091	2.010.544	503.837	31.191	11.156	546.183	36,46	6,12	9,37	27,17
2017	1.446.795	544.189	127.853	2.118.837	531.750	32.670	11.932	576.352	36,75	6,00	9,33	27,20
2018	1.546.216	586.136	142.693	2.275.045	550.011	34.591	12.480	597.082	35,57	5,90	8,75	26,24
2019	1.616.754	624.919	159.046	2.400.719	581.108	36.171	14.317	631.597	35,94	5,79	9,00	26,31
2020	1.564.488	638.133	162.414	2.365.035	577.624	35.919	15.985	629.528	36,92	5,63	9,84	26,62
2021	1.950.896	794.328	195.928	2.941.152	655.891	45.441	17.750	719.082	33,62	5,72	9,06	24,45
2022	2.258.551	851.408	232.134	3.342.093	745.746	50.364	22.126	818.236	33,02	5,92	9,53	24,48
Média	**1.424.590,77**	**538.293,75**	**129.397,11**	**2.092.281,63**	**505.443,68**	**31.137,54**	**11.462,12**	**548.043,33**	**35,63**	**5,75**	**8,65**	**26,35**
Mediana	**1.467.363,35**	**555.203,15**	**134.336,15**	**2.156.902,66**	**520.869,69**	**32.226,58**	**11.960,54**	**565.056,81**	**35,67**	**5,79**	**8,72**	**26,37**
Desvio padrão	**1.502.282,02**	**570.653,71**	**138.842,31**	**2.211.778,05**	**533.889,44**	**33.221,01**	**12.431,93**	**579.542,38**	**35,74**	**5,81**	**8,80**	**26,39**
COV(%)	**1.533.557,71**	**584.445,58**	**142.922,13**	**2.260.925,42**	**544.798,60**	**34.088,54**	**12.867,55**	**591.754,70**	**35,74**	**5,83**	**8,87**	**26,36**
Valor mínimo	**1.559.298,05**	**595.966,03**	**146.599,86**	**2.301.863,94**	**553.592,76**	**34.875,31**	**13.292,64**	**601.760,71**	**35,73**	**5,86**	**8,96**	**26,34**
Valor máximo	**1.582.221,18**	**606.066,96**	**149.698,70**	**2.337.986,84**	**560.420,82**	**35.470,17**	**13.652,98**	**609.543,98**	**35,64**	**5,86**	**9,03**	**26,26**
Variação total (%)	**1.602.679,21**	**615.336,78**	**152.381,24**	**2.370.397,22**	**566.537,04**	**35.951,30**	**13.954,89**	**616.443,23**	**35,57**	**5,84**	**9,07**	**26,20**

Fonte: Elaboração própria com base em dados, indexados pelo IPCA, compilados pela Receita Federal, Ministério da Fazenda, extraídos do seguinte arquivo: Base_CTB_GG_valores.xlsx para dados entre 2010-2022.

Tabela 10 – Arrecadação tributária por nível de governo em PIB (%)

Nível de governo	Em PIB (%)			
	Central (GC)	Estadual (GE)	Municipal (GM)	Geral (GG)
2000	22.52	8,56	1,47	32,55
2001	23.47	9,02	1,53	34,01
2002	22,20	8,33	1,56	32,09
2003	21.53	8,28	1,58	31,39
2004	22.23	8,48	1,64	32,35
2005	23.31	8,57	1,65	33,54
2006	23.04	8,55	1,70	33,29
2007	23.54	8,38	1,73	33,64
2008	23.24	8,53	1,73	33,50
2009	22.18	8,12	1,77	32,06
2010	22.35	8,20	1,68	32,22
2011	23.16	8,10	1,73	32,98
2012	22.76	8,13	1,78	32,67
2013	22.49	8,15	1,78	32,42
2014	21.83	8,04	1,84	31,71
2015	21.95	8,10	1,92	31,97
2016	22.04	8,13	1,90	32,07
2017	21.97	8,26	1,94	32,17
2018	22.08	8,37	2,04	32,48
2019	21.88	8,46	2,15	32,49
2020	20.56	8,39	2,13	31,08
2021	21.92	8,93	2,20	33,05
2022	22.78	8,59	2,34	33,71
Média	**22,39**	**8,38**	**1,82**	**32,58**
Mediana	**22,23**	**8,37**	**1,77**	**32,48**
Desvio padrão	**0,71**	**0,26**	**0,23**	**0,77**
COV (%)	**3,15**	**3,08**	**12,65**	**2,36**
Valor mínimo	**20,56**	**8,04**	**1,47**	**31,08**
Valor máximo	**23.54**	**9.02**	**2.34**	**34.01**
Variação total (%)	**1.15**	**0.37**	**59.2**	**3.57**

Fonte: Elaboração própria com base em dados compilados pela Receita Federal, Ministério da Fazenda, extraídos dos seguintes arquivos: Base_CTB_GG_valores.xlsx para dados entre 2010-2022; Tabelas – Carga Tributária no Brasil 2021 para dados entre 2002-2019; Carga Tributária no Brasil 2005 para 2001; e Carga Tributária no Brasil 2004 para 2000.[92]

92 Com base no Sistema Integrado de Administração Financeira (SIAFI), Receita Federal do Brasil (RFB), Demonstrativo de Contas Anuais do Sistema de Informações Contábeis e Fiscais do Setor Público Brasileiro (SICONFI).

Tabela 11 – Participação das diferentes fontes na receita das contribuições sociais em percentual (%), 2010-2022

Ano	Participação (%)				Variação anual (%)			
	RGPS	RPPS	FGTS	PASEP	RGPS	RPPS	FGTS	PASEP
2010	64.47	13,96	19,63	1,93	-	-	-	-
2011	64.68	13,41	19,92	1,99	0,33	- 3.99	1,46	3,09
2012	64.58	12,96	20,48	1,98	- 0.16	- 3.34	2,82	- 0.60
2013	63.94	12,80	21,26	2,00	- 0.99	- 1.21	3,79	1,05
2014	63.02	13,18	21,75	2,06	- 1.44	2,94	2,29	2,80
2015	61.64	13,86	22,80	1,70	- 2.18	5,18	4,85	- 17.66
2016	61.34	14,10	22,75	1,81	- 0.49	1,74	- 0.24	6,71
2017	61.28	14,38	22,34	2,01	- 0.10	1,97	- 1.81	10,97
2018	62.52	14,37	21,05	2,06	2,03	- 0.06	- 5.75	2,35
2019	62.64	14,09	21,27	2,00	0,20	- 1.96	1,02	- 2.74
2020	61.52	15,87	20,26	2,33	- 1.76	12,62	- 4.74	16,70
2021	62.69	15,91	19,05	2,35	1,87	0,24	- 5.75	0,57
2022	63.43	15,03	19,10	2,45	1,17	- 5.54	0,25	4,30
Média	62,90	14,15	20,90	2,05	- 0.13	0,72	- 0.17	2,30
Mediana	62,69	14,09	21,05	2,00	- 0.13	0,09	0,63	2,58
Desvio padrão	1,24	0,99	1,29	0,21	1,35	4,85	3,67	8,22
COV (%)	1,98	7,00	6,16	10,30	(1.063,00)	676,53	(2.204,98)	358,19
Valor mínimo	61,28	12,80	19,05	1,70	- 2.18	- 5.54	- 5.95	- 17.66
Valor máximo	64,68	15,91	22,80	2,45	2,03	12,62	4,85	16,70
Variação total (%)	- 1.62	7,61	- 2.71	26,48	-	-	-	-

Onde: RGPS é Regime Geral de Previdência Social; RPPS é Regime Próprio de Previdência Social; FGTS é Fundo de Garantia do Tempo de Serviço (FGTS); PASEP é Programa de Formação do Patrimônio do Servidor Público (PASEP).

Fonte: Elaboração própria com base em dados compilados pela Receita Federal, Ministério da Fazenda, extraídos dos seguintes arquivos: Base_CTB_GG_valores.xlsx.

ANEXO II

DADOS NO CONTEXTO INTERNACIONAL

Tabela 1 – Participação do setor informal no PIB: Brasil e grupos de países selecionados, 2018

Ano	África e Ásia (baixa renda)	América Latinae Caribe	Europa África e Ásia renda média)	OCDE e Europa renda alta)	Brasil
2000	37,3	38,4	37,2	20,3	36,0
2001	37,2	38,2	37,0	20,1	35,9
2002	36,9	38,0	36,9	20,0	36,0
2003	36,7	38,0	36,6	19,9	36,0
2004	36,4	37,9	36,3	19,7	36,2
2005	36,0	37,8	36,1	19,6	36,3
2006	35,7	37,6	35,6	19,5	36,2
2007	35,3	37,4	35,2	19,4	36,0
2008	34,9	37,1	34,7	19,2	35,7
2009	34,5	36,7	34,2	18,9	35,4
2010	34,1	36,5	33,8	18,8	35,1
2011	33,6	36,2	33,5	18,7	34,8
2012	33,1	35,9	33,2	18,7	34,5
2013	32,6	35,5	32,9	18,6	34,1
2014	32,2	35,2	32,6	18,6	34,0
2015	31,8	34,7	32,2	18,6	33,7
2016	31,5	34,4	31,9	18,5	33,5
2017	31,2	34,1	31,7	18,5	33,4
2018	31,9	31,7	33,2	18,4	33,4
Média	**34,4**	**36,4**	**34,5**	**19,2**	**35,1**

Fonte: Elaboração própria com base no Informal Economy Database do Banco Mundial.

Tabela 2 – Arrecadação tributária por percentual do PIB (ATpib) e *per capita* em dólares em paridade de poder compra, base 2017 (ATpc), 125 países, 2010, 2015 e 2019 (ranqueados conforme arrecadação tributária *per capita* em 2019)

PAÍS	ATpib (em %)			ATpc (em Int$$_{2017}$)			Ranking		
	2010	2015	2019	2010	2015	2019	ATpib (média)	ATpc (média)	ATpc (2019)
Luxemburgo	35,5	34,6	38,9	41.349	40.006	46.785	15	1	1
Dinamarca	45,7	46,9	47,5	22.867	24.534	26.759	1	2	2
Noruega	33,1	28,8	30,4	25.107	23.704	25.309	31	3	3
Áustria	38,8	40,8	40,3	21.368	22.975	23.972	7	4	4
Suécia	42,7	42,5	42,7	20.721	21.925	22.874	4	5	5
Holanda	35,7	37,0	39,3	18.686	19.742	22.482	12	7	6
Bélgica	42,4	43,9	42,8	20.751	21.967	22.170	3	6	7
França	41,8	45,2	44,8	18.460	20.402	21.440	2	8	8
Alemanha	37,3	38,7	40,1	17.107	19.191	20.924	9	10	9
Finlândia	40,6	43,6	42,2	18.653	19.649	20.564	6	9	10
Islândia	32,2	35,1	34,9	15.439	18.573	20.228	20	12	11
Suíça	25,6	26,6	27,2	16.895	18.127	19.267	45	11	12
Irlanda	22,8	19,5	21,4	14.909	16.629	19.020	70	14	13

Itália	41,7	43,0	42,3	17.755	17.500	18.131	5	13	14
Canadá	26,5	28,2	28,6	14.017	15.706	16.394	39	15	15
Estados Unidos	23,8	26,6	25,6	12.723	15.309	15.727	53	16	16
Reino Unido	32,7	32,1	32,7	13.521	14.281	15.328	25	17	17
Eslovênia	37,7	37,2	37,1	12.669	12.672	14.577	11	18	18
Rep. Tcheca	32,7	34,1	35,8	10.845	12.039	14.340	19	22	19
Chipre	31,6	32,9	34,2	12.246	11.352	14.305	23	21	20
Espanha	31,0	33,4	34,4	11.692	12.673	14.182	22	20	21
Malta	25,8	24,8	25,0	10.330	12.115	14.033	55	24	22
Austrália	24,4	27,1	28,1	11.596	13.551	13.990	44	19	23
Nova Zelândia	30,3	31,5	31,3	11.105	12.504	13.151	30	23	24
Japão	26,2	30,2	31,5	10.001	12.203	13.140	34	25	25
Israel	29,9	30,8	29,8	10.416	11.706	12.373	32	26	26
Estônia	26,6	27,7	27,5	8.657	10.367	12.136	41	30	27
Portugal	29,2	33,1	33,4	9.668	10.713	12.071	26	28	28
Hungria	36,8	38,6	36,2	9.092	10.749	12.000	13	29	29
Grécia	32,3	36,6	39,5	10.869	10.283	11.707	17	27	30

Polônia	31,2	32,3	34,9	7.545	9.038	11.685	24	34	31
Coréia do Sul	22,4	23,7	27,2	7.705	9.227	11.654	56	32	32
Eslováquia	27,4	32,0	34,0	7.337	9.624	11.339	29	33	33
Lituânia	28,1	28,7	30,0	6.785	8.916	11.273	37	35	34
Croácia	35,7	36,6	37,5	8.748	9.102	10.994	14	31	35
Letônia	28,1	29,6	30,1	5.981	7.902	9.568	35	37	36
Romênia	26,2	28,0	25,1	5.344	6.695	7.520	47	41	37
Rússia	26,3	25,5	27,4	6.279	6.503	7.492	49	39	38
Bulgária	25,3	28,7	30,2	4.560	5.805	7.106	38	44	39
Bahamas	12,7	15,3	18,8	4.779	5.632	7.039	90	45	40
Sérvia	35,0	35,5	38,0	5.080	5.532	6.937	16	43	41
Belarus	37,6	35,6	34,6	6.514	6.540	6.668	18	40	42
Turquia	26,5	26,0	24,0	4.883	6.513	6.590	52	42	43
Trinidad e Tobago	28,7	28,3	23,8	8.733	8.538	6.389	43	36	44
Argentina	29,1	31,5	28,5	6.837	7.528	6.291	33	38	45
Uruguai	24,3	25,2	26,6	4.628	5.558	6.022	54	46	46
Bósnia Herzegovina	37,3	37,7	37,9	4.105	4.669	5.366	10	49	47
Maldivas	8,9	19,4	19,0	1.666	4.379	5.301	88	58	48

Barbados	30,0	30,5	33,5	4.720	4.708	5.169	28	47	49
Chile	20,2	20,5	21,0	4.032	4.826	5.009	73	50	50
Maurício	18,9	9,5	21,0	3.186	3.845	4.829	87	57	51
Costa Rica	21,6	22,3	22,7	3.639	4.267	4.745	67	53	52
Brasil	31,7	31,3	31,9	4.740	4.745	4.726	27	48	53
Macedônia	25,9	27,1		3.899	4.535		46	52	54
Panamá	16,4	15,1	14,0	3.472	4.299	4.432	95	54	55
Cazaquistão	20,2	14,2	15,6	4.909	3.762	4.367	86	51	56
Ucrânia	34,5	34,5	32,5	4.081	3.756	4.194	21	55	57
Antígua e Barbuda	21,3	20,4	18,0	4.028	3.907	3.971	77	56	58
Tunísia	26,8	28,5	32,2	2.781	3.143	3.648	36	61	59
Geórgia	22,3	23,6	24,1	2.170	2.996	3.609	62	65	60
Moldávia	26,8	26,6	28,3	2.256	2.713	3.600	40	67	61
África do Sul	24,3	27,0	27,0	3.142	3.709	3.584	50	59	62
China	22,6	24,3	23,3	1.570	2.273	3.511	61	72	63
Malásia	13,8	14,5	12,4	2.804	3.495	3.474	102	60	64
Albânia	23,3	24,0	24,9	2.564	2.920	3.458	58	63	65
México	12,8	16,0	16,4	2.302	3.092	3.255	96	66	66

Santa Lúcia	20,4	21,3	20,9	3.001	3.070	3.205	72	62	67
Tailândia	17,3	18,7	17,2	2.536	3.078	3.178	82	64	68
Armênia	20,7	21,6	22,8	1.859	2.389	3.104	69	73	69
Guiana	16,0	18,1	23,2	1.563	2.039	3.028	79	77	70
Fiji	21,6	23,6	22,3	2.311	2.964	3.027	65	68	71
Jamaica	24,9	25,8	28,6	2.471	2.600	3.011	48	69	72
Colômbia	16,8	23,1	23,0	2.209	2.908	2.958	71	70	73
Mongólia	25,7	20,3	26,2	1.862	2.084	2.916	57	75	74
Azerbaijão	14,9	19,1	18,0	2.147	2.849	2.609	83	71	75
Rep. Dominicana	12,2	12,9	13,4	1.600	2.039	2.559	105	81	76
Vietnã	25,3	22,5	24,2	1.592	1.830	2.448	59	86	77
Marrocos	25,7	26,8	28,3	1.912	2.126	2.410	42	79	78
Cuba	37,2	38,1	42,1	2.398			8	74	79
Equador	16,8	21,0	18,6	1.738	2.585	2.275	81	78	80
Jordânia	20,1			2.270			76	76	81
Botsuana	15,9	13,4	13,7	2.111	1.998	2.252	100	80	82
Bolívia	22,9	29,5	24,7	1.516	2.364	2.163	51	83	83
Peru	17,6	17,4	16,9	1.802	2.102	2.127	84	84	84

Belize	21,3	21,4	23,9	1.927	1.980	2.017	68	85	85
Namíbia	18,6	21,5	20,2	1.710	2.323	2.015	74	82	86
El Salvador	19,3	19,8	21,2	1.369	1.619	1.838	75	89	87
Egito	13,4	12,5	14,4	1.640	1.657	1.799	103	87	88
Paraguai	10,9	12,9	13,2	1.258	1.606	1.733	110	90	89
Uzbequistão	24,0	23,0		1.552	1.708		60	88	90
Cabo Verde	23,0	24,5	21,2	1.154	1.193	1.668	63	91	91
Essuatíni	13,9	15,0	18,3	1.057	1.272	1.630	89	92	92
Filipinas	14,2	13,9	18,1	847	1.200	1.622	93	93	93
Nicarágua	19,3	22,3	25,7	889	1.243	1.399	66	96	94
Indonésia	11,4	12,0	11,1	958	1.243	1.388	114	95	95
Honduras	16,4	19,3	21,5	887	1.087	1.228	80	97	96
Butão	14,1	13,5	10,5	1.095	1.317	1.225	106	94	97
Guatemala	12,5	12,6	12,8	890	994	1.061	108	98	98
Quirguistão	17,8	25,3	24,6	740	928	1.028	64	99	99
Camboja	7,3	15,6	22,2	200	572	1.004	97	103	100
Laos	11,5	12,6	10,6	557	821	827	113	100	101
Mauritânia	9,8	14,5	13,8	486	797	821	107	102	102

Quênia	15,7	15,2	15,4	632	759	808	92	101	103
Gana	10,8	12,9	13,2	419	618	737	111	104	104
Costa do Marfim	11,9	12,6	13,0	431	545	673	109	105	105
Senegal	15,9	15,9	19,7	445	486	618	85	109	106
Lesoto	17,3	19,3	21,3	425	543	578	78	110	107
Paquistão	11,2	10,0		551	541		116	106	108
Bangladesh	9,9	10,6	9,0	361	496	524	120	112	109
Camarões	11,5	14,1	13,9	373	504	519	104	111	110
Papua Nova Guiné	17,0	15,2	12,5	549	553	476	98	107	111
Mali	14,1	15,2	17,5	295	324	406	91	113	112
Ruanda	12,3	15,1	16,7	187	308	393	99	116	113
Burkina Faso	14,0	14,6	17,3	240	280	377	94	115	114
Congo, Rep.	8,7	12,9	7,8	422	789	365	121	108	115
Mianmar	6,5	6,7		255	325		124	117	116
Togo	10,9	16,0	15,0	178	307	318	101	118	117
Uganda	8,3	10,3	11,6	174	248	310	119	119	118
Nigéria	7,3	6,1	6,0	363	334	306	125	114	119
Afeganistão	9,7	7,9		213	197		122	120	120

Serra Leoa	9,1	9,9	11,8	127	153	201	117	123	121
Madagáscar	9,5	9,5	11,5	154	151	189	118	121	122
Maláui	11,3	12,0	12,8	144	161	180	112	122	123
Níger	9,6	12,6	10,4	100	142	127	115	124	124
Congo, RD	8,6	9,9	7,7	73	104	83	123	125	125

Fonte: Elaboração própria com base em dados extraídos da OECD Stats (OCDE), Government Finance Statistics, GFS (FMI).

Tabela 3 – Contribuições sociais como um percentual do PIB (%) e em dólares por Paridade do Poder de Compra (Int.$) *per capita*, 2010 e 2019 (ranqueados conformearrecadação de contribuições sociais *per capita* em 2019)

Posição 2019*	Paises de renda alta							
	Código	País	Em PIB (%)			Int. $		
			2010	2019	Variação (%)	2010	2019*	Variação (%)
1	AUT	Áustria	14,0	14,9	6,1	7.304	8.367	14,6
2	DEU	Alemanha	13,8	14,6	5,9	6.654	7.927	19,1
3	NLD	Holanda	12,9	13,4	3,9	6.781	7.696	13,5
4	FRA	França	16,1	14,8	-7,9	7.056	7.084	0,4
5	BEL	Bélgica	13,9	13,2	-5,2	6.731	6.895	2,4
6	NOR	Noruega	9,4	10,6	12,8	5.633	6.683	18,6
7	CZE	República Checa	14,4	15,4	6,4	4.856	6.329	30,3
8	SVN	Eslovênia	15,8	15,6	-1,1	5.297	6.150	16,1
9	FIN	Finlândia	12,0	11,8	-2,0	5.537	5.738	3,6
10	ITA	Itália	13,0	13,2	1,8	5.526	5.666	2,5
11	JPN	Japão	10,8	12,9	19,9	4.112	5.396*	31,2
12	ESP	Espanha	11,9	12,3	3,4	4.433	5.011	13,1

13	SVK	Eslovaca	11,9	15,0	25,8	3.124	4.916	57,4
14	SWE	Suécia	10,8	9,2	-14,8	5.200	4.897	-5,8
15	CHE	Suíça	6,1	6,5	6,4	4.009	4.572	14,0
16	POL	Polonia	10,8	13,2	22,3	2.596	4.387	69,0
17	EST	Estônia	12,8	11,7	-8,0	3.325	4.251	27,9
18	HUN	Hungria	11,6	11,7	1,0	2.855	3.846	34,7
19	USA	Estados Unidos	6,1	6,1	0,3	3.321	3.820	15,0
20	GRC	Grécia	11,0	12,2	10,1	3.714	3.601	-3,0
21	LTU	Lituânia	11,6	9,7	-16,9	2.790	3.597	28,9
22	PRT	Portugal	8,6	9,6	11,6	2.741	3.362	22,7
23	HRV	Croácia	11,8	11,3	-4,3	2.896	3.318	14,6
24	IRL	Irlanda	5,1	3,7	-27,1	2.716	3.202	17,9
25	KOR	República da Coréia	5,2	7,3	39,5	1.797	3.116	73,4
26	GBR	Reino Unido	6,0	6,4	5,1	2.555	3.021	18,2
27	LVA	Letônia	8,6	9,5	10,6	1.800	2.938	63,2
28	ROU	Romênia	8,6	9,7	12,6	1.748	2.894	65,6
29	CAN	Canadá	4,6	4,7	1,7	2.084	2.324	11,5
30	ISR	Israel	5,1	5,2	2,0	1.752	2.140	22,1

31	ISL	Islândia	3,8	3,2	-15,3	1.811	1.855	2,4
32	BRA	Brasil	8,2	8,4	2,5	1.217	1.236	1,5
		Média	10,2	10,5	3,4	3.874	4.570	22,4
		Mediana	10,9	11,5	2,9	3.323	4.319	17,0
		Desvio padrão	3,5	3,6	13,1	1.818	1.869	21,6
		Coeficiente de variação (%)	34,3	34,4	384,4	46,9	40,9	96,3
		Valor mínimo	3,8	3,2	-27,1	1.217	1.236	(5,8)
		Valor máximo	16,1	15,6	39,5	7.304	8.367	73,4

Posição 2019*	Países de renda média e países latino americanos de alta renda							
	Código	País	Em PIB (%)			Int. $		
			2010	2019	Variação (%)	2010	2019*	Variação (%)
1	SRB	Sérvia	11,7	12,6	8,0	1.694	2.301	35,9
2	BIH	Bósnia e Herzegovina	15,0	15,1	0,7	1.656	2.147	29,7
3	BLR	Bielorrússia	11,3	10,8	-4,3	1.956	2.083	6,5
4	TUR	Turquia	6,1	7,3	18,2	1.216	2.068	70,1
5	BGR	Bulgária	6,6	8,8	32,8	1.192	2.066	73,3
6	RUS	Russia	5,1	7,4	46,1	1.206	2.020	67,4

7	PAN	Panamá	5,6	5,8	4,5	1.180	1.839	55,8
8	CRI	Costa Rica	7,3	8,0	9,1	1.205	1.622	34,5
9	URY	Uruguai	5,7	7,0	23,8	1.082	1.591	47,0
10	ARG	Argentina	6,2	5,7	-7,8	1.451	1.256	-13,5
11	BRA	Brasil	8,2	8,4	2,5	1.217	1.236	1,5
12	TUN	Tunísia	7,0	9,1	30,1	751	1.033	37,5
13	ECU	Equador	3,7	5,3	44,7	377	604	60,0
14	AZE	Azerbaijão	2,6	3,7	39,7	376	529	40,6
15	MAR	Marrocos	4,8	6,2	28,4	334	528	57,8
16	PRY	Paraguai	2,8	3,7	34,2	286	458	60,5
17	MEX	México	2,1	2,3	8,7	373	450	20,7
18	CHL	Chile	1,4	1,5	13,3	276	366	32,5
19	NIC	Nicarágua	4,3	6,6	52,7	199	360	80,6
20	COL	Colômbia	2,1	1,9	-10,9	258	282	9,5
21	PER	Peru	1,9	2,0	5,9	191	256	34,5
22	SLV	El Salvador	2,6	2,7	5,5	187	236	26,4
23	PHL	Filipinas	1,8	2,6	44,1	107	232	116,9
24	HND	Honduras	2,9	3,4	18,3	141	196	39,1

25	THA	Tailândia	1,3	1,0	-18,4	180	188	4,5
26	GTM	Guatemala	1,9	2,2	14,7	136	178	31,5
27	KAZ	Cazaquistão	0,6	0,5	-11,7	124	139	11,9
28	BOL	Bolívia	1,2	1,9	63,0	65	105	61,5
29	MYS	Malásia	0,2	0,3	33,3	49	89	83,5
30	ZAF	África do Sul	0,5	0,6	8,8	72	79	9,6
31	IDN	Indonésia		0,5		-	60	
32	DOM	República Dominicana	0,1	0,1	-33,3	12	11	-2,7
		Média	4,3	4,8	16,3	610,9	831,5	39,5
		Mediana	2,9	3,7	13,3	309,9	454,4	35,9
		Desvio padrão	3,6	3,9	22,4	595,5	792,4	29,5
		Coeficiente de variação (%)	83,7	79,6	137,5	97,5	95,3	74,8
		Valor mínimo	0,1	0,1	-33,3	0,0	11	-13,5
		Valor máximo	15,0	15,1	63,0	1.956	2.301	116,9

Fonte: Elaboração própria com base em dados extraídos da OECD Stats (OCDE), Government Finance Statistics, GFS (FMI).

NOTAS

A Editora Contracorrente se preocupa com todos os detalhes de suas obras! Aos curiosos, informamos que este livro foi impresso no mês de fevereiro de 2025, em papel Pólen Natural 80 g/m².